AF887170

PETRA POHLMANN

Die Heilung formnichtiger Verpflichtungsgeschäfte durch Erfüllung

Münsterische Beiträge zur Rechtswissenschaft

Herausgegeben im Auftrag der Rechtswissenschaftlichen Fakultät
der Westfälischen Wilhelms-Universität in Münster durch die Professoren
Dr. Hans-Uwe Erichsen Dr. Helmut Kollhosser Dr. Jürgen Welp

Band 61

Die Heilung formnichtiger Verpflichtungsgeschäfte durch Erfüllung

Von

Petra Pohlmann

Duncker & Humblot · Berlin

Die Deutsche Bibliothek – CIP-Einheitsaufnahme

Pohlmann, Petra:
Die Heilung formnichtiger Verpflichtungsgeschäfte durch Erfüllung / von Petra Pohlmann. – Berlin : Duncker und Humblot, 1992
(Münsterische Beiträge zur Rechtswissenschaft ; Bd. 61)
Zugl.: Münster, Univ., Diss., 1991/92
ISBN 3-428-07547-1
NE: GT

D 6

Fotoprint: Werner Hildebrand, Berlin 65
Printed in Germany

ISSN 0935-5383
ISBN 3-428-07547-1

Meinen Eltern

Vorwort

Die vorliegende Arbeit wurde im Wintersemester 1991/92 von der Rechtswissenschaftlichen Fakultät der Westfälischen Wilhelms-Universität zu Münster als Dissertation angenommen. Später veröffentlichte Rechtsprechung und Literatur wurden bis Ende April 1992 berücksichtigt.

Meinem Doktorvater, Herrn Professor Dr. Helmut Kollhosser, danke ich für seine fachliche und persönliche Förderung. Im Verlaufe meiner Tätigkeit als wissenschaftliche Mitarbeiterin bei ihm sowie im Rahmen eines Doktorandenseminars erhielt ich wertvolle Anregungen zu Inhalt und Stil der Arbeit. Herr Professor Dr. Berthold Kupisch erleichterte mir im Rahmen einer Digestenexegese den Zugang zum römischen Recht. Er beurteilte die Arbeit als Zweitgutachter. Die Westfälische Wilhelms-Universität gab einen Zuschuß zu den Druckkosten. Für die Unterstützung, die mir zuteil wurde, bedanke ich mich.

Münster, im Mai 1992

Petra Pohlmann

Inhaltsübersicht

Inhaltsverzeichnis

3. Teil

Einzelprobleme

Abkürzungsverzeichnis

AK	Alternativkommentar
Alt.	Alternative
AS	Allgemeines Schuldrecht
BRAGO	Bundesgebührenordnung für Rechtsanwälte
BS	Besonderes Schuldrecht
BT-Drs.	Drucksachen des Deutschen Bundestages
C.	Codex Iustinianus
CT.	Codex Theodosianus
D.	Digesta
ErbbauVO	Verordnung über das Erbbaurecht
FIRA	Fontes iuris Romani anteiustiniani
Frag.Vat.	Fragmenta Vaticana
FS	Festschrift
Gai.	Gai Institutiones
gem.	gemäß
GruchBeitr	Beiträge zur Erläuterung des Deutschen Rechts, begründet von Gruchot
GS	Gesetzessammlung für die Königlichen Preußischen Staaten
HaustürWG	Gesetz über den Widerruf von Haustürgeschäften
Herm.	Hermogenian
HS	Halbsatz
i.S.v.	im Sinne von
i.ü.	im übrigen
IherJb	Iherings Jahrbücher für die Dogmatik des bürgerlichen Rechts
Inst.	Institutiones
IntGesR	Internationales Gesellschaftsrecht
MK	Münchener Kommentar
N.C.C.M.	Novum Corpus Constitutionem Prussico-Brandenburgensium praecipue Marchiarum
NJW-RR	Neue Juristische Wochenschrift - Rechtsprechungs-Report
Nov.	Novellae
Paul.	Paulus
Pomp.	Pomponius
pr.	principium
prEEG	Preußisches Gesetz über den Eigentumserwerb an Grundstücken
RGRK	Reichsgerichtsräte-Kommentar
RIDA	Revue internationale des droits de l'antiquité
Rn.	Randnummer
SchlHAnz	Schleswig-Holsteinische Anzeigen
SZ	Zeitschrift der Savigny-Stiftung für Rechtsgeschichte, romanistische Abteilung

tab.	tabula
Ulp.	Ulpianus
Var.	Variante
Ven.	Venuleius
VerbrKrG	Gesetz über Verbraucherkredite
WEG	Gesetz über das Wohnungseigentum und das Dauerwohnrecht

Im übrigen wird verwiesen auf:

Kirchner,	Abkürzungsverzeichnis der Rechtssprache, 3. Aufl., Berlin 1983
Duden,	Rechtschreibung der deutschen Sprache und der Fremdwörter, 20. Aufl., Mannheim, Leipzig, Wien, Zürich 1991

Einleitung

Für manchen mag "Heilung" oder "Konvaleszenz" auf einen medizinischen Sachverhalt hindeuten, doch auch in der Sprache der Juristen haben diese Begriffe einen festen Platz. Sie gehen zurück auf die (re)convalescens im römischen Recht und umschreiben allgemein das spätere Wirksamwerden eines zunächst unwirksamen Rechtsgeschäfts.

In dieser Arbeit wird ein spezieller Heilungsfall, die Heilung eines schuldrechtlichen Vertrages durch seine Erfüllung, untersucht. Praktisch am wichtigsten ist hier die Vorschrift des § 313 S. 2 BGB, wonach ein formnichtiger Grundstückskaufvertrag durch Auflassung und Eintragung wirksam wird. Die Vorschriften des geltenden Rechts, die eine Heilung vorsehen, sind beinahe hundert Jahre alt, zum Teil sogar älter. Bis heute besteht Uneinigkeit über ihre dogmatische Einordnung.[1] Bereits bei der Frage, ob die Heilungsvorschriften auf ein einheitliches Prinzip zurückgehen, sind die Meinungen geteilt.

Die Rechtsprechung hat bei der Anwendung der Heilungsnormen im Einzelfall Ansätze und formelhafte Begründungen entwickelt, die hier einer kritischen Würdigung unterzogen werden. Schwerpunkte sind die bei der Teilerfüllung und bei der Erfüllung durch oder an Dritte entstehenden Probleme, die Rechtslage während des Schwebezustandes bis zur Heilung und der Zeitpunkt der Heilungswirkung. Von praktischer Bedeutung ist weiter die Frage, ob eine analoge Anwendung der Heilungsvorschriften möglich ist. Höchstrichterlich ist beispielsweise die Heilbarkeit eines formnichtigen Vorvertrags, die häufig bei Kettenverpflichtungen im Rahmen von Anlagemodellen im Immobiliarsachenrecht relevant wird, nur punktuell geklärt.

Die Heilung formnichtiger Rechtsgeschäfte war in den frühen 30er Jahren Gegenstand mehrerer Dissertationen. Um 1970 wurde das Thema erneut aufgegriffen und —jeweils in größerem Zusammenhang— in einer Dissertation[2] und

---

[1] Soergel/Hefermehl § 125 Rn. 16; Korte, 11. Kapitel, Rn. 4; Häsemeyer, S. 88 ff.

[2] Reinhart, Das Verhältnis von Formnichtigkeit und Heilung des Formmangels im bürgerlichen Recht, Heidelberg 1969.

einer Habilitationsschrift[3] behandelt. Die seither ergangene Rechtsprechung ist wissenschaftlich noch nicht im Zusammenhang aufgearbeitet worden. Sie zeigt, ebenso wie die weiterhin uneinige Literatur, daß für die Behandlung zahlreicher Fragen ein schlüssiges Konzept noch nicht entwickelt worden ist.

[3] Häsemeyer, Die gesetzliche Form der Rechtsgeschäfte, Frankfurt a.M. 1971.

1. Teil

Überblick zu den geltenden Regelungen

A. Die Bedeutung der Form von Rechtsgeschäften

Die Form der Rechtsgeschäfte hat im Laufe der Rechtsgeschichte einen wesentlichen Bedeutungswandel erfahren. In den frühen Rechtsordnungen, so im Recht der altrömischen Periode[1], im frühen germanischen Recht[2] und im deutschen Recht des frühen Mittelalters[3], gab es ausschließlich formgebundene Rechtsgeschäfte.

Das beruhte auf der Vorstellung, die Rechtswirksamkeit eines bestimmten Verhaltens könne nur durch die Wahrung einer vorgegebenen Form herbeigeführt werden. Damals war die Form Geltungsgrund eines Rechtsgeschäfts. Auf ihrer Einhaltung beruhte die rechtliche Bindung.[4] Die Form war „Wirkform"[5], sie allein führte unabhängig vom Parteiwillen zu bestimmten Rechtswirkungen. Diese traten auch ein, wenn sie dem Willen der Parteien nicht entsprachen.[6] Andererseits führten die geringsten Formverstöße zur Unwirksamkeit des Geschäfts.[7]

Diese Bedeutung der Form erklärte sich aus dem Bedürfnis der Menschen nach Veranschaulichung geistiger Sachverhalte und der Vorstellung, tatsächlich nicht Greifbares sei magischer Natur.[8]

---

[1] Dulckeit, FS für Schulz, 148, 161; Kaser, 2. Abschnitt, § 8 II, S. 39; Rabel § 6, S. 10.

[2] Conrad, Band 1, S. 164, 422; Eisenhardt, S. 56, Rn. 45; Mitteis/Lieberich, S. 29 f., 137 ff.

[3] Zu den Veränderungen im späteren Mittelalter Gmür, S. 56.

[4] Dulckeit, FS für Schulz, 148, 161; Kaser, 2. Abschnitt, § 8 II, S. 39.

[5] Dulckeit, FS für Schulz, 148, 161.

[6] Kaser, 2. Abschnitt, § 8 II, S. 34; XII Tafeln, tab. 6, 1; Rabel § 6, S. 10.

[7] Kaser, 1. Abschnitt, § 4 III 2, S. 28; Kunkel § 61, 2 b.

[8] Kaser, Lehrbuch, § 6 I; Dulckeit, FS für Schulz, 148, 163; s. auch von Ihering, S. 505 f., 518 ff.

Später trat die Vorstellung hinzu, daß zum Abschluß eines Vertrages die Willenseinigung der Vertragspartner erforderlich sei.[9] Hiermit begann die Entwicklung hin zu den formfreien Verträgen. In den jüngeren Rechtsordnungen erkannte man den erklärten Willen als Rechtsfolgen auslösendes Element an; man bedurfte daher der Form zur Begründung der rechtlichen Bindung nicht mehr.[10]

Die Form war damit nicht mehr für die Erzeugung von Rechtswirkungen erforderlich, sondern konnte punktuell zur Erreichung bestimmter Zwecke vorgeschrieben werden. Zur Abgrenzung von der „Wirkform" wird sie im folgenden als „Zweckform" bezeichnet.[11]

I. „Wirkform" oder „Zweckform"

Die rechtsgeschäftlichen Formen im heutigen Zivilrecht sind nicht „Wirkformen", sondern „Zweckformen", mit denen bestimmte rechtspolitische Zwecke erreicht werden sollen. Grund der rechtlichen Bindung ist nicht die Wahrung einer bestimmten Form, sondern der erklärte Wille der Parteien. Zu diesem muß zwar in den Fällen, in denen das Gesetz dies vorschreibt, eine Form hinzutreten; sie ist dann aber nicht Teil des Rechtsgeschäfts, sondern wird ihm „aufgepfropft"[12]; sie ist Attribut der ihr gegenüber selbständig gedachten Willenserklärung[13].

Ihre Schärfe erhalten die Formvorschriften durch § 125 S. 1[14]. Ein Formfehler führt danach zur Nichtigkeit der Willenserklärung. Indem der Gesetzge-

[9] Ulp. D. 2, 14, 1, 3; zu den Konsensualkontrakten vgl. Ulp. D. 18, 1, 9 pr.; eod. 11 und 14; Pomp. D. 44, 7, 57; Ven. D. 45, 1, 137, 1; Inst. 3, 13, 2; 3, 22; näher zum Ganzen 2. Teil, D. II. 1. a).

[10] Vgl. zum römischen Recht Kaser, 2. Abschnitt, § 200 II 1, S. 73; Dulckeit, FS für Schulz, 148, 157; auf die unter Rechtshistorikern umstrittene Frage, wann man sich von dem Formalismus der frühen Rechte löste und den erklärten Willen als Verpflichtungsgrund anerkannte, soll hier nicht näher eingegangen werden.

[11] Dulckeit, FS für Schulz, 148, 161, nennt sie „Schutzformen"; da der Schutz der Vertragsparteien nur einer der möglichen Formzwecke ist, ziehe ich mit Flume, AT 2, § 15 I 1, S. 244 f., den Ausdruck „Zweckform" vor.

[12] Honsell/Mayer-Maly/Selb § 43 II.

[13] Westerhoff, AcP 184 (1984), 341, 352; Flume, AT 2, § 15 I 1, S. 245; s. dort auch zu den Ausnahmen bei Wechsel, Scheck und Eheschließung.

[14] §§ ohne Gesetzesangabe sind solche des BGB.

ber Form und Erklärung auf diese Weise zu einer künstlichen, „rationalen"[15] Einheit verband, wollte er die Verwirklichung der Formzwecke sicherstellen.[16]

II. Der Grundsatz der Formfreiheit

Im BGB gilt der Grundsatz der Formfreiheit. Die Redaktoren und auch die Kommissionen wollten ihn ausdrücklich im Gesetz festschreiben.[17] Die Vorkommission des Reichsjustizamtes beschloß die Streichung der entsprechenden Vorschrift, da sie überflüssig sei.[18] Tatsächlich verdeutlicht der Satz von der Formfreiheit nur ein legislativ-politisches Prinzip.[19] Seine Aussagekraft ist aber auch insoweit nur gering, wie das Beispiel des ALR zeigt.[20]

Der Gesetzgeber hat nur wenige schuldrechtliche Verträge an Formen gebunden. Diese Vorschriften sind weitgehend bis heute unverändert geblieben. Ergänzt worden sind sie durch Formvorschriften, die dem Verbraucherschutz dienen sollen (§§ 4, 15 VerbrKrG; §§ 1 Abs. 1, 2 Abs. 1 HaustürWG; § 8 Abs. 4 S. 4 VVG[21]). In ähnlicher Weise sichern § 19 KAGG und § 3 AuslInvestG den Schutz des Anlegers durch die Pflicht zur Veröffentlichung eines Verkaufsprospekts.[22]

III. Die Formzwecke

Die Materialien zu den schuldrechtlichen Formvorschriften des BGB geben Aufschluß darüber, welche Zwecke der Gesetzgeber jeweils mit dem Formzwang verfolgte. Die meisten schuldrechtlichen Formen sollen die Parteien vor Übereilung schützen (Warnfunktion). Notarielle Formen sollen darüberhinaus die fachmännische Beratung der Parteien sicherstellen, damit diese ihren Willen rechtswirksam niederlegen und damit eine Kontrolle der inneren Vertragsge-

---

[15] Häsemeyer, S. 30.

[16] Dazu unten C.

[17] Schubert/v. Kübel, Recht der Schuldverhältnisse 1, S. 291, 301 f.; Schubert/Gebhard, Allgemeiner Teil 2, S. 5 u. 76; Prot. bei Mugdan I 696 unter a); Jakobs/Schubert, Allgemeiner Teil, S. 663 u. 679 f.

[18] Jakobs/Schubert, Allgemeiner Teil, S. 662.

[19] Vgl. Prot. bei Mugdan I 696 unter a).

[20] S.u. 2. Teil D. II. 2. b).

[21] S. BT-Drs. 11/8321, 12, linke Spalte u. 11/6341, 35, linke Spalte.

[22] S. BT-Drs. 5/3494, 23, linke Spalte u. 29, linke Spalte.

rechtigkeit erfolgt (Beratungsfunktion)[23]. Auch sah man in der Form ein Mittel, den Parteien im Zeitpunkt des Vertragsabschlusses Klarheit über das Ob und den Inhalt des Geschäftsabschlusses zu verschaffen (Abschluß- und Inhaltsklarheit). Weiterer rechtspolitischer Zweck einer Form ist die Sicherung der Beweise (Beweisfunktion).[24] Darüber hinaus wollte der Gesetzgeber mit der Form zum Teil auch die Erkennbarkeit des Vertrages für Dritte erreichen.[25] Außerhalb des BGB finden sich als Formzwecke die Erschwerung des Handels im öffentlichen Interesse[26] und die Ermöglichung behördlicher Kontrolle.[27]

In der Literatur war K. Heldrich der erste, der —im Rahmen einer rechtspolitischen Stellungnahme[28]— eine zusammenhängende Darstellung der Formzwecke gegeben hat. Ihm folgend gehen die herrschende Lehre und die Rechtsprechung davon aus, daß den einzelnen Formvorschriften verschiedene Zwecke zugrunde liegen können, die zu einer unterschiedlichen Auslegung der Formvorschriften führen können.[29]

Abweichend hiervon wendet sich Häsemeyer gegen die „Auflösung der Form in Zweckformen".[30] Man dürfe die gesetzlichen Formen nicht in einzelne Zweckformen mit jeweils eigenen Maßstäben aufspalten. Denn der Gesetzgeber habe in § 125 S. 1 für alle Formen einen Formverstoß mit der Nichtigkeit sanktioniert. Man dürfe bei der Auslegung von Formvorschriften nicht überdifferenzieren.

Es spricht jedoch nichts dagegen, die Formvorschriften im Rahmen der üblichen Methodik nach Sinn und Zweck auszulegen. Auch war dem Gesetzgeber bei der Einführung von Formvorschriften bewußt, daß Formverstöße zur Nichtigkeit führen. Die Androhung der Nichtigkeitsfolge kann der Verwirklichung verschiedener Formzwecke dienen, ebenso wie § 134 der Durchsetzung verschiedener gesetzlicher Verbote dient. Außerdem muß auch Häsemeyer bei der von ihm vorgeschlagenen Differenzierung zwischen objektiven und subjekti-

---

[23] S. zur Beratungsfunktion näher Korte, 1. Kapitel, Rn. 9 ff.

[24] Zu den bisher genannten Formzwecken s. Mot. bei Mugdan I 451.

[25] Prot. bei Mugdan II 825, 802 (zu §§ 566, 2371).

[26] Begründung zu § 15 Abs. 4 S. 1 GmbHG, Reichstagsaktenstück 1890/92, Nr. 660, 3729.

[27] BT-Drs. 2/1158, 44, linke Spalte; BGH GRUR 1983, 138, 139; NJW 1978, 822; BGHZ 53, 304, 306 f.; Hesse, GRUR 1984, 324, 325 (alle zu § 34 GWB).

[28] AcP 147 (1941), 89, 91 ff.

[29] Vgl. Reinhart, S. 100 ff., 144 ff.; Medicus AT Rn. 615; Brox AT Rn. 253; Köhler AT § 19 III, S. 209 f.; Larenz AT § 21 I vor a), S. 407 f.; zur Rechtsprechung s. die Nachweise im 3. Teil.

[30] S. 164 ff.

ven Zielrichtungen der Form[31] auf die Formzwecke im Sinne Heldrichs zurückgreifen.[32]

Abweichend von der h.M. definiert auch Westerhoff die Formzwecke.[33] Er kommt zu dem Ergebnis, daß einige Formen dem Interesse der Vertragsparteien, andere dagegen dem Interesse Dritter dienen.[34] Auf diesen Nenner lassen sich aber —wenn man die Öffentlichkeit und den Staat ebenfalls als Dritte ansieht— auch die Formzwecke Heldrichs bringen.

B. Die Formvorschriften

Das Schuldrecht des BGB und anderer zivilrechtlicher Gesetze kennt nur eine überschaubare Zahl von Formvorschriften.

Der notariellen Beurkundung bedürfen Verträge über die Übertragung oder Belastung des gegenwärtigen Vermögens oder eines Vermögensbruchteils, § 311; Verträge unter künftigen gesetzlichen Erben über den gesetzlichen Erbteil oder Pflichtteil eines von ihnen, § 312 Abs. 2; Verträge über die Übertragung oder den Erwerb des Eigentums an einem Grundstück, § 313 S. 1; Schenkungsversprechen, § 518 Abs. 1; Schenkungsversprechen unter der Bedingung, daß der Beschenkte den Schenker überlebt, § 2301 Abs. 1; Erbschaftskauf, §§ 2371, 2385 und die Verpflichtung eines GmbH-Gesellschafters zur Abtretung seines GmbH-Anteils, § 15 Abs. 4 S. 1 GmbHG.

Auch bestimmte Gesellschaftverträge bedürfen gemäß §§ 23, 280 AktG, § 2 Abs. 1 GmbHG etc. der notariellen Beurkundung. Wenngleich diese Verträge auch schuldrechtliche Verpflichtungen zum Inhalt haben, werden sie hier nicht behandelt. Bei Gesellschaftsverträgen handelt es sich nämlich zugleich um Organisationsakte.[35] Das unterscheidet sie wesentlich von den oben genannten Fällen und bringt, wie die weitgehend verselbständigte Lehre von der fehlerhaften Gesellschaft zeigt, Besonderheiten mit sich, die über das Thema dieser Arbeit hinausgehen.

---

[31] S. 167.

[32] Vgl. etwa das Beispiel auf S. 167 ganz unten.

[33] AcP 184 (1984), 341, 346 ff.

[34] A.a.O., 351.

[35] Hueck § 6 II 1, S. 46, m.w.N.

Die einfache Schriftform gemäß § 126 ist vorgeschrieben für Mietverträge über Grundstücke oder (Wohn-) Räume und Pachtverträge für längere Zeit als ein Jahr, §§ 566 S. 1, 580, 581 Abs. 2; Landpachtverträge über zwei Jahre, § 585 a S. 1; Leibrentenversprechen, § 761; Bürgschaftsversprechen, § 766 S. 1; Schuldversprechen und Schuldanerkenntnis, §§ 780, 781; Anweisung und deren Annahme, §§ 783, 784 Abs. 2; die Vereinbarung einer höheren als der gesetzlichen Vergütung mit einem Rechtsanwalt, § 3 Abs. 1 BRAGO und die Belehrung über das Widerrufsrecht des Versicherungsnehmers bei langfristigen Versicherungsverträgen, § 8 Abs. 4 S. 4 VVG. Auch der Schiedsvertrag bedarf der Schriftform, § 1027 ZPO. Da seine Hauptwirkungen auf prozessualem Gebiet liegen und seine materiell-rechtliche Natur umstritten ist[36], soll er hier nicht näher behandelt werden.

Schriftform und Aushändigung einer Urkunde verlangen §§ 74 Abs. 1, 90 a Abs. 1 S. 1 HGB für Wettbewerbsverbote für Handlungsgehilfen und Handelsvertreter, §§ 4, 15 VerbrKrG für bestimmte Kreditgeschäfte, und § 2 HaustürWG für Haustürgeschäfte.

Ein Formerfordernis eigener Art begründen § 19 KAGG, § 3 AuslInvestG, indem sie die Veröffentlichung eines Verkaufsprospekts verlangen.

C. Die Formnichtigkeit

Der Begriff Nichtigkeit bezieht sich auf Willenserklärungen und Rechtsgeschäfte. Eine Willenserklärung ist die Äußerung eines auf die Herbeiführung einer Rechtswirkung gerichteten Willens.[37] Zum Tatbestand eines Rechtsgeschäfts gehört mindestens eine Willenserklärung.[38]

„Nichtigkeit" wird heute weitgehend einheitlich definiert. „Nichtigkeit" bedeutet, daß das Rechtsgeschäft oder die Willenserklärung die nach seinem/ihrem Inhalt angestrebten Rechtsfolgen von Anfang an nicht herbeiführen kann.[39] Die

---

[36] Jauernig § 94 II, S. 323.

[37] Palandt/Heinrichs Einf v § 116 Rn. 1.

[38] Palandt/Heinrichs Überbl v § 104 Rn. 2.

[39] Palandt/Heinrichs Überbl v § 104 Rn. 27; Medicus AT Rn. 487; Larenz AT § 23 I, S. 454 f.; Erman/Brox Einl § 104 Rn. 24; RGRK/Krüger-Nieland Vor § 104 Rn. 32; Staudinger/Dilcher Einl. zu §§ 104 bis 185 Rn. 67; Hübner AT Rn. 507; Zepos, FS für Spiropoulos, 461, 466; anders Pawlowski, S. 99 f., 122 f.: Nichtigkeit bezeichne ein der Willenserklärung gegenüber zu beobachtendes Verhalten; die Nichtigkeitsvorschriften seien auf den Ausschluß bestimmter prozessualer Folgen gerichtet, so daß das nichtige Geschäft im übrigen Rechtsfolgen auslösen könne.

Nichtigkeit schließt es dagegen nicht aus, daß sich an die Willenserklärung andere, gesetzliche Rechtsfolgen anschließen.[40]

Bei der Formnichtigkeit ist mit Westerhoff zwischen den „Gründen für die Form" (= Formzwecke) und den „Gründen für die Formnichtigkeit" zu unterscheiden.[41] Sinn und Zweck der Nichtigkeitsfolge des § 125 S. 1 ist es zum einen, die Erreichung der Formzwecke sicherzustellen. Eine Partei etwa, die möglicherweise übereilt einen formlosen Vertrag geschlossen hat, kann aus dem Vertrag nicht in Anspruch genommen werden. Westerhoff wendet hiergegen ein, man könne einer klagenden Partei nicht entgegenhalten, sie müsse vor Übereilung geschützt werden.[42] Die Formvorschriften und § 125 S. 1 typisieren jedoch bestimmte Sachverhalte, ohne daß im Einzelfall die Erreichbarkeit der Formzwecke möglich sein muß. Das ist aus Gründen der Rechtssicherheit legitim. Man kann allenfalls —wie Westerhoff es tut— rechtspolitisch dikutieren, ob Formvorschriften und die Nichtigkeitsfolge sinnvoll sind.

Weiterer Zweck des § 125 S. 1 BGB ist es, die Beachtung der Formvorschriften in Zukunft sicherzustellen (Generalprävention).[43]

D. Die Heilung

I. Terminologie

Im BGB wird der Begriff „Heilung" in § 518 Abs. 2 und § 766 S. 2 verwendet. Nach beiden Vorschriften wird unter bestimmten Voraussetzungen der Mangel der Form geheilt. Zutreffend weist Flume[44] darauf hin, daß man sich mit diesem Ausdruck einer Bildersprache bedient. Unter „Heilung" eines formnichtigen Verpflichtungsgeschäfts durch Erfüllung soll im Rahmen dieser Arbeit und in Übereinstimmung mit dem Wortgebrauch in §§ 518 Abs. 2, 766 S. 2 folgender Sachverhalt verstanden werden: ein ursprünglich nach § 125 S. 1 formnichtiges Verpflichtungsgeschäft wird durch die dem Vertragsschluß nachfolgende Erfüllung wirksam, ohne daß das Formerfordernis zwischendurch weggefallen oder der Vertrag formgerecht neu abgeschlossen worden ist.

---

[40] Flume AT 2, § 30, 1, S. 547 f.

[41] AcP 184 (1984), 341, 346 ff.

[42] AcP 184 (1984), 341, 349.

[43] Larenz AT § 21 I 4 b, S. 413; Flume AT 2, § 15 III 4 c aa, S. 276; Häsemeyer, S. 203; kritisch Westerhoff, AcP 184 (1984), 341, 349.

[44] AT 2, § 15 III 4 c) ff), S. 287, Fn. 116.

Nicht behandelt wird hier das Wirksamwerden eines nach § 125 S. 2 nichtigen Vertrages, da dort die Besonderheiten der Parteiabreden, insbesondere die Frage nach der konkludenten Abbedingung des Formzwangs, über die Gültigkeit des Vertrages entscheiden.

II. Heilungsvorschriften

Zunächst fragt sich, welche Vorschriften des Schuldrechts die Heilung in diesem Sinne anordnen.

1. Wirksamwerden des ursprünglichen Vertrages in vollem Umfang

a) §§ 313 S. 2 , 518 Abs. 2, 766 S. 2 BGB, § 15 Abs. 4 S. 2 GmbHG

Mit dem soeben definierten Begriff der Heilung decken sich die Regelungen der §§ 313 S. 2, 518 Abs. 2, 766 S. 2 und des § 15 Abs. 4 S. 2 GmbHG. § 313 S. 2 gilt analog für Verträge über Erbbaurechte, § 11 Abs. 2 ErbbauVO, und über Sondereigentum nach dem Wohnungseigentumsgesetz, § 4 Abs. 3 WEG.

b) § 2301 Abs. 2 BGB

Nicht so einfach zu beurteilen ist, ob § 2301 Abs. 2 i.V.m. § 518 Abs. 2 eine Heilungsvorschrift ist. Nach dem Wortlaut des § 2301 Abs. 2 könnte dies durchaus der Fall sein. Ein Schenkungsversprechen unter der Bedingung, daß der Beschenkte den Schenker überlebt, ist nach § 2301 Abs. 1 wirksam, wenn es den erbrechtlichen Formen genügt. Es existiert also nicht als eigener Geschäftstypus, sondern als letztwillige Verfügung.[45] Sind die erbrechtlichen Formen nicht gewahrt, so ist das Versprechen formnichtig. Ist das formnichtige Versprechen aber vollzogen, so ist § 518 Abs. 2 anzuwenden. Nach § 518 Abs. 2 wird das ursprüngliche Versprechen wirksam, wenn die versprochene Leistung bewirkt ist.

Von der Richtigkeit dieser Kette gehen Rechtsprechung und Literatur zum Teil ohne weiteres aus.[46] Es fragt sich, ob dem entgegen kritischen Stellung-

---

[45] Die Schenkung auf den Todesfall sollte es als besonderes Rechtsinstitut mit eigenen Rechtsfolgen nicht geben: Mot. bei Mugdan V 185 f.; vgl. auch Herrmann, MDR 1980, 883, 886.

[46] BGH WM 1971, 1338, 1339; Brox, Erbrecht, Rn. 711; Palandt/Edenhofer § 2301 Rn. 8; RGRK/Kregel § 2301 Rn. 12; Staudinger/Kanzleiter § 2301 Rn. 18.

nahmen in der Literatur[47] zuzustimmen ist. § 2301 Abs. 1 erfaßt Schenkungsversprechen, die unter der Bedingung stehen, daß der Beschenkte den Schenker überlebt, und deren Erfüllung erst nach dem Tod des Schenkers erfolgen soll.[48] Die Grenze zwischen Erbrecht und „Lebendenrecht" verläuft dort, wo der Schenker sich verpflichtet, sein Vermögen sofort und unmittelbar zu mindern.[49] Führt nun der Vollzug eines Versprechens i.S.v. § 2301 Abs. 1 dazu, daß dieses wirksam wird?

Der Wortlaut des § 2301 Abs. 2 ist offen. Einerseits spricht der Gebrauch des bestimmten Artikels („der" Schenker, „die" Schenkung) dafür, daß Abs. 2 sich auf das in Abs. 1 erwähnte Versprechen bezieht. Andererseits ist vom Vollzug der Schenkung, nicht des Schenkungsversprechens, und von der Leistung des zugewendeten, nicht des versprochenen Gegenstandes die Rede.

Der Wille des Gesetzgebers gibt wenig Aufschluß. Auch die Leistung in Erfüllung des Schenkungsversprechens i.S.v. Abs. 1 —nicht nur diejenige in Kenntnis der Formnichtigkeit, also aufgrund eines neuen Schenkungsentschlusses— sollte unter Abs. 2 fallen.[50] Der Gesetzgeber übertrug hiermit die Struktur des § 518 auf § 2301.

Ihm ist jedoch entgangen, daß beide Fälle in diesem Punkte nicht vergleichbar sind. Die bei § 2301 Abs. 2 tatsächlich möglichen Fallkonstellationen zeigen, daß der Vollzug i.S.v. § 2301 Abs. 2 nicht zur Wirksamkeit des Versprechens i.S.v. § 2301 Abs. 1 führen kann:

1. Fall:
Der Schenker (S) verspricht dem Beschenkten (B) aufschiebend oder auflösend überlebensbedingt und befristet durch seinen (des S) Tod einen Gegenstand. Später überträgt S in dem Bewußtsein, wegen der Bedingung und Befristung zu Lebzeiten noch nicht verpflichtet zu sein, dem B den Gegenstand unbedingt oder unter Überlebensbedingung.

Weder bei der unbedingten noch bei der überlebensbedingten Übereignung deckt sich das dinglich vollzogene Geschäft mit dem ursprünglichen Verspre-

---

[47] M. Reinicke, S. 125 ff.; Herrmann, S. 79 ff.; dieselbe, MDR 1980, 883, 886 ff.; Seibert, JZ 1981, 380; Erman/Hense/Schmidt § 2301 Rn. 7; Harder, S. 116.

[48] Palandt/Edenhofer § 2301 Rn. 5; MK/Musielak § 2301 Rn. 2; Erman/Hense/Schmidt § 2301 Rn. 4; Brox, Erbrecht, Rn. 709.

[49] Mot. bei Mugdan V 186.

[50] Prot. bei Mugdan V 762.

chen. S hatte für die Zeit bis zu seinem Lebensende nichts, für den Fall des Eintritts der Bedingung und des Ablaufs der Frist aber die Vollrechtsübertragung versprochen. Geleistet hat er zu Lebzeiten entweder das Vollrecht oder ein Anwartschaftsrecht. Das ursprüngliche Versprechen ist von den späteren Ereignissen überholt worden.

Da S und B wußten, daß S verfrüht leistete, ist davon auszugehen, daß sie einverständlich von dem ursprünglichen Versprechen abgegangen sind und sich —wie bei § 516[51]— bei der dinglichen Übertragung dahingehend geeinigt haben, daß Rechtsgrund der getätigten Zuwendung eine ihr inhaltlich entsprechende Verpflichtung sein soll[52]. Das erste Schenkungsversprechen ist damit konkludent abgeändert worden.

Dieses abgeänderte Versprechen fällt aber nicht mehr unter § 2301 Abs. 1. Entweder ist es auf unbedingte Übertragung gerichtet, so daß eindeutig ein Fall der Schenkung unter Lebenden vorliegt.[53] Oder es ist auf lebzeitige, bedingte Übertragung gerichtet. Auch dann fällt es nicht unter § 2301 Abs. 1, weil die bedingte lebzeitige Übertragung unbedingt versprochen und damit das Versprechen selbst unbedingt ist.

Das ursprüngliche Versprechen könnte, selbst wenn man annähme, es werde geheilt, auch nicht Rechtsgrund für die Zuwendung sein, da es sich inhaltlich mit ihr nicht deckt.

§ 2301 Abs. 2 hat hier also lediglich klarstellende Bedeutung dahin, daß eine unbedingte oder überlebensbedingte Leistung nach §§ 516 ff. zu beurteilen ist.[54]

2. Fall:
Es bleibt der —praktisch wohl kaum relevante[55]— Fall, daß S irrig annahm, aufgrund seines Versprechens i.S.v. § 2301 Abs. 1 schon zu Lebzeiten zur

---

[51] Vgl. MK/Kollhosser § 516 Rn. 9.

[52] Diese dogmatische Einordnung des schuldrechtlichen Vertrages ist umstritten (näher dazu MK/Kollhosser § 516 Rn. 9 Fn. 25), der Streit wirkt sich hier jedoch praktisch nicht aus.

[53] Ob hier § 516 über § 2301 Abs. 2 oder unmittelbar Anwendung findet, weil § 2301 Abs. 2 den unbedingten Vollzug nicht erfaßt, soll offen bleiben. Vgl. M. Reinicke, S. 125 ff.; Harder, S. 37 f.; Kipp/Coing § 81 III 1 c, S. 447 f; Olzen, S. 111; zum Streitstand: Herrmann, S. 85 ff.; dieselbe, MDR 1980, 883, 887.

[54] So auch Herrmann, S. 101 f.

[55] Harder, S. 116; Herrmann, S. 117 f.

Leistung verpflichtet zu sein. Es ist nicht anzunehmen, daß der Gesetzgeber auch die irrtümlich vorzeitig erbrachte Leistung kondiktionsfest machen wollte. Verhindert werden sollte nur die Kondiktion der lebzeitig vollzogenen Schenkung unter Berufung auf den Formfehler, nicht dagegen die Kondiktion aus anderen Gründen.[56] Demnach findet auch bei irrtümlich lebzeitiger Erfüllung keine Heilung des Versprechens i.S.v. § 2301 Abs. 1 statt.

Es ist also kein Fall denkbar, in dem der Vollzug i.S.v. § 2301 Abs. 2 das Versprechen i.S.v. § 2301 Abs. 1 wirksam werden läßt. § 2301 Abs. 2 erfaßt nur selbständige, rechtlich von dem Versprechen i.S.v. § 2301 Abs. 1 unabhängige, lebzeitige Zuwendungsgeschäfte.[57] § 2301 Abs. 2 ist daher keine Heilungsvorschrift. Sie stellt lediglich klar, daß auf zu Lebzeiten vollzogene Schenkungen die §§ 516 ff. anzuwenden sind.

c) §§ 1 Abs. 1, 2 Abs. 1 HaustürWG, § 7 Abs. 2 S. 3 VerbrKrG

Auch diese Vorschriften könnten Heilungsnormen sein. Nach § 1 Abs. 1 HaustürWG wird ein Haustürgeschäft erst wirksam, wenn der Kunde es nicht innerhalb einer Woche widerruft. Die Wochenfrist beginnt erst, wenn der Kunde schriftlich über das Widerrufsrecht belehrt worden ist. Ohne schriftliche Belehrung wäre der Vertrag damit für alle Zeiten nichtig, wenn nicht § 2 Abs. 1 S. 4 HaustürWG bestimmen würde, daß das Widerrufsrecht einen Monat nach beiderseits vollständiger Erbringung der Leistung erlischt.

Fraglich ist bereits, ob hier überhaupt ein Fall von Formnichtigkeit vorliegt. Formbedürftig ist nicht der Vertrag selbst, sondern nur die Belehrung über das Widerrufsrecht. Auch diese ist aber kein formnichtiges Rechtsgeschäft. Ihre Folge ist zwar, daß die Wochenfrist für den Widerruf zu laufen beginnt; diese Folge ist aber nicht Inhalt der Erklärung. Sie tritt nicht ein, weil sie gewollt ist. Sie ist vielmehr die zugunsten des Vertragspartners des Kunden gesetzlich angeordnete Rechtsfolge, die eintritt, wenn der Kunde ordnungsgemäß über sein Widerrufsrecht aufgeklärt wurde.

---

[56] Hat allerdings S durch seine Erfüllungshandlung mit potentiellem Erklärungsbewußtsein den Anschein erweckt, er wolle das ursprüngliche Versprechen abändern, und durfte B darauf vertrauen, so ist, wie im ersten Fall, konkludent eine neue Rechtsgrundabrede nach § 516 zustandegekommen. War jedoch für B erkennbar, daß S sich irrtümlich für verpflichtet hielt, so steht einer Rückforderung nichts im Wege, weil dann eine neue Rechtsgrundabrede i.S.v. § 516 nicht zustandegekommen ist.

[57] So auch —mit z.T. abweichender Begründung— Herrmann, MDR 1980, 883, 888; M. Reinikke, S. 133.

Dennoch besteht eine Parallele zu der Heilung eines formnichtigen Vertrages. Mit der beiderseitigen Erfüllung und dem Verstreichen der Monatsfrist wird der Vertrag wirksam. Die Rückforderung der Leistungen ist damit ausgeschlossen. Die Monatsfrist wurde als zusätzliche Voraussetzung für das Wirksamwerden des Vertrages in das Gesetz aufgenommen, weil die Erfüllung allein nicht gewährleistet, daß der Kunde seine Entscheidung überdacht hat. Denn die Erfüllung kann sofort bei Vertragsschluß erfolgt sein.[58] Hieraus wird deutlich, daß der Gesetzgeber den der Rechtssicherheit dienenden Ausschluß des Widerrufs nur eintreten lassen wollte, wenn der mit dem HaustürWG bezweckte Schutz des Kunden zumindest teilweise erreicht war.[59]

§ 7 Abs. 2 S. 3 VerbrKrG[60] ist weitgehend parallel gestaltet, läßt den Vertrag aber bereits mit Erfüllung wirksam werden, da nicht der Schutz vor Überrumpelung, sondern vor der Unerkennbarkeit der wirtschaftlichen Belastungen des Kreditgeschäfts beabsichtigt ist.[61] Letzteren sah man als erreicht an, wenn der Verbraucher seine Leistung erbracht hat.[62]

Außerdem wird nach § 7 Abs. 2 S. 3 VerbrKrG der Vertrag in jedem Fall dann wirksam, wenn seit der Abgabe der auf Abschluß des Vertrages gerichteten Willenserklärung des Verbrauchers ein Jahr verstrichen ist. Hiermit soll im Interesse der Rechtssicherheit eine dauerhafte schwebende Unwirksamkeit des Kreditvertrages vermieden werden.[63]

Dagegen kann das Fehlen einer schriftlichen Belehrung über das Widerrufsrecht des Anlegers gemäß § 23 KAGG, § 11 AuslInvestG und des Versicherungsnehmers gemäß § 8 Abs. 4 S. 1 VVG nicht durch andere Umstände überwunden werden. Das befristete Widerrufsrecht besteht, solange keine Belehrung erfolgt ist.

d) § 3 Abs. 1 S. 2 BRAGO

Beim Anwaltsvertrag entsteht ein Anspruch auf die gesetzliche Vergütung durch die Annahme und Ausführung des Auftrags durch den Rechtsanwalt. Eine

---

[58] BT-Drs. 10/2876, 13; Wassermann, JuS 1990, 723, 725.

[59] Vollständig ist der Schutz nicht erreicht, wenn der Kunde nie von seinem Widerrufsrecht erfährt.

[60] Für Altverträge gilt noch der vergleichbare § 1 b Abs. 2 AbzG.

[61] Vgl. BT-Drs. 11/5462, 21, rechte Spalte.

[62] Vgl. BT-Drs. 10/2876, S. 13; anders, wenn der Verbraucher den Kaufpreis mittels eines weiteren Kredits bewirkt hat, BGH NJW 1988, 1021 m.w.N. (zu § 1 b Abs. 2 AbzG).

[63] BT-Drs. 11/5462, 22, linke Spalte.

ausdrückliche Vergütungsvereinbarung ist nicht erforderlich.[64] Soll jedoch eine höhere als die gesetzliche Vergütung geschuldet sein, so kann der Anwalt sie gemäß § 3 Abs. 1 S. 1 BRAGO nur fordern, wenn der Mandant sich dazu schriftlich in einer besonderen Erklärung verpflichtet hat. Formbedürftig ist also nur die Willenserklärung, durch die der Mandant sich mit der Abänderung der gesetzlichen Gebührenregelung einverstanden erklärt.

Rechtsfolge eines Formmangels ist nach dem Wortlaut des § 3 Abs. 1 S. 1 BRAGO nicht die Nichtigkeit der Abrede, sondern der Ausschluß des Forderungsrechts. Deshalb heißt es in der Literatur, die formlose Verpflichtung sei nicht wirkungslos, sondern nur das Forderungsrecht sei eingeschränkt.[65]

§ 3 Abs. 1 S. 2 BRAGO bestimmt weiter, daß nach freiwilliger und vorbehaltloser Erfüllung durch den Mandanten die Leistung nicht wegen des Formmangels zurückverlangt werden kann. Nach seinem Wortlaut ist § 3 Abs. 1 S. 2 BRAGO daher keine Heilungsnorm.[66] In ihren Wirkungen steht diese Regelung der Heilung aber gleich. Der sonst bestehende Unterschied zwischen Heilung und Rückforderungsaussschluß ist, daß im ersten Fall ein Schuldverhältnis zur Entstehung gelangt, im zweiten Fall nicht. Bei § 3 BRAGO kommt dieser Unterschied nicht zum Tragen, da durch den wirksamen Anwaltsvertrag ohnehin ein Schuldverhältnis zwischen Rechtsanwalt und Mandant entsteht. Denn der Anwaltsvertrag ist unabhängig von der Honorarabrede wirksam, da letztere kein Teil des Anwaltsvertrages ist, sondern ein besonderer, den Anwaltsvertrag abändernder Vertrag.[67]

2. Ersetzung einer formnichtigen Vertragsklausel durch eine wirksame Abrede

a) § 566 S. 2 i.V.m. §§ 580, 581 Abs. 2 BGB; § 585 a BGB

Nach diesen Vorschriften gilt ein Miet- oder Pachtvertrag, der für längere Zeit als ein Jahr (bei Landpacht: zwei Jahre gemäß § 585 a) geschlossen wird und

---

[64] Madert, in: Gerold/Schmidt/v.Eicken/Madert § 3 Rn. 6.

[65] Fraunholz, in: Riedel/Sußbauer § 3 Rn. 20.

[66] Anders Madert, in: Gerold/Schmidt/v. Eicken/Madert § 3 Rn. 7.

[67] Fraunholz, in: Riedel/Sußbauer § 3 Rn. 17; Madert, in: Gerold/Schmidt/v.Eicken/Madert § 3 Rn. 6; m.E. kann man so pauschal den für § 139 entscheidenden Einheitlichkeitswillen der Parteien (s. BGH NJW 1976, 1931, 1932; DB 1970, 1591) nicht verneinen. Jedoch wird regelmäßig entgegen der Vermutung des § 139 nur Teilnichtigkeit vorliegen, der Anwaltsvertrag also wirksam sein.

nicht schriftlich fixiert, also formfehlerhaft ist, als für unbestimmte Zeit geschlossen.

Es fragt sich, ob der formfehlerhafte Mietvertrag überhaupt formnichtig i.S.v. § 125 S. 1 ist. An die Stelle der Mietzeitabrede tritt die gesetzliche Fiktion, daß der Vertrag als für unbestimmte Zeit geschlossen gilt. Mit einer solchen Klausel wäre der Vertrag formlos wirksam.

Formnichtig ist daher allenfalls die Mietzeitabrede.[68] Aber auch im Hinblick auf diese ist § 566 S. 2 keine Heilungsnorm. Es fehlt daran, daß die zunächst nichtige Abrede durch nachfolgende Erfüllung wirksam wird.

b) § 6 VerbrKrG

Nach § 6 Abs. 2 S. 1 VerbrKrG[69] wird ein gemäß § 6 Abs. 1 VerbrKrG formnichtiger Kreditvertrag gültig, wenn der Verbraucher das Darlehen empfängt oder den Kredit in Anspruch nimmt. Bei Kreditverträgen, die auf Lieferung von Sachen oder Erbringung von Leistungen gerichtet sind, gilt gemäß § 6 Abs. 3 S. 1 VerbrKrG dasselbe, wenn die Sache übergeben oder die Leistung erbracht ist. In beiden Fällen ermäßigt sich der vom Verbraucher nach dem Vertrag zu zahlende Zinssatz auf den gesetzlichen oder den nach § 6 Abs. 4 VerbrKrG errechneten Zinssatz. Von den Heilungsnormen der §§ 313 S. 2, 518 Abs. 2, 766 S. 2 unterscheidet sich § 6 VerbrKrG also darin, daß der Vertrag mit einem anderen als dem gewollten Inhalt zustandekommt. Ein Fall der Heilung im oben genannten Sinne liegt damit nicht vor.[70]

III. Verhältnis zu § 814, 1. Fall BGB

Nach dieser Vorschrift kann eine in Kenntnis der Nichtigkeit erbrachte Leistung nicht zurückgefordert werden. Die Heilungsnormen gehen hierüber hinaus.[71] Zum einen greifen sie unabhängig davon ein, ob die Parteien die Nichtigkeit des Vertrages kennen. Zum anderen führt § 814, 1. Fall bei gegenseitigen Verträgen in der Regel dann nicht zum Rückforderungsausschluß, wenn

---

[68] Brox BS Rn. 158.

[69] Für Altverträge gilt noch der vergleichbare § 1 a Abs. 3 AbzG.

[70] So zu der Vorgängernorm des § 6 VerbrKrG, § 1 a Abs. 3 AbzG, auch Palandt/Putzo (50. Aufl.) § 1 a AbzG Rn. 13; Häsemeyer, JuS 1980, 1, 8; weniger klar: Palandt/Putzo (51. Aufl.) § 6 VerbrKrG Rn. 3, 9.

[71] Serozan, S. 48.

nur eine Partei erfüllt hat. Denn das Ergebnis, daß der Empfänger die Leistung behalten darf, ohne die Gegenleistung erbringen zu müssen, wäre unbefriedigend. Die Rechtsprechung löst dieses Problem, indem sie dem Leistenden die condictio ob rem causa data causa non secuta gem. § 812 Abs. 1 S. 2, 2. Fall gibt.[72]

---

[72] BGH WM 1971, 1202, 1204; 1249; NJW 1976, 237, 238; 1980, 451; kritisch zu § 814, 1. Alt.: König, S. 1528 ff.

2. Teil

Dogmatische Erklärungsversuche

A. Ziel

Literatur und ansatzweise auch die Rechtsprechung versuchen, die Heilungsvorschriften in das vom BGB vorgegebene dogmatische Gerüst einzuordnen. Verschieden sind die dabei verfolgten Ziele.

I. Erklärung für das Wirksamwerden eines „Nichts"

Für die Rechtswissenschaft des frühen 20. Jahrhunderts bestand, noch auf dem Hintergrund des rechtswissenschaftlichen Positivismus des 19. Jahrhunderts, ein Problem der Heilungsnormen darin, die Heilung mit dem Begriff des „nichtigen Rechtsgeschäfts" zu vereinbaren.

Nichtigkeit, so definierte man in Übereinstimmung mit der 1. Kommission, bewirke, daß das Rechtsgeschäft „in Ansehung der gewollten rechtlichen Wirkungen so angesehen (werde), als ob es nicht vorgenommen wäre".[1] Träten aber die gewollten rechtlichen Wirkungen nicht ein, so handele es sich begrifflich gar nicht mehr um ein Rechtsgeschäft, da dieses gerade voraussetze, daß das ihm zugrundeliegende menschliche Verhalten zur Erzeugung von Rechtswirkungen geeignet sei.[2] Ein nichtiges Rechtsgeschäft sei also ein „negotium non existens";[3] es sei für die Rechtsordnung nicht vorhanden.[4] Es könne, da es sich um ein „Nichts" handele, durch Heilung nicht wirksam werden, sondern nur durch formgerechte Neuvornahme des ganzen Geschäfts.

Man leitete also aus den Begriffen „Nichtigkeit" und „Rechtsgeschäft" ab, daß das nachträgliche Gültigwerden eines nichtigen Vertrages logisch unmöglich sei.[5]

---

[1] Mot. I 217.

[2] Kramer, S. 7 ff.; Jacobi, AcP 86 (1896), 51, 71.

[3] Kramer, S. 8.

[4] Kramer, S. 9.

[5] Staub, S. 9, 11 f.

Dem liegt die Auffassung zugrunde, man könne zu entscheidende Rechtsfälle allein durch eine logische Operation aus System, Begriffen und anerkannten Lehrsätzen zutreffend lösen.[6] Die Begriffsjurisprudenz ist heute überholt. Die naturwissenschaftlich-logische These, ein „Nichts" könne nicht wirksam werden, paßt nicht in die Rechtswissenschaft als einer normativen Wissenschaft.[7] Das Gesetz kann an den Sachverhalt, der einem formnichtigen Rechtsgeschäft zugrundeliegt, Rechtsfolgen knüpfen.

Die Heilungsvorschriften bedürfen also nicht deshalb einer dogmatischen Erklärung, weil andernfalls das Wirksamwerden eines „Nichts" unvorstellbar wäre.

II. Lösung des Widerspruchs zur Unbeschränkbarkeit der Nichtigkeit

In seiner Habilitationsschrift[8] befaßt sich Häsemeyer mit dem Formverständnis, das dem BGB zugrundeliegt. Er geht davon aus, daß die in § 125 S. 1 angeordnete Formnichtigkeit nach dem Konzept des Gesetzgebers unbeschränkbar sei.[9] Hiermit seien die Heilungsvorschriften —so wie man sie herkömmlich dogmatisch einordne— nicht vereinbar.[10] Denn üblicherweise würden die Heilungsnormen als Einschränkung der Nichtigkeit verstanden.

Die von Häsemeyer vorausgesetzte gesetzgeberische Vorstellung von der unbeschränkbaren Nichtigkeit bestand jedoch nicht in der von Häsemeyer angenommenen Eindeutigkeit. Der Gesetzgeber war sich bewußt, daß er durch die Heilungsnormen die Nichtigkeitsfolge modifizierte.[11] Damit gab er die Vorstellung einer unheilbaren Formnichtigkeit gerade auf. Mangels einer gesetzlichen Definition der Nichtigkeit kann der Inhalt dieses Begriffs nur aus den Wirkungen gefolgert werden, die das Gesetz ihm beimißt.[12] Im übrigen wäre es dem Gesetzgeber nicht genommen, von ihm aufgestellte Regeln durch

[6] Zum Gedankengut des rechtswissenschaftlichen Positivismus vgl. Wieacker § 23 I 2, S. 433.

[7] Vgl. auch Kipp, FS von Martitz, 211 ff., insbes. 223 ff., zu den logisch nicht erklärbaren „Doppelwirkungen" im Recht.

[8] Die gesetzliche Form der Rechtsgeschäfte, Frankfurt 1971.

[9] S. 229 ff.

[10] S. 31 f.

[11] Dazu näher unten D. III.

[12] Elbogen, S. 12.

Ausnahmen zu durchbrechen. Häsemeyer argumentiert im Ergebnis ebenso begrifflich wie die Literatur des 19. und frühen 20. Jahrhunderts.

Der von Häsemeyer behauptete Widerspruch macht daher eine dogmatische Einordnung der Heilungsvorschriften nicht erforderlich.

III. Auslegungshilfe

Ziel einer dogmatischen Beleuchtung der Heilungsnormen ist es, diese Vorschriften mit anderen im BGB geregelten Strukturen zu erklären und hierdurch Anhaltspunkte für ihre Auslegung zu gewinnen. Soweit die Heilungsnormen lückenhaft sind, ist nach Analogien zu vorhandenen Regelungen zu suchen.

B. Rechtsprechung

In den zahlreichen Entscheidungen, in denen sich die Rechtsprechung mit der Auslegung der Heilungsvorschriften befaßt hat, hat sie —auch wenn es sich um dieselbe Norm handelte, zumeist war dies § 313 S. 2— verschiedene Kriterien zur Begründung ihrer Ergebnisse herangezogen, aber nur vereinzelt einen dogmatischen Ansatz unternommen.

I. Bedingung

Das Reichsgericht hat in einer Entscheidung das formnichtige Grundstücksgeschäft als durch die Eintragung bedingt wirksam bezeichnet. Schon vor Eintritt der Bedingung sei der Käufer gemäß §§ 160 - 162 gebunden.[13] Das Reichsgericht hat sich jedoch in einem anderen Urteil selbst widerlegt. Der Vertrag sei nicht bedingt wirksam, weil dies voraussetze, daß die Parteien schon vom Vertragsabschluß an rechtlich gebunden seien. Das sei aber gerade nicht der Fall, weil der Vertrag nichtig sei.[14]

Bei der Erfüllung kann es sich nur um eine gesetzliche, nicht aber um eine rechtsgeschäftliche Bedingung handeln. Für die gesetzliche Bedingung gelten aber die § 158 ff. nicht.[15] Eine Bindung der Parteien nach §§ 158 ff. kommt deshalb nicht in Betracht. Sie würde auch mit § 125 S. 1 in Widerspruch

---

[13] RGZ 134, 243, 246.

[14] RGZ 54, 107, 109.

[15] Medicus AT Rn. 832; Erman/Hefermehl Vor § 158 Rn. 5; Brox AT Rn. 431.

stehen. Sind die §§ 158 ff. nicht einschlägig, so ist es aber lediglich von terminologischer Bedeutung, ob man die Erfüllungshandlungen in §§ 313 S. 2, 518 Abs. 2, 766 S. 2 als (Rechts-)Bedingung für die Wirksamkeit des Vertrages ansieht. Bei der Auslegung der Heilungsnormen hilft diese Einordnung nicht weiter.

II. Erreichung der Formzwecke

In anderen Entscheidungen stellen Reichsgericht[16] und BGH[17] darauf ab, ob der durch die Form bezweckte Übereilungsschutz durch die Vornahme der in den Heilungsvorschriften vorausgesetzten Erfüllungshandlungen erreicht wird. Die Gerichte vertreten in diesen Fällen die Ansicht, die Heilungsnormen beruhten auf dem Gedanken, daß die Formzwecke durch die Erfüllung erreicht seien, die Form mithin durch die Erfüllung ersetzt werde.

III. Rückforderungsausschluß aus Gründen der Rechtssicherheit

Vereinzelt stützt der BGH Entscheidungen auch[18] oder ausschließlich[19] auf Sinn und Zweck der betreffenden Heilungsvorschrift. In den entschiedenen beiden Fällen war das § 313 S. 2. Die Vorschrift solle der Rechtssicherheit im Grundstücksverkehr dienen, indem sie die Rückabwicklung einer vollzogenen Grundstücksübereignung ausschließe.

IV. Heilungsnormen als Ausnahmevorschriften

In einer Entscheidung, in der es um die analoge Anwendbarkeit der Heilungsnormen auf eine Formvorschrift ohne Heilungsnorm —§ 2371— ging, hat der BGH die Analogie mit der Begründung abgelehnt, es handele sich bei den Heilungsnormen um nicht analogiefähige, jeweils auf einer besonderen Fallkonstellation beruhende Ausnahmevorschriften.[20] Demgegenüber hat der BGH bei direkter oder analoger Geltung der zu der Heilungsnorm gehörenden Formvor-

---

[16] RGZ 85, 272, 274; 82, 413, 415 f.

[17] BGHZ 85, 245, 250; 82, 398, 403 f.; BGH NJW 1952, 1171.

[18] BGHZ 82, 398, 405 f.

[19] BGHZ 73, 391, 395 f.

[20] BGH NJW 1967, 1128, 1131.

schrift die Heilungsvorschrift in verschiedenen Fällen analog angewandt (dazu näher unten 3. Teil C. II.).

V. Ergebnis

Die Rechtsprechung sieht in den Heilungsnormen nicht analogiefähige Ausnahmebestimmungen. Im übrigen verfolgt sie bei der Auslegung der Heilungsvorschriften keine einheitliche Linie.

Die Ergebnisse werden meist mit dem Hinweis auf die Erreichung der Formzwecke oder, in neuerer Zeit, mit dem Hinweis auf Sinn und Zweck der Heilungsnormen begründet.

C. Literatur

In der Literatur finden sich verschiedene Ansätze, die darauf abzielen, die Heilungsvorschriften aus allgemeineren, im BGB verankerten Grundsätzen zu erklären und damit sicherere Auslegungsergebnisse zu erreichen (im folgenden unter I. bis IV.). Zu § 313 S. 2 findet sich die Auffassung, es handele sich um einen Rückforderungsausschluß aus Gründen der Rechtssicherheit (im folgenden unter V.).

I. Formlos gültige Rechtsgrundabrede (Reichel, Siber, Krawielicki, Häsemeyer)

Die genannten Autoren wollen die Heilungsnormen auf folgendem Wege in die Systematik des BGB einpassen: entgegen dem Wortlaut der Heilungsvorschriften werde nicht der ursprüngliche, nichtige Vertrag wirksam; vielmehr sei in diesem nichtigen Vertrag eine von Anfang an wirksame Rechtsgrundabrede enthalten. Diese besage, daß der versprochene Gegenstand —hinsichtlich dessen keine Leistungspflicht bestehe—, wenn er geleistet worden sei, behalten werden dürfe. Im einzelnen unterscheiden sich die Ansichten wie folgt:

1. Reichel

Auf Reichel gehen die späteren Theorien der formlos gültigen Rechtsgrundabreden zurück. Reichel meint, den Heilungsnormen liege folgende ratio zugrunde: Der Formmangel sei zwar ein Grund dafür, der Erklärung die Verpflichtungskraft zu nehmen, nicht aber dafür, die Gültigkeit freiwilliger Erfüllung des Geschäfts in Frage zu stellen.[21] Weitere Schlüsse zieht er aus dieser Erkenntnis nur auf rechtspolitischer Ebene, indem er vorschlägt, grundsätzlich die auf die Formnichtigkeit gestützte condictio indebiti auszuschließen.[22]

2. *Siber*

Siber knüpft an Reichel an und unterscheidet Rechtsgrundgeschäfte und Verpflichtungsgeschäfte. Der Wortlaut der Heilungsnormen sei mißverständlich. „Heilung" bedeute bei einseitig verpflichtenden Verträgen (§§ 518, 766) nichts anderes, als daß der formlose Vertrag zu nichts verpflichte, das zur Erfüllung Geleistete aber nicht zurückgefordert werden könne. Der Vertrag sei also als Verpflichtungsgeschäft nichtig, als Rechtsgrundabrede dagegen wirksam. Bei den Heilungsnormen handele es sich daher nur um einen Anwendungsfall des Grundsatzes, daß Rechtsgrundabreden formlos gültig seien.[23]

Dagegen handele es sich bei § 313 S. 2, § 15 Abs. 4 S. 2 GmbHG um wirkliche Heilungsfälle, da die Leistung des einen Teils bereits einen Anspruch auf die Gegenleistung begründe.[24]

Für alle formbedürftigen gegenseitigen Verträge gelte, daß nach vollständiger Erfüllung durch beide Seiten die Rückforderung ausgeschlossen sei. Das ergebe sich nicht aus einer entsprechenden Anwendung des § 313 S. 2, sondern aus dem Grundsatz, daß Rechtsgrundabreden formlos wirksam seien.[25]

Siber kommt also im Ergebnis dazu, daß alle Formvorschriften des Schuldrechts lediglich den verpflichtenden Vertrag für formbedürftig erklären. In dem Verpflichtungsgeschäft soll jeweils eine Rechtsgrundabrede enthalten sein, die formlos wirksam ist und nach Erbringung der Leistung die Rückforderung ausschließt.

3. *Krawielicki*

In seiner Arbeit über die Grundlagen des Bereicherungsanspruchs setzt Krawielicki ebenfalls die Differenzierung zwischen Rechtsgrundgeschäft und Verpflichtungsgeschäft voraus.

---

[21] AcP 104 (1909), 1, 38.

[22] AcP 104 (1909), 1, 37 ff.

[23] IherJB 70 (1921), S. 223, 237 f.

[24] A.a.O. S. 238 f.

[25] A.a.O. S. 242.

Beim Rechtsgrundgeschäft unterscheidet er drei Grundformen, in denen ein Rechtsgrund für eine bestimmte Leistung vereinbart werden kann: Handgeschäft, Versprechensgeschäft und reines Rechtsgrundgeschäft.[26] Bei ersterem fallen Rechtsgrundabrede und Leistung zeitlich zusammen (z.B. § 516). Im zweiten Fall wird eine künftige Leistung versprochen und im dritten Fall vereinbaren die Parteien einen Rechtsgrund für eine künftige Leistung, ohne daß hinsichtlich dieser Leistung eine Verpflichtung begründet wird. Es wird beim reinen Rechtsgrundgeschäft also nur vereinbart, aus welchem Grund die später freiwillig erbrachte Leistung nicht zurückgefordert werden kann.[27]

Auf diesem Hintergrund erklärt Krawielicki die Heilungsvorschriften wie folgt: Der Formfehler führe dazu, daß das Versprechensgeschäft nichtig sei. Kraft Gesetzes (d.h. kraft der Heilungsnormen) werde das nichtige Versprechensgeschäft in ein wirksames Rechtsgrundgeschäft umgedeutet. Die Formulierung des Gesetzes („Heilung") sei nur ein bildhafter Ausdruck für die Umdeutung des Vertrages in formlos gültige, nicht-verpflichtende Abreden.[28]

Gegenseitige Verträge, bei denen der Formzwang nur die Verpflichtung des einen Teils erschweren soll (heute nur noch § 15 Abs. 4 S. 1 GmbHG), würden kraft Gesetzes umgedeutet in eine Rechtsgrundabrede hinsichtlich der erschwerten Leistung und eine durch die Erbringung dieser Leistung aufschiebend bedingte[29] Verpflichtung zur Erbringung der Gegenleistung.[30]

Ein formnichtiger Kaufvertrag über einen GmbH-Anteil wäre demnach umzudeuten in einen wirksamen Behaltensgrund für die Übereignung des Anteils und die erst mit dieser Übereignung entstehende Zahlungspflicht des Käufers.[31]

Ob die Umdeutung auch in gesetzlich nicht normierten Fällen möglich ist, soll sich allein nach dem Sachzusammenhang der einschlägigen Normen und der Zweckmäßigkeit des Ergebnisses richten. Daß das Gesetz nicht bei allen Formfehlern deren Heilung durch Erfüllung anordne, sei demgegenüber ohne Bedeutung; insbesondere sei ein argumentum e contrario (die audrückliche Zulassung der Heilung in einigen Fällen spricht dafür, daß in den restlichen Fällen keine

[26] Grundlagen, S. 48 ff.

[27] A.a.O. S. 76 ff.

[28] A.a.O. S. 128, 132.

[29] Das ist nicht technisch i.S.v. §§ 158 ff. gemeint.

[30] S. 138 f.

[31] Hierin unterscheidet sich Krawielickis Modell von dem Häsemeyers (zu letzterem s. sogleich unter 4.).

Heilung möglich ist) oder eine Analogie zu den Heilungsvorschriften wertlos.[32]

Krawielicki entwickelt also die Theorien Reichels und Sibers weiter, indem er die Wirksamkeit des Verpflichtungsgeschäfts als Rechtsgrundabrede über eine gesetzliche Umdeutung erreicht.

4. Häsemeyer

Häsemeyer will die Heilungsvorschriften nicht als nachträgliche Beschränkungen der Nichtigkeit, sondern, ähnlich wie Siber, als anfängliche Einschränkung schuldrechtlicher Formgebote auslegen.[33]

Formbedürftig seien bei §§ 313, 518, 766, § 15 Abs. 4 GmbHG lediglich die verpflichtenden Vereinbarungen. Formfrei gültig seien dagegen Rechtsgrundvereinbarungen, d.h. Abreden darüber, daß eine erbrachte Leistung aus einem der genannten Rechtsgründe (Grundstückskauf, Schenkung, Bürgschaft, schuldrechtlicher Vertrag über die Abtretung eines GmbH-Anteils) behalten werden darf.[34]

Schließen die Parteien einen formnichtigen Verpflichtungsvertrag, so liege darin zugleich eine Rechtsgrundabrede, die, wenn eine Heilungsvorschrift existiert, formfrei gültig sei. Nach Häsemeyer wäre § 518 Abs. 2 (systematisch als § 518 S. 3 und 4) also so zu lesen:

> Formlos gültig ist jedoch die Abrede, daß der Beschenkte den geschenkten Gegenstand nach Erfüllung des formnichtigen Schenkungsversprechens aufgrund einer Schenkung behalten darf. Eine solche Abrede ist in jedem Schenkungsversprechen enthalten.

Rechtsgrundabreden, so Häsemeyer, kenne das BGB auch an anderen Stellen (§§ 516, 762); ihre Zulässigkeit ergebe sich aus der Vertragsfreiheit.[35] Es widerspreche auch nicht der Parteiautonomie, formnichtige Verpflichtungen als wirksame Rechtsgrundabreden aufrechtzuerhalten, da in jedem Verpflichtungsgeschäft als Minus eine Rechtsgrundabrede enthalten sei.[36]

---

[32] A.a.O. S. 132.

[33] S. 196, 240 und JuS 1980, 1, 5.

[34] S. 196 ff; 240 ff. und JuS 1980, 1, 5 f.

[35] S. 241 f.

[36] S. 242.

Für seine Lösung führt Häsemeyer den Gesichtspunkt der Rechtsklarheit ins Feld. Der Rechtsverkehr müsse ex ante die Reichweite der Formgebote beurteilen können. Diesen Anforderungen genügten die Heilungsvorschriften nicht, wenn man sie als nachträgliche Einschränkung der Nichtigkeit verstehe, weil sie dann auf die Erfüllung, also auf ein künftiges, ungewisses Ereignis abstellten.[37]

Im Synallagma werde durch den formnichtigen Vertrag ein relatives Rechtsgrundverhältnis geschaffen. Dieses enthalte einerseits einen Behaltensgrund (Erwerbstitel) für die Leistung, deretwegen das Formbedürfnis bestehe (Abtretung des GmbH-Anteils), andererseits sei es Verpflichtungsgrundlage für die Gegenleistung (Zahlung des Kaufpreises).[38] Behaltensgrund und Verpflichtungsgrundlage sollen mit Vertragsabschluß wirksam ein. Die Konsequenzen dieser Konstruktion sollen sein[39]:

(1) Der Veräußerer könne ab Vertragsschluß Zahlung Zug um Zug gegen Abtretung des Anteils verlangen. Gegebenenfalls könne er Verzugsschaden oder Schadensersatz wegen Nichterfüllung verlangen. Der Erwerber habe erst nach der Abtretung Ansprüche gegen den Veräußerer.[40]

(2) Der Erwerber könne nach § 326 zurücktreten, wenn ihm der GmbH-Anteil nicht zu dem vereinbarten Zeitpunkt abgetreten wird. Auch der Veräußerer habe bis zur Abtretung ein Rücktrittsrecht.[41]

5. Stellungnahme

Im Ausgangspunkt ist Siber, Krawielicki und Häsemeyer darin zuzustimmen, daß reine Rechtsgrundabreden nach Leistungserbringung von den Formvorschriften des Schuldrechts nicht erfaßt werden. Der Formzwang bezieht sich

---

[37] S. 215.

[38] 248 f.

[39] Diese Ausführungen Häsemeyers beziehen sich auf § 313 BGB a.F.; sie sind auf § 313 BGB n.F. nicht übertragbar, weil sie daran anknüpfen, daß nur die Leistungspflicht des Veräußerers Grund für das Formerfordernis ist. Bei § 313 S. 1 BGB n.F. hat der Gesetzgeber jedoch das Formerfordernis ausdrücklich auch auf die Erwerbspflicht bezogen. Die Thesen Häsemeyers sollen jedoch seiner Ansicht nach auch für § 15 Abs. 4 GmbHG gelten (S. 258 unter bb). Sie werden daher hier erörtert, soweit sie sich nicht auf die Besonderheiten des zweiaktigen Erwerbstatbestandes bei § 313 S. 2 BGB beziehen.

[40] S. 253 f. unter (2) (a).

[41] S. 254 ff. unter (b).

nach dem Wortlaut der einschlägigen Normen stets nur auf Verträge oder Abreden, die eine Leistungsverpflichtung begründen.

Man könnte auch Häsemeyer darin folgen, daß, sofern eine Heilungsvorschrift existiert, der Vertrag so behandelt wird, als sei in ihm eine wirksame Rechtsgrundabrede enthalten. Versteht man die Heilungsnormen so, so würden sie zugleich § 139 modifizieren. Denn allein die Tatsache, daß ein Teil eines Rechtsgeschäfts (die Rechtsgrundabrede) verselbständigt werden kann, sagt noch nichts darüber, ob die rechtsgeschäftliche Geltung dieses Teiles dem Willen der Parteien entspricht. § 139 macht die teilweise Geltung vom Parteiwillen abhängig und stellt —entgegen Häsemeyers Ergebnis— die Vermutung auf, daß die Geltung des wirksamen Teils allein nicht gewollt ist.

Zu weit geht jedoch Siber, der bei jedem formnichtigen Verpflichtungsgeschäft eine Rechtsgrundabrede aufrechterhalten will. Denn soweit keine Heilungsnorm existiert, gilt allein § 139. Danach ist im Zweifel das gesamte Geschäft nichtig. Es wird keineswegs regelmäßig so sein, daß die Parteien im Falle der Kenntnis der Nichtigkeit zumindest eine Rechtsgrundabrede getroffen hätten. Man kann nicht unterstellen, daß sie auf den Schutz, den ihnen die Formnichtigkeit auch nach der Erfüllung noch bietet, in jedem Fall verzichtet hätten.

Die von Krawielicki vorgeschlagene Umdeutung kraft Gesetzes ist mit der dem § 140 zugrundeliegenden Dogmatik nicht vergleichbar und insofern zur Erklärung der Heilungsvorschriften nicht geeignet. Ziel des § 140 ist es, dem Parteiwillen so weit wie möglich zur Geltung zu verhelfen.[42] Auch nach § 140 erlangt das andere Rechtsgeschäft nur dann Wirksamkeit, wenn dies dem Parteiwillen entspricht. Das ist, wie gesagt, im Verhältnis von Verpflichtungsgeschäft und Rechtsgrundabrede nicht regelmäßig der Fall. Auch hat den Heilungsvorschriften nicht das Bestreben zugrundegelegen, eine dem Parteiwillen entsprechende Regelung zu treffen.[43] Auch deshalb erscheint es wenig hilfreich, sie als Fälle gesetzlicher Umdeutung anzusehen.

Krawielicki meint weiter, die von ihm vorgeschlagene Umdeutung sei ohne Analogie zu den Heilungsnormen auch möglich, wenn das Gesetz keine Heilung vorsehe. Es müßte sich dann, da andernfalls die gesetzliche Grundlage für die Umdeutung fehlen würde, um eine Umdeutung nach § 140 handeln. Es wäre

---

[42] Palandt/Heinrichs § 140 Rn. 1.

[43] S.u. D. III. 2.

also, anders als bei den Heilungsnormen, gem. § 140 zu prüfen, ob die Parteien in Kenntnis der Formnichtigkeit der Verpflichtung eine Rechtsgrundabrede gewollt hätten. Im Prozeß wäre dies von demjenigen, der die Rückabwicklung des Vertrages verweigert, zu beweisen. Will Krawielicki diesen prozessualen Unterschied zu den Heilungsnormen vermeiden, so muß er diese, die nach seiner Auffassung gesetzliche Umdeutungsvorschriften sind, doch analog anwenden. Die Frage nach der Analogiefähigkeit der Heilungsvorschriften stellt sich also in gleicher Schärfe wie bei dem herkömmlichen Verständnis von den Heilungsvorschriften.

Nicht überzeugend ist außerdem Krawielickis Erklärungsversuch, im Synallagma finde eine Umdeutung in eine Rechtsgrundabrede hinsichtlich der durch die Form erschwerten Leistung und eine (bedingte) Verpflichtung hinsichtlich der Gegenleistung statt. § 313 S. 2 ist hiermit nicht erklärbar, weil die Form des § 313 S. 1 die Verpflichtung jeder Seite, des Käufers und des Verkäufers, erschweren soll. Krawielicki vermag hier nicht zu begründen, warum die Pflicht des Käufers zur Kaufpreiszahlung schon mit Auflassung und Eintragung entsteht und nicht erst als Rechtsgrundabrede nach der Zahlung des Kaufpreises wirksam wird.

Häsemeyer führt für seine Lösung —Heilungsnormen als Einschränkung des Formerfordernisses— die größere Rechtsklarheit an. Die Formgebote seien zu unbestimmt, nähme man eine nachträgliche Heilung der Nichtigkeit an. Nach seiner Konstruktion kommt der von Anfang an formlos wirksame Rechtsgrund aber auch erst zum Tragen, wenn der Tatbestand einer Heilungsnorm erfüllt ist. Aus dem Gesichtspunkt der Klarheit ex ante macht es keinen Unterschied, ob —um bei § 518 zu bleiben—das Bewirken der geschuldeten Leistung den Vertrag wirksam werden läßt oder ob ein von vornherein wirksamer Rechtsgrund nach der Erbringung der geschuldeten Leistung eingreift. Die Prognose aus ex-ante-Sicht ist gleichermaßen klar oder unklar. Zu mehr Rechtsklarheit führt Häsemeyers Vorschlag daher nicht.

Bedenken bestehen auch gegen die Lösungen, zu denen Häsemeyer im Synallagma kommt. Ein Zahlungsanspruch des Verkäufers vor Eintritt der Heilungsvoraussetzungen und Sekundäransprüche im Falle der verspäteten Erfüllung oder der Nichterfüllung sind mit § 125 S. 1 nicht vereinbar. § 15 Abs. 4 S. 1 GmbHG erklärt den gesamten Vertrag für formbedürftig, § 125 S. 1 erklärt ihn im Falle eines Formverstoßes für nichtig. Diese Regelung wird nicht durch die Heilungsvorschrift dahingehend aufgehoben, daß Rechtsgrundabreden und die Gegenleistung betreffende Verpflichtungen trotz des Formfehlers bereits mit Vertragsschluß wirksam sind.

Bereits der Wortlaut des § 15 Abs. 4 S. 2 GmbHG steht einer solchen Auslegung entgegen: Danach wird der Vertrag gültig, wenn die Voraussetzungen der Heilung vorliegen. Aus diesem Wortlaut ergibt sich eindeutig, daß vor dem Eintritt der Heilung das formfehlerhafte Geschäft nach § 125 S. 1 nichtig ist.

Außerdem wäre es mit dem Sinn und Zweck des § 125 S. 1 nicht vereinbar, durch eine dem Wortlaut der Formvorschriften nicht zu entnehmende Einschränkung des Formerfordernisses im Ergebnis zu einer Teilwirksamkeit des Vertrages zu kommen. § 125 S. 1 soll die Durchsetzung der Formgebote gewährleisten. Die Sanktion der Nichtigkeit soll die Parteien zur Wahrung der Form veranlassen. Nach Häsemeyers Lösung hätte der Veräußerer eines GmbH-Anteils kein Interesse an der Wahrung der Form, da er aus einem formnichtigen Vertrag dieselben Ansprüche herleiten könnte wie aus einer wirksamen Abrede.

Auch das von Häsemeyer angenommene Rücktrittsrecht des Erwerbers nach § 326 ist nicht stimmig. Es paßt nicht damit zusammen, daß der Veräußerer vor der Abtretung nicht verpflichtet sein soll. Er kann schon deshalb nicht in Verzug kommen.

II. Bestätigung (Lange, Kramer, Flume, Dubischar, D. Reinicke, Tiedtke)

1. Lange, Kramer

Lange[44] und Kramer[45] meinen, die Heilungsvorschriften seien ein Fall der Bestätigung i.S.v. § 141 Abs. 1.[46]

2. Flume, Dubischar

Flume[47] und Dubischar[48] erklären die Heilung damit, daß das Erfüllungsgeschäft als rechtsgeschäftlicher Akt die formnichtige schuldrechtliche Abrede

---

[44] AcP 144 (1938), 149, 158.

[45] S. 18 ff.

[46] So auch RGZ 75, 114, 115; aufgegeben in RGZ 115, 6, 12.

[47] AT 2, § 15 III 4 c) aa), S. 278.

[48] in: AK § 313 Rn. 27.

bestätige. Sie stellen also nicht ausdrücklich auf § 141 ab, wenden aber doch den dieser Vorschrift zugrundeliegenden Gedanken an, daß die Parteien durch rechtsgeschäftliche Erklärungen einem nichtigen Geschäft nachträglich zur Wirksamkeit verhelfen können.[49]

Flume meint weiter, der formnichtige Akt werde überflüssig, weil der rechtsgeschäftliche Akt des Erfüllungsgeschäfts ihn ersetze, indem er ihn bei §§ 518, 766 in sich aufnehme und indem bei § 313 eine gleichwertige Form beachtet werde.[50]

3. D. Reinicke, Tiedtke

Ähnlich sehen diese Autoren[51] in der Vornahme des heilenden Rechtsgeschäfts ein Bekenntnis zu dem formnichtigen Vertrag. Dieses Bekenntnis sei die Grundlage für die im Gesetz angeordnete Heilung.[52]

4. Stellungnahme

Die Heilungsvorschriften sind kein Unterfall der Bestätigung gemäß § 141. Die Bestätigung eines formnichtigen Geschäftes setzt in dem Regelfall, daß das Formerfordernis nicht zwischendurch wegfällt, eine formgerechte Neuvornahme voraus.[53] Eine solche fehlt in den Heilungsfällen.

Außerdem setzt eine wirksame Bestätigung voraus, daß die Parteien die Nichtigkeit des ursprünglichen Vertrages zumindest für möglich halten.[54] Sie müssen bei der Bestätigung den Willen zur erneuten rechtsgeschäftlichen Bindung haben. Auch das setzen die Heilungsnormen nicht voraus. Der ursprüngliche Vertrag wird unabhängig davon wirksam, ob die Parteien es wollen.

Auch Flume und Dubischar ist nicht darin zuzustimmen, daß die Erfüllung als bestätigender rechtsgeschäftlicher Akt zur Heilung führt. Die Heilung hat ihren Grund nicht in einem entsprechenden Parteiwillen, da sie gerade unabhängig von ihm eintritt. Die Rechtsfolge eines wirksamen Vertrages wäre nach all-

---

[49] Ähnlich Hachenburg/Zutt § 15 Rn. 61: Es handele sich bei § 15 Abs. 4 S. 2 GmbHG, § 313 S. 2 um eine „besondere Art von Bestätigung", die jedoch „in verschiedener Hinsicht von § 141" abweiche.

[50] AT 2, § 15 III 4 c) aa), S. 278.

[51] NJW 1982, 1430, 1433 f.

[52] Ähnlich auch BGHZ 54, 56, 64; RGZ 115, 6, 12; 109, 351, 354.

[53] BGH WM 1985, 1000; RGZ 115, 6, 12; Müller, S. 229 unten; Palandt/Heinrichs § 141 Rn. 4.

[54] Palandt/Heinrichs § 141 Rn. 6.

gemeinen rechtsgeschäftlichen Regeln nur dadurch zu erreichen, daß nach dem nichtigen Vertragsschluß erneut eine rechtsgeschäftliche Bindung eingegangen wird. Eine solche liegt aber nicht per se in der Vornahme von Erfüllungshandlungen. Denn unabhängig von der umstrittenen Rechtsnatur der Erfüllung[55] ist in aller Regel die Erfüllung nicht mit der Erklärung verbunden, sich erneut verpflichten zu wollen. Ein solcher Wille kommt überhaupt nur in Betracht, wenn die Parteien zumindest Zweifel an der Wirksamkeit des Vertrages haben.

Auch die These D. Reinickes und Tiedtkes, die Heilung beruhe auf dem Bekenntnis der Parteien zum nichtigen Vertrag, hilft nicht weiter. Ein Bekenntnis ist keine rechtsgeschäftliche Figur. Sollte mit „Bekenntnis" ein bestätigender rechtsgeschäftlicher Akt wie bei Flume gemeint sein, so sprechen gegen diese Ansicht die schon vorgebrachten Einwände. Sollte aber gemeint sein, daß die Parteien durch die Erfüllung den Eindruck erwecken, an dem nichtigen Vertrag festhalten zu wollen und sollen sie deshalb auch daran festgehalten werden, so wäre damit das Verbot des „venire contra factum proprium" angesprochen. Darauf wird an späterer Stelle eingegangen.[56]

III. Erreichung der Formzwecke durch die Vornahme von Erfüllungshandlungen

1. Teleologische Reduktion des § 125 S. 1 (Reinhart, Hart)

Von den Autoren, die die Heilungsnormen mit der Erreichung der Formzwecke durch Erfüllung erklären wollen, hat Reinhart in seiner Dissertation[57] die umfassendste Theorie entwickelt. Er versucht, für alle Formvorschriften des bürgerlichen Rechts und alle Einschränkungen der nach § 125 S. 1 angeordneten Nichtigkeitsfolge (Heilung, Treu und Glauben, faktische Vertragsverhältnisse, Saldotheorie u.a.) einen gemeinsamen dogmatischen Nenner zu finden.

Ausgangspunkt seines Konzepts ist die These, daß zwischen der Form als Tatbestandsmerkmal der Willenserklärung („absolute" Form) und der Form als Wirksamkeitsvoraussetzung der Willenserklärung („additive Form") zu unter-

---

[55] Vgl. nur MK/Heinrichs § 362 Rn. 5 ff.

[56] Unten IV.

[57] Das Verhältnis von Formnichtigkeit und Heilung des Formmangels im bürgerlichen Recht, Heidelberg 1969.

scheiden sei.[58] Eine Form sei absolut, wenn der Wille nur in der gesetzlich bestimmten Form erklärt werden könne. Sie sei dagegen additiv, wenn der trotz des Formgebots formlos erklärte Wille bei Hinzutreten bestimmter Voraussetzungen dieselbe Wirkung habe wie der formgerecht erklärte Wille.

Ob eine Form additiv oder absolut ist, soll durch Auslegung unter besonderer Berücksichtigung der Formzwecke ermittelt werden.[59] Bei § 15 Abs. 4 S. 1 GmbHG, §§ 313 S. 1, 518 Abs. 1, 766 S. 1 handele es sich um Fälle der additiven Form, da die Form durch die spätere, heilend wirkende Handlung ersetzt werden könne.[60]

Weiter will Reinhart —und, ihm insofern folgend, Hart[61]— § 125 S. 1 teleologisch dahingehend auslegen (m.E. genauer: teleologisch reduzieren), daß die Formnichtigkeit bei additiven Formen dann aufgehoben wird, wenn der Zweck der betreffenden Formvorschrift erreicht ist.[62] Er schlägt daher vor, § 125 „zur Klarstellung" wie folgt zu ergänzen:

> „Außer in den im Gesetz vorgeschriebenen Fällen wird das Rechtsgeschäft auch wirksam, wenn der Formzweck auf andere Weise erreicht ist."

Bei § 15 Abs. 4 GmbHG, §§ 313, 518, 766 könnten die Formzwecke deshalb bereits durch andere „rechtsgeschäftlich relevante Akte" vor vollständiger Erfüllung erreicht sein, z.B. durch Teilerfüllung.[63]
Reinhart versucht auch, Einzelfragen den Schwebezustand bis zur Heilung betreffend zu lösen. Durch den formnichtigen Vertrag seien die Parteien bereits gebunden, d.h. sie können die vertragliche Regelung nicht einseitig aufheben. Diese Bindung trete aber nicht für den Vertragspartner ein, der durch die Formvorschrift geschützt werde. Auch sei die Bindung lösbar, wenn dem Gebundenen der Formmangel unbekannt war. Im Falle der Unmöglichkeit hafte der Gebundene (nur) analog § 307.[64]

---

[58] S. 88 ff.; derselbe, Anm. zu BGH JZ 1971, 459, 461; derselbe, BB 1979, 1378, 1380; die Begriffsbildung ist vermutlich im Anschluß an Flume, AT 2, § 15 I 1, S. 245, erfolgt (Form als Attribut und Form als Absolutum).

[59] S. 124 f.

[60] S. 93 ff.

[61] in: AK § 125 Rn. 9.

[62] S. 101 ff., insbes. 124 ff.

[63] S. 131 f.

[64] S. 133 ff.

Für die Formvorschriften mit Heilungsnorm wird diese Bindung kaum praktisch. § 313 S. 1 schützt beide Vertragspartner, so daß sie schon deshalb nicht gebunden sind. §§ 518 Abs. 2 und 766 S. 2 schützen nur einseitig, es besteht aber auch nur eine einseitige Leistungspflicht. § 15 Abs. 4 S. 1 schützt keine der Parteien.

Bei der Überprüfung der Formvorschriften ohne Heilungsnorm kommt Reinhart zu dem Ergebnis, daß bei allen Verträgen des Schuldrechts Formvorschriften nur additive Bedeutung haben, eine Heilung durch Erreichung der Formzwecke also stets möglich ist.[65] Allerdings soll nicht jede Erfüllung zur Heilung führen, da trotz Erfüllung die Formzwecke verfehlt sein könnten.[66] So soll keine Heilung eintreten, wenn der Erfüllende die Formnichtigkeit nicht kannte, sich also irrig für verpflichtet hielt.

2. *Andere Ansätze*

Mit der Erreichung der Formzwecke versuchen auch andere Autoren die Heilungsvorschriften zu erklären. Bei §§ 313, 518, 766 seien die Formzwecke verwirklicht, wenn die zur Heilung erforderlichen Handlungen vorgenommen seien.[67] Allerdings weisen diese Autoren überwiegend darauf hin, daß die Warnfunktion der Form nicht gewahrt sei, wenn die leistende Partei die Formnichtigkeit nicht kannte und in der irrigen Annahme geleistet hat, zu der Leistung verpflichtet gewesen zu sein.[68] Andere schränken ihre These dahingehend ein, daß der Übereilungsschutz zumindest dann nicht erreicht werde, wenn die Erfüllung genauso leicht erfolgen könne wie ein mündliches Versprechen[69], oder —andersherum ausgedrückt—nur dann erreicht werde, wenn die Erfüllungshandlung förmlich —wie etwa bei § 313 S. 2 im Wege der Auflassung— erfolge.[70]

---

[65] Vgl. die Übersicht bei Reinhart, S. 165 f.

[66] S. 130.

[67] Flume AT 2, § 15 III 3 b), S. 269; Gernhuber, FS für Schmidt-Rimpler, 151, 174 f.; H. Hübner, FS für Wieacker, 399, 407 f.; U. Hübner, FS für H. Hübner, 487, 493; Esser, Schuldrecht AT und BT, 2. Aufl., § 8, 7 B a, S. 27; Regelsperger, IherJb 58 (1911), 146, 171 f.; Nagel, S. 32 f.; Lange, AcP 144 (1938), 149, 158; Weldige-Cremer, S. 20 f.

[68] Flume AT 2, § 15 III 4 c) ff), S. 287; U. Hübner, FS für H. Hübner, 487, 493; Nagel, S. 32 f.; Serozan, S. 57, zieht hieraus die Konsequenz, daß der Gesetzgeber die Erledigung der Formzwecke fingiert habe.

[69] Lange, AcP 144 (1938) 149, 150.

[70] Gernhuber, FS für Schmidt-Rimpler, 151, 174 f.; Esser, Schuldrecht AT und BT, 2. Aufl., § 7 B a, S. 27.

Für § 313 S. 1 vertritt Korte die Ansicht, die Heilungsnorm erkläre sich einerseits aus der Erledigung der Formzwecke, andererseits aus dem Bestandsschutz für das dinglich vollzogene Grundstücksgeschäft.[71] Allerdings seien die Formzwecke durch die Auflassung nicht vollständig erreicht.[72]

3. Stellungnahme

a) Reinhart, Hart

Reinhart und Hart wollen § 125 S. 1 nach Sinn und Zweck einschränken. Die Nichtigkeit soll geheilt werden, wenn die Formzwecke erreicht sind. Sie setzen damit Sinn und Zweck des § 125 mit Sinn und Zweck der Formvorschriften gleich. Das ist zwar insofern zutreffend, als die Nichtigkeit zum einen deshalb angeordnet ist, weil sie der Erreichung der Formzwecke im Einzelfall dienen soll. Sinn und Zweck des § 125 S. 1 ist es aber auch, generalpräventiv die Erreichung der Formzwecke sicherzustellen. Der Rechtsverkehr soll dazu angehalten werden, die Form zu beachten. Sinn und Zweck der Formnichtigkeit unterscheiden sich also von Sinn und Zweck der Formvorschriften.[73] Mit der Erreichung der Formzwecke im Einzelfall sind Sinn und Zweck der Formnichtigkeit daher nicht erreicht. Eine teleologische Reduktion des § 125 S. 1 kann deshalb nicht mit der Erreichung der Formzwecke im Einzelfall begründet werden.[74]

Gegen Reinharts Konzept spricht weiter, daß es zu Rechtsunsicherheit führen würde. Die Feststellung, ob im Einzelfall die Zwecke einer bestimmten Formvorschrift erreicht sind, ist nicht leicht zu treffen. Reinhart selbst weist darauf hin, daß die Prüfung, ob eine bestimmte Form durch andere Handlungen ersetzt werden kann, sehr aufwendig und schwierig sei.[75] Allein dies wäre nun kein Argument, würde die Untersuchung zu eindeutigen Ergebnissen führen. Das ist aber gerade nicht der Fall. Die Feststellung der Formzwecke stößt auf erhebliche Schwierigkeiten. Der gesetzgeberische Wille ist in aller Regel nur schwer zu ermitteln. Und selbst wenn etwa feststellbar ist, daß eine bestimmte Form vor Übereilung schützen soll, ist damit nicht gesagt, daß nicht auch andere

---

[71] 11. Kapitel, Rn. 6 ff., insbes. Rn. 15 und 22; zum Bestandsschutz näher unten V.

[72] Korte, 11. Kapitel, Rn. 17 ff.

[73] Vgl. Westerhoff, AcP 184 (1984), 341, 350 f.; dazu schon oben 1. Teil C.

[74] Merz, AcP 163 (1964), 305, 315 f.; Wieling, AcP 172 (1972), 297, 313; s. auch BGHZ 16, 334, 335.

[75] S. 143.

anerkannte, dem Gesetzgeber bekannte Formzwecke bei der Auslegung zu berücksichtigen sind. Diese Auslegungsschwierigkeiten verkennt Reinhart, wenn er meint, die Frage nach den Zwecken einer bestimmten Formvorschrift seien „bei der Anwendung teleologischer Methoden immer zu beantworten"[76].

Unklar wird die Rechtslage insbesondere, wenn eine Form, wie im Regelfall, verschiedenen Zwecken dient. Müssen dann alle Formzwecke erreicht sein, damit die Heilung eintritt? Reinhart versucht dieses Problem zu lösen, indem er zwischen Haupt- und Nebenzwecken einer Formvorschrift unterscheidet. Bei § 313 S.1 etwa sei der Übereilungsschutz Hauptzweck, Beratung und Beweissicherung dagegen Nebenzwecke. Die Heilung trete im Normalfall schon dann ein, wenn der Hauptzweck erreicht sei. Die Differenzierung zwischen Haupt- und Nebenzwecken, die der Formvorschrift selbst nicht zu entnehmen ist, muß wiederum aus dem Willen des Gesetzgebers hergeleitet werden. Der Gesetzgeber wird hierzu aber häufig keine deutlichen Aussagen gemacht haben. Die Rechtssicherheit würde unter einer derartigen Auslegung der Formvorschriften und des § 125 S. 1 also erheblich leiden.

Außerdem ist Reinhart auch im Ergebnis nicht zu folgen. Er kommt dazu, daß bei allen formfehlerhaften Schuldverträgen die Erfüllung —solange sie nicht in Unkenntnis der Formnichtigkeit erfolgte— heilende Wirkung hat, weil nach Sinn und Zweck des § 125 S. 1 die Formnichtigkeit nur Bestand haben soll, wenn die Formzwecke verfehlt sind. Diese Ansicht geht über die Grenzen zulässiger Rechtsfortbildung hinaus. Der Gesetzgeber hat sich bewußt dafür entschieden, daß die Erfüllung grundsätzlich an der Formnichtigkeit nichts ändert.[77] Daher wäre es allenfalls rechtspolitisch diskutabel, ob allen Formvorschriften des Schuldrechts Heilungsnormen zuzuordnen wären.

Zudem gelingt es auch Reinhart nicht, die Heilungsvorschriften dogmatisch zu erklären. Seine teleologische Reduktion des § 125 S. 1 soll voraussetzen, daß der Erfüllende die Formnichtigkeit kannte. Denn nur dann sei der Übereilungsschutz erreicht. Die Heilungsnormen greifen aber gerade unabhängig davon ein, ob der durch die Form Geschützte sich für verpflichtet hielt oder nicht. Die von Reinhart aufgestellten Voraussetzungen für die teleologische Reduktion des § 125 liegen in den Heilungsfällen also nicht stets vor. Auch Reinhart ist dies nicht entgangen[78]; er hat jedoch nicht versucht, die Heilungsvorschriften in

---

[76] Anm. zu BGH JZ 1971, 459, 463.

[77] Mot. I 183.

[78] S. 130, Fn. 127.

diesem Punkt in das von ihm angestrebte stimmige dogmatische Konzept einzupassen. Für ihre Auslegung und Anwendung bietet Reinharts Theorie daher keine Hilfestellung.

Im übrigen ist der von Reinhart gemachte Unterschied zwischen der absoluten und der additiven Form wenig hilfreich. Es handelt sich allein um eine begriffliche Ordnung zweier Fallgruppen. Eine Form ist dann additiv, wenn ihre Auslegung ergibt, daß sie durch andere Umstände ersetzbar ist. Ist eine Form additiv, so soll sie durch andere Umstände ersetzbar sein. Als logischer Schluß wäre dies ein Zirkelschluß. Die „additive Form" ist daher lediglich die Bezeichnung einer nach bestimmten Kriterien herausgearbeiteten Fallgruppe. Dasselbe gilt für die absolute Form.

b) Erreichung der Formzwecke durch Erfüllung?

Abgesehen von den Bedenken gegen die teleologische Reduktion des § 125 ist auch die These Reinharts und der anderen oben zitierten Autoren angreifbar, mit der Erfüllung seien die Formzwecke erreicht. Dies soll im folgenden für die einzelnen Formzwecke nachgewiesen werden.

aa) Übereilungsschutz

Ob der mit einer Formvorschrift bezweckte Übereilungsschutz erreicht ist, hängt davon ab, welche Form vorgeschrieben ist, welche Form tatsächlich gewahrt wurde und in welcher Weise die Erfüllung erfolgen kann. Es ist daher wie folgt zu differenzieren:

(1) Eine notarielle Beurkundung ist vorgeschrieben (§§ 313, 518; § 15 Abs. 4 GmbHG), aber nicht vorgenommen worden, und

(a) die Erfüllung kann formlos erfolgen (nur bei § 518)

In diesen Fällen stellt die tatsächliche Hingabe der versprochenen Sache oder die Abtretung eines versprochenen Rechtes zwar ähnlich einer förmlichen Verpflichtung eine Hemmschwelle dar, die den Schenker zum Überdenken seines unter Umständen übereilten Schenkungsentschlusses bewegen kann. Insofern gibt die Erfüllungshandlung ihm einen zusätzlichen Schutz. Dieser ist aber nicht demjenigen vergleichbar, den eine notarielle Beurkundung des Versprechens bietet. Denn es ist möglich, daß der Versprechende sich aufgrund des formlosen Versprechens irrig für gebunden hält. Dann nimmt er die Erfüllungshandlung aber unter dem vermeintlichen Druck vor, eine Verpflichtung zu erfüllen. Das übereilt eingegangene Versprechen wirkt noch fort. Der Schenker ist nicht in gleicher Weise geschützt, wie wenn er den Vertrag notariell geschlossen hätte. Die Erfüllung ersetzt die Warnfunktion daher nur, wenn eine echte Freiwilligkeit, also eine Leistung in Kenntnis der Formnichtigkeit, vorliegt.[79]

(b) die Erfüllungshandlung ist ihrerseits formbedürftig (§ 313, § 15 Abs. 4 GmbHG)

Bei § 15 Abs. 4 GmbHG bedarf die Abtretung auch der notariellen Beurkundung; bei § 313 ist zwar nur die Form des § 925 zu wahren, die der Beurkundungsform nicht gleichwertig ist;[80] praktisch wird die Auflassung aber wegen § 29 GBO in aller Regel ebenfalls beurkundet.[81] Die Form für Verpflichtungs- und Verfügungsgeschäft ist also identisch. Der durch die Form gegebene Schutz ist nur dann nicht gleichwertig, wenn die Erfüllungshandlung in irriger Annahme einer bestehenden Verpflichtung vorgenommen wird. Dies ist hier jedoch dadurch ausgeschlossen, daß der Notar, der die Auflassung oder die Abtretung beurkundet, verpflichtet ist, die Parteien auf die Nichtigkeit des nicht beurkundeten Kausalgeschäfts hinzuweisen (vgl. § 17 BeurkG).[82] Insofern sind die Parteien durch die Formbedürftigkeit des Erfüllungsgeschäftes hinreichend geschützt.

(2) Die notarielle Beurkundung ist vorgeschrieben, aber nur unvollständig erfolgt

In dem Fall ist der Übereilungsschutz insofern gegeben, als die Hemmschwelle „Gang zum Notar" überschritten worden ist. Sofern jedoch einzelne Leistungspflichten nicht vor dem Notar erklärt, sondern nur mündlich oder privatschriftlich eingegangen worden sind, ist der Warnfunktion nicht Genüge getan. Hinsichtlich dieser Pflichten bietet die Erfüllung auch dann keinen Schutz, wenn sie im Wege der notariellen Beurkundung erfolgt. Denn für den Notar ist die Unvollständigkeit der Beurkundung des Schuldvertrages und damit dessen

---

[79] So auch Lorenz, AcP 156 (1957), 381, 395 f.; Flume AT 2, § 15 III 4 c) ff), S. 287; U. Hübner, FS für H. Hübner, 487, 493; Nagel, S. 32 f.; § 3 Abs. 1 S. 2 BRAGO setzt ausdrücklich eine freiwillige Leistung voraus. Gemeint ist eine Leistung in Kenntnis der Tatsache, daß das gezahlte Honorar die gesetzliche Vergütung übersteigt. Die Unklagbarkeit muß der Mandant nicht kennen, Madert, in: Gerold/Schmidt/v. Eicken/Madert § 3 Rn. 7; Fraunholz, in: Riedel/Sußbauer § 3 Rn. 21.

[80] Näher Korte, 11. Kapitel, Rn. 17.

[81] Horber/Demharter § 30 Anm. 9 a; Meikel/Lichtenberger § 20 Rn. 61.

[82] Schlüter, JuS 1969, 10, 15.

Nichtigkeit nicht erkennbar. Er kann die Parteien allenfalls allgemein auf die Unverbindlichkeit nicht beurkundeter Nebenabreden hinweisen.

Praktisch bietet die Förmlichkeit des Erfüllungsgeschäfts auch deshalb häufig keinen Schutz, weil die Parteien selbst an der Erfüllung nicht mehr beteiligt sind. So ist es etwa bei Grundstückskaufverträgen üblich, daß die Parteien den Notar oder den Bürovorsteher zu der Abgabe der Auflassungserklärungen bevollmächtigen.

(3) Die Schriftform ist vorgeschrieben, aber nicht oder nur unvollständig eingehalten (§ 766)

Die Begleichung der Bürgenschuld ist formlos möglich. Der Bürge wird hierdurch lediglich so geschützt wie der Schenker. Hält der Bürge sich aufgrund der mündlichen Bürgschaftserklärung irrig für verpflichtet, so ist sein Schutz nicht demjenigen vergleichbar, den das Schriftformerfordernis gewährt. Denn er leistet unter dem Druck des möglicherweise übereilt eingegangenen Versprechens.

Im Ergebnis bleibt daher festzuhalten, daß der mit den schuldrechtlichen Formvorschriften bezweckte Übereilungsschutz nicht in allen Fällen, in denen eine Heilungsvorschrift existiert, durch die Vornahme der Erfüllungshandlungen erreicht wird.

bb) Beratung

Dieser mit dem Zwang zur notariellen Beurkundung verfolgte Zweck kann nur dann durch die Erfüllung erreicht werden, wenn das Erfüllungsgeschäft ebenfalls notariell beurkundet werden muß, also bei § 313 und § 15 Abs. 4 GmbHG. Eine vollständige Beratung ist auch in diesen Fällen nicht gegeben, wenn das Kausalgeschäft für den Notar unerkennbar formnichtig ist, weil es unvollständig ist oder weil ein Schwarzkauf vorliegt. Dann ist die Beratung bezüglich der schuldrechtlichen Abreden unvollständig; insbesondere kann keine Kontrolle der inneren Vertragsgerechtigkeit[83] erfolgen.

cc) Abschlußklarheit

Soll die Form den Parteien Klarheit darüber verschaffen, ob ein Vertrag zustandegekommen ist, so wird dieser Zweck durch die Erfüllung erreicht.

---

[83] S.o. 1. Teil A. III. zur Beratungsfunktion.

Denn die Erfüllung zeigt —abgesehen von Irrtumsfällen—, daß die Parteien sich vertraglich binden wollten.

dd) Inhaltsklarheit

Soll die Form den Parteien Klarheit über den Inhalt ihrer Vereinbarungen verschaffen, so wird dies mit der Erfüllung nicht erreicht.[84] Bei § 313 und § 15 Abs. 4 GmbHG sind Unklarheiten über die Gegenleistungspflicht nicht ausgeschlossen. Für jeden gemäß §§ 313, 518, 766 und § 15 Abs. 4 GmbHG geheilten Vertrag gilt, daß nach Eintritt der Heilung über Art und Umfang sonstiger Nebenpflichten nicht dieselbe Klarheit besteht wie wenn der Vertrag förmlich geschlossen worden wäre.

ee) Beweissicherung

Auch die Sicherung der Beweise, also die Nachweisbarkeit des Ob und Wie der Vereinbarung, wird durch die Erfüllung des Vertrages nicht bewirkt. Denn mit der Vornahme der zur Heilung führenden Erfüllungshandlung ist das Vertragsverhältnis keineswegs immer vollständig abgewickelt und „erledigt". Rechtsstreitigkeiten über die Erbringung der Gegenleistung oder die Erfüllung von Nebenpflichten bleiben möglich.

ff) Erschwerung des Handels

§ 15 Abs. 4 S. 1 GmbHG soll den Handel mit GmbH-Anteilen erschweren.[85] Dieser Zweck wird bereits dadurch erreicht, daß eine formlose Verpflichtung zur Anteilsabtretung nichtig ist. Denn die Undurchsetzbarkeit der Forderung ist für den Handelsverkehr Hemmnis genug. Nicht dagegen wird er durch die Erfüllung erreicht. Denn in diesem Fall hat der Handel, der unterbunden werden sollte, gerade stattgefunden.

gg) Zwischenergebnis

Die Heilungsvorschriften lassen sich nicht damit erklären, daß mit der Erfüllung, d.h. mit Vornahme der zur Heilung erforderlichen Handlung, die Formzwecke erreicht sind.

---

[84] So auch v. Hoffmann, S. 138.

[85] Dazu näher D. III. 5.

IV. Venire contra factum proprium

1. Lorenz, Nagel, Esser, D. Reinicke

Nicht auf den mit der Form bezweckten Schutz des Leistenden, sondern auf den Schutz des Empfängers stellen diejenigen Autoren ab, die die Heilung durch Erfüllung mit dem Verbot widersprüchlichen Verhaltens erklären wollen.

Lorenz[86] sucht einen dogmatischen Ansatz für die Fälle, in denen die Rechtsprechung § 125 S. 1 durch § 242 einschränkt. Die in diesen Fällen Abhilfe gebietende Härte liege darin, daß der Vertrag zunächst von beiden Teilen als wirksam behandelt worden sei und bereits durch einen Vertragsteil in wirtschaftlich bedeutender Weise in Vollzug gesetzt worden sei. Erst dann gerate die Nichtigkeit in Konflikt mit der Einzelfallgerechtigkeit.[87] Entscheidend sei also, daß die Berufung auf die Nichtigkeit ein widersprüchliches Verhalten darstelle.

Auch die Heilungsvorschriften enthielten ein solches die Nichtigkeit beschränkendes Moment.[88] Sie gingen über § 814 hinaus, da sie unabhängig vom Wissen des Leistenden um die Formnichtigkeit zur Wirksamkeit des Vertrages führten. Ziel der Heilungsnormen sei damit der Schutz des Vertrauens des Leistungsempfängers.[89]

Mit dem Grundsatz, „das erweckte Vertrauen auf den Bestand des Vertrages duldet kein venire contra factum proprium", könne man, so Lorenz, auch die englische Doktrin der „part performance" —in der er eine Parallele zu den Heilungsvorschriften sieht— erklären.[90] Danach ist die Berufung auf einen Formmangel ausgeschlossen, wenn eine Teilerfüllungshandlung erfolgt ist, die als Ausdruck vertraglicher Bindung zu bewerten ist.

Auch Nagel meint, die Heilungsvorschriften beruhten u.a. darauf, daß das Interesse am Schutz der Partei, die auf die Beständigkeit der durch die Erfüllung geschaffenen Rechtslage vertraue, das Interesse an der Einhaltung der Formvorschrift überwiege.[91]

---

[86] AcP 156 (1957), 381 ff.; JuS 1966, 429 ff.

[87] S. 404 f.

[88] S. 405.

[89] JuS 1966, 429, 434.

[90] S. 411 f.; so auch v. Hoffmann, S. 128 f.

[91] S. 39 f.

Esser führt zwar nicht die Heilungsnormen auf das Verbot widersprüchlichen Verhaltens zurück, meint aber, auch ohne die Heilungsvorschriften sei ein Formverstoß nach beiderseitiger Erfüllung meist ohne Bedeutung, da neben § 814 der Grundsatz des venire contra factum proprium eingreife.[92] Ähnlich weist D. Reinicke darauf hin, daß bei § 313 im Einzelfall die Kondiktion der Auflassung widersprüchliches Verhalten sein könne.[93]

2. *Stellungnahme*

Das Verbot des venire contra factum proprium ist ein Fall des § 242. Mit § 242 können grundsätzlich keine vertraglichen Hauptansprüche begründet werden.[94] Das bedeutet: Hat ein Vertragsteil auf den formnichtigen Vertrag geleistet, so kann er nicht mit der Begründung die Gegenleistung verlangen, der andere habe die Leistung entgegengenommen und dadurch den Vertrag als wirksam behandelt; es sei widersprüchlich, wenn der andere erst die Leistung annehme und dann seinerseits nicht leiste.

Anders liegt der Fall, wenn ein Vertragspartner leistet und später seine Leistung zurückverlangt. Hier wäre es grundsätzlich möglich, die Geltendmachung des Rückforderungsrechts nach § 242 zu beschränken. Allerdings werden nur in wenigen Fällen die Voraussetzungen eines widersprüchlichen Verhaltens vorliegen.

Die Rückforderung des Geleisteten verstößt gegen § 242, wenn sie erstens in sachlichem Widerspruch zu früherem Tun steht und wenn zweitens beim Leistungsempfänger ein Vertrauenstatbestand geschaffen wurde.[95]

Die erstgenannte Voraussetzung ist regelmäßig gegeben, wenn eine erbrachte Leistung zurückverlangt wird. Allenfalls dann, wenn der Leistende sich irrig für verpflichtet hielt und später von der Formnichtigkeit erfährt, kann ein solcher sachlicher Widerspruch fehlen.

---

[92] Schuldrecht AT, § 6 III 3 b, S. 39.

[93] Rechtsfolgen, S. 16.

[94] Gernhuber, FS für Schmidt/Rimpler, 151, 155 ff., 163 ff.; Erman/Sirp § 242 Rn. 50; Palandt/Heinrichs § 242 Rn. 14, 23 ff. (h.M., str.).

[95] MK/Roth § 242 Rn. 289; Palandt/Heinrichs § 242 Rn. 55; Erman/Sirp § 242 Rn. 79; bei den Fällen, in denen widersprüchliches Verhalten auch dann verboten sein soll, wenn kein Vertrauenstatbestand begründet worden ist, handelt es sich um Ausnahmekonstellationen, die nicht zur Erklärung der Heilungsnormen herangezogen werden können, vgl. die Beispiele bei MK/Roth § 242 Rn, 314; Staudinger/J. Schmidt § 242 Rn. 606 ff.

Dagegen wird in aller Regel ein schützenswerter Vertrauenstatbestand beim Empfänger nicht geschaffen worden sein. Vertraut der Empfänger auf die Wirksamkeit des formnichtigen Vertrages, so schließt das die Rückforderung nicht aus. Denn das Vertrauen auf eine nicht vorhandene Rechtslage wird nicht geschützt; die Unkenntnis der Formvorschrift und des § 125 S. 1 ist grundsätzlich nicht schutzwürdig.[96]

Dagegen könnte das Vertrauen darauf, daß der Vertrag trotz seiner Nichtigkeit durchgeführt wird, daß also der Anspruch aus § 812 nicht geltend gemacht wird, die Rückforderung ausschließen. Das ist dann der Fall, wenn der Erfüllende in ihm zurechenbarer Weise einen solchen Vertrauenstatbestand schafft und der Empfänger schutzwürdig ist.[97]

Ersteres setzt voraus, daß für den Leistenden erkennbar ist, daß beim Leistungsempfänger das Vertrauen geweckt werden könnte, der Vertrag werde trotz der Formnichtigkeit als wirksam behandelt. Für den Leistenden ist die möglicherweise vertrauensbegründende Wirkung seines Handelns nur erkennbar, wenn er die Formnichtigkeit des Vertrages kennt oder für möglich hält. Weiter ist erforderlich, daß er zumindest für möglich hält, daß auch der Empfänger die Formnichtigkeit kennt. Ein Vertrauen des Empfängers darauf, daß die Erfüllung trotz der Nichtigkeit Bestand hat, kann nur entstehen, wenn er seinerseits die Formnichtigkeit zumindest für möglich hält und davon ausgeht, daß auch der Leistende die Nichtigkeit kennt oder für möglich hält.

Ein Verstoß gegen das Verbot des widersprüchlichen Verhaltens setzt also voraus, daß beide Parteien zweierlei zumindest für möglich halten: daß der Vertrag formnichtig ist und daß der Gegner dies weiß. Die Heilungsvorschriften greifen jedoch gerade unabhängig von solchen subjektiven Merkmalen ein. Die Heilung tritt auch ein, wenn keine Partei die Nichtigkeit kannte. Die Heilungsnormen können daher nicht als besondere Ausprägungen des Verbots widersprüchlichen Verhaltens angesehen werden.

V. Rückforderungsausschluß aus Gründen der Rechtssicherheit (Kanzleiter, Hagen)

Beide Autoren befassen sich ausschließlich mit § 313 S. 2. Demzufolge suchen sie nicht nach einem dogmatischen Konzept für alle Heilungsnormen,

---

[96] Zu den Ausnahmen gemäß § 242 s. Palandt/Heinrichs § 125 Rn. 16 ff.

[97] Vgl. MK/Roth § 242 Rn. 291, 292.

sondern bemühen sich darum, der Auslegung des § 313 S. 2 ein einheitliches Verständnis der Vorschrift zugrundezulegen.

1. Kanzleiter

Kanzleiter setzt am Schutzzweck des § 313 S. 1 an. Er differenziert wie folgt: Der Veräußerer werde in erster Linie vor einer übereilten Veräußerung seines Grundstücks geschützt und erst in zweiter Linie vor der Eingehung eines wirtschaftlich nachteiligen Geschäfts. Dagegen sei es beim Erwerber umgekehrt: er solle primär vor wirtschaftlich ungünstigen Verträgen geschützt werden und nur sekundär vor der übereilten Eingehung einer Erwerbsverpflichtung.[98]

Bei der Auslegung des § 313 S. 2 fragt Kanzleiter nach Sinn und Zweck der Vorschrift. Die Neufassung des § 313 S. 1 von 1973[99], die den Formzwang auch für die Begründung einer Erwerbspflicht eingeführt hat, mache hier ein Umdenken erforderlich. Der Ausgangspunkt des Gesetzes, daß die Formzwecke sich mit der Erfüllung durch den von der Formvorschrift geschützten Partner erledigten, treffe nicht mehr zu, da die Heilung bereits mit Erfüllung durch den Veräußerer eintrete, nach der Neufassung aber auch der Erwerber geschützt sei.[100] Der wichtigste Gesichtspunkt, der § 313 S. 2 heute trage, sei die Rechtssicherheit.[101] Es sei unbefriedigend, wenn die Parteien bis zum Ablauf der dreißigjährigen Verjährungsfrist (§ 195) Bereicherungsansprüchen ausgesetzt seien, obwohl der wichtigste Vertragsgegenstand, das Grundstück, übergegangen sei.[102]

2. Hagen

Hagen folgt Kanzleiter in dessen Beurteilung der Schutzrichtung des § 313 S. 1.[103] Auch er mißt dem Sinn und Zweck des § 313 S. 2 bei der Auslegung besondere Bedeutung zu. Er meint, ursprünglich habe die Heilung auf dem

---

98 MK/Kanzleiter § 313 Rn. 2.

99 Gesetz vom 30. 5. 1973, BGBl. I 501.

100 DNotZ 1973, 519, 523.

101 DNotZ 1986, 258, 263 und die Nachweise in der folgenden Fußnote; ebenso schon Haan, S. 27.

102 DNotZ 1973, 519, 523; MK/Kanzleiter § 313 Rn. 59; ähnlich Korte, 11. Kapitel, Rn. 6, der jedoch meint, die Heilung erkläre sich nur vordergründig aus dem Bestandsschutz; dieser allein vermöge sie nicht zu rechtfertigen, sondern es komme der Gedanke der Erledigung der Formzwecke hinzu, a.a.O., Rn. 15, 22.

103 DNotZ 1984, 267, 268 f.

Gedanken beruht, daß der Schutz vor Übereilung durch die Auflassung in ausreichendem Maße erreicht werde.[104] Diese Erklärung sei aber aufgrund der tatsächlichen Entwicklungen (Gleichzeitigkeit der Beurkundung von Kaufvertrag und Auflassung, Schwarzkäufe) und der Neufassung des § 313 S. 1 nicht mehr tragfähig. Die Heilungsnorm finde ihre Rechtfertigung seither in dem Ziel, durch die Aufrechterhaltung sachenrechtlich abgeschlossener Sachverhalte für Rechtssicherheit zu sorgen.[105] Jedoch weist Hagen darauf hin, daß der so verstandene Gesetzeszweck nicht für alle Entscheidungen zur analogen Anwendung des § 313 S. 2 eine tragfähige Grundlage biete.[106] Hierin ist ihm insbesondere für die Heilung formnichtiger Vorverträge zuzustimmen.[107]

3. Stellungnahme

Ähnlich wie neuerdings vereinzelt auch der BGH[108] stellen Kanzleiter und Hagen auf Sinn und Zweck der Heilungsvorschrift ab. Ihnen ist darin zuzustimmen, daß der teleologische Ansatz das Verständnis der Heilungsnormen erleichtert.[109]

Eine dogmatische Erklärung für die Heilungsvorschriften geben die Autoren nicht ausdrücklich. Indem sie Sinn und Zweck des § 313 S. 2 in der Aufrechterhaltung des dinglich abgewickelten Grundstücksgeschäfts sehen, ordnen sie die Heilungsnorm als Rückforderungsausschluß dem Bereicherungsrecht zu. Die Heilung ist das technische Mittel zum Ausschluß von Bereicherungsansprüchen. Das Wirksamwerden auch der nicht erfüllten Abreden bei § 313 S. 2 bedarf aus ihrer Sicht keiner dogmatischen Klärung. Ob dieser Ansatz für § 313 S. 2 und möglicherweise auch für die anderen Heilungsnormen überzeugend ist, wird im folgenden eingehender untersucht.

D. Eigener Lösungsvorschlag

Keiner der dogmatischen Erklärungsversuche vermag, wie erörtert, eine stimmige dogmatische Grundlage für alle Heilungsvorschriften zu geben. Im folgenden soll ein eigener Lösungsvorschlag erarbeitet werden.

---

[104] Grundstückskauf, S. 132; DNotZ 1984, 267, 289.

[105] Grundstückskauf, S. 132 f.; DNotZ 1984, 267, 289; Aktuelle Probleme, S. 80 f.

[106] Grundstückskauf, S. 133; Aktuelle Probleme, S. 81.

[107] S.u. 3. Teil C. II. 1. c).

[108] S.o. B. III.

[109] Näher zu Sinn und Zweck der Heilungsnormen —auch zu § 313 S. 2— s. D. III.

I. Gang der Untersuchung

Es soll geklärt werden, ob die Heilungsnormen —wofür ihre strukturelle Ähnlichkeit spricht— tatsächlich auf einer einheitlichen dogmatischen Grundlage stehen. Zunächst soll ein Rückblick auf die Geschichte der Heilung formnichtiger Verträge Aufschluß darüber geben, inwieweit man schon vor Geltung des BGB formnichtige Verträge durch Erfüllung wirksam werden ließ (unten II.). Weiter wird die Entstehungsgeschichte der Heilungsnormen des geltenden Rechts daraufhin untersucht, ob diesen Vorschriften ein einheitliches Konzept zugrundeliegt, oder ob es sich um Regelungen handelt, die aus den Problemen des Einzelfalls geboren sind (unten III.). Anschließend wird überprüft, ob die Entstehungsgeschichte einen der bereits erörterten dogmatischen Erklärungsversuche bestätigt (unter IV). Es folgt der eigene Erklärungsversuch (unter V.), der im folgenden 3. Teil anhand von Einzelproblemen, die Rechtsprechung und Literatur beschäftigt haben, auf seine Brauchbarkeit untersucht werden soll.

II. Zur Geschichte der Heilung formnichtiger Verträge

Der Gedanke, daß ein formnichtiges Geschäft durch Erfüllung Wirksamkeit erlangen oder daß zumindest seine Erfüllung Bestand haben kann, ist nicht neu.

1. Römisches Recht bis zum Untergang der Antike

a) Die Form

Während nach unserem heutigen Rechtsverständnis die Form „Zweckform" ist, war sie in der altrömischen Periode „Wirkform": sie allein führte bestimmte Rechtswirkungen herbei.[110] Erst in klassischer Zeit trat die Vorstellung, daß zum Abschluß eines Vertrages die Willenseinigung der Vertragspartner erforderlich ist, hinzu[111]: Besonders deutlich wird dies bei den Konsensualkontrakten[112], wie etwa dem Kauf oder der Miete, die keine Form, sondern nur den übereinstimmenden Willen der Parteien voraussetzten.[113] Aber auch außerhalb

---

[110] Dazu oben 1. Teil A.

[111] Im einzelnen sind Bedeutung und Ausgestaltung des klassischen römischen Vertrages unter den Rechtshistorikern umstritten, vgl. nur: Dulckeit, FS für Schulz, 148, 155 ff. m.w.N.

[112] Inst. 3, 13, 2; 3, 19, 23; 3, 22; Gai. 3, 135 f.; zum Ursprung der Anerkennung der Konsensualkontrakte s. Kaser, Lehrbuch, § 38 II 1 d.

[113] Ulp. D. 18, 1, 9 pr., eod. 11 und 14; Pomp. D. 44, 7, 57; Ven. D. 45, 1, 137, 1; Inst. 3, 13, 2; 3, 22.

der Konsensualverträge sah man in der Willensübereinkunft einen notwendigen Bestandteil des Vertrages.[114]

Die Entwicklung hin zu den formfreien Verträgen setzte sich fort.[115] In der nachklassischen Zeit gingen die alten Formen fast ausnahmslos unter. Man bedurfte ihrer zur Begründung der rechtlichen Bindung nicht mehr, seit man —schon gegen Ende der klassischen Periode— den erklärten Willen als Verpflichtungsgrund anerkannte.[116] Trotzdem war die bindende Wirkung formfreier Verträge noch nicht grundsätzlich anerkannt. Es gab lediglich eine bestimmte Anzahl formlos verbindlicher Vertragstypen.[117]

Die neuen Formen konnten nun auch zur Verfolgung bestimmter Zwecke eingesetzt werden. Sie dienten vor allem der Beweissicherung.[118] Vereinzelt mag ihr Zweck auch gewesen sein, die Vertragsparteien zu schützen[119] oder die Erhebung von Steuern und Gebühren sicherzustelleh.[120]

b) Die Überwindung von Formmängeln

Im römischen Recht waren formnichtige Rechtsgeschäfte grundsätzlich unheilbar.[121]

aa) Verstöße gegen „Wirkformen"

Bei Verstößen gegen die altrömischen „Wirkformen" wie z.B. die mancipatio ist die Heilung eines Formmangels nicht denkbar. Mit dem Gedanken, daß gerade die Form die rechtliche Bindung herbeiführt, ist die Idee der Heilung durch Erfüllung nicht vereinbar. Die dem nicht formgerechten Vertragsschluß

---

[114] Ulp. D. 2, 14, 1, 3.

[115] Vgl. Seuffert, S. 13 ff.

[116] Kaser, 2. Abschnitt, § 200 II 1, S. 73; Dulckeit, FS für Schulz, 148, 157.

[117] Vgl. Seuffert, S. 2; Flume AT 2, § 15 I 1, S. 244 bezeichnet diesen Typenzwang als die „innere Form".

[118] Vgl. z.B. Nov. 73, 1 a.E.

[119] Wie bei der für Schenkungsversprechen unter Ehegatten ab einer bestimmten Wertgrenze vorgeschriebenen insinuatio (C. 5, 16, 25 pr.).

[120] Kaser, 2. Abschnitt, § 200 II 2, S. 74; so auch Steinwenter, S. 91 f.

[121] Lütteken, S. 51; dies ergibt sich allerdings nicht schon aus Paul. D. 50, 17, 29 („quod initio vitiosum est, non potest tractu temporis convalescere"); der antike Autor wollte vermutlich nur eine auf das Vormundschaftsrecht begrenzte Aussage machen (Lenel I, Spalte 1276; so auch Honsell/Mayer-Maly/Selb § 54 I, S. 128), die erst durch Kaiser Justinian in einen allgemeineren Kontext gestellt wurde. Nach dem Wortlaut ist im übrigen nur die Heilung durch reinen Zeitablauf ausgeschlossen, nicht die Heilung durch Erfüllung.

nachfolgende Erfüllung konnte nicht zur Wirksamkeit der Bindung führen, da sie die „magische" Form nicht ersetzen konnte.

Das römische Recht hat jedoch andere Wege gefunden, Formfehler bei den „Wirkformen" zu überwinden. So beruht die Anerkennung des bonitarischen Eigentums vermutlich darauf, daß man formale Fehler oder das völlige Fehlen der mancipatio überwinden wollte. Da das quiritische Eigentum an res mancipii nur durch mancipatio oder in iure cessio übertragen werden konnte, konnte der Erwerber bei Formfehlern der mancipatio allein durch die Übergabe kein quiritisches Eigentum erwerben. Trotzdem gewährte der Prätor dem Erwerber Rechtsschutz. Dieser konnte sich, wenn der Veräußerer die Sache im Wege der Vindikation zurückverlangte, auf die exceptio rei venditae et traditae oder die exceptio doli berufen, so daß er die Sache behalten durfte[122]. Auch als Kläger konnte der Erwerber sein Recht gegen Besitzer, an die er den Besitz später verloren hatte, geltend machen.[123] Dies galt auch, wenn er den Besitz wieder an den Veräußerer verloren hatte.[124] Die so geschützte Rechtsposition wird als bonitarisches oder prätorisches Eigentum bezeichnet[125], da sie sich gegen das quiritische Eigentum durchsetzte. Durch die Anerkennung des bonitarischen Eigentums wurde das formnichtige Geschäft im Ergebnis so behandelt, als sei eine wirksame mancipatio erfolgt.

Man sah aber nicht die mancipatio als durch die Übergabe der Sache geheilt, d.h. als nachträglich wirksam geworden, an. Das quiritische Eigentum blieb beim Veräußerer und ging erst durch Ersitzung auf den Erwerber über.[126]

---

[122] Kaser, SZ 78 (1961), 173, 195 f.; derselbe, 1. Abschnitt, § 97 III, S. 403; vgl. Ulp., Herm, Pomp. D. 21, 3; die Stelle betrifft nur den Erwerb vom Nichtberechtigten. Unter Justinian war die exceptio rei venditae et traditae für den hier erörterten Anwendungsfall der fehlenden mancipatio aus den Quellen getilgt worden, weil auch die mancipatio abgeschafft war.

[123] Durch die actio Publiciana, Gai. 4, 36; D. 6, 2 (Fiktion des Ablaufs der Ersitzungsfrist); ob die actio Publiciana ursprünglich neben der fehlenden mancipatio auch schon den Fall des Erwerbs vom Nichtberechtigten erfaßt hat, ist umstritten (s. Sturm, RIDA IX (1962), 357, 359 ff.; Lenel, SZ 20 (1899), 1, 11 ff.).

[124] Zwar stand dem Veräußerer gegen die actio Publiciana des Erwerbers die exceptio iusti domini zu, da der Veräußerer quiritischer Eigentümer geblieben war. Hiergegen wurde dem Erwerber jedoch die replicatio rei venditae et traditae gewährt (Ulp. D. 6, 1, 72; s. auch Kaser, 1. Abschnitt, § 104 II).

[125] Weil der Prätor diesen Rechtsschutz gewährte und den Erwerber so stellte, als habe er die Sache in seinem Vermögen („in bonis"); s. Kaser, 1. Abschnitt, § 97 III; auf die z.T. umstrittene Terminologie (s. Kaser, SZ 78 (1961), 173, 179 ff.), soll hier nicht näher eingegangen werden.

[126] Gai. 2, 41.

Mitteis vermutet, daß durch die Anerkennung der usus-Ehe formelle Mängel des Akts zur Begründung der manus-Ehe geheilt werden sollten.[127] Ebenso sei denkbar, daß die Rechtsfigur der Ersitzung von Eigentum den Zweck gehabt habe, die Geltendmachung formeller Mängel des Erwerbsaktes abzuschneiden.[128]

bb) Verstöße gegen „Zweckformen"

Auch bei diesen gab es grundsätzlich keine Heilung. Zum einen war eine Heilung in vielen Fällen nicht erforderlich, weil ein Formfehler nicht zur Nichtigkeit führte. Es gab nämlich keine dem § 125 S. 1 entsprechende Regelung. Einige Formvorschriften erschöpften sich darin, eine bestimmte Form vorzuschreiben.[129] Andere ordneten bestimmte beweisrechtliche Folgen für den Fall an, daß die Form gewahrt oder nicht gewahrt worden war.[130] Es gab außerdem Fälle, in denen das formlos geschlossene Geschäft im Vergleich zum formgerechten Vertrag weniger weitreichende Rechtsfolgen auslöste.[131] Einige Formvorschriften sanktionierten den Formverstoß mit der Nichtigkeit des betreffenden Geschäfts.[132]

Aber auch bei den letztgenannten Geschäften gab es eine Heilung durch Erfüllung nicht.[133] Verbreitet war nur die Möglichkeit, ein formnichtiges Geschäft zu bestätigen. Hierbei konnte die Bestätigung, anders als bei § 141, auch in einer anderen Form oder formlos wirksam sein.[134]

Auch bei den „Zweckformen" ging das römische Recht andere Wege als den der Heilung, um Formmängeln im Einzelfall die Folge der Nichtigkeit zu nehmen. Ähnlich wie beim bonitarischen Eigentum ist im Bereich des Erbrechts

---

[127] § 14 VI, 252 f.; ähnlich Kaser, 1. Abschnitt, § 18 I 3 a, der in der usus-Ehe ursprünglich ein prozessuales Mittel sieht, das den Ehemann des Nachweises der Begründung der manus durch coemptio oder confarreatio entheben sollte.

[128] § 14 VI, S. 253.

[129] Inst. 2, 7, 1.

[130] Wie etwa, daß eine Urkunde nur unter bestimmten Voraussetzungen als Beweismittel zugelassen werde oder daß ein bestimmtes Beweismittel —i.d.R. eine Urkunde in einer vorgegebenen Form— einem anderen Beweismittel vorgehe: Inst. 3, 19, 12; C. 4, 2, 17.

[131] C. 8, 41, 27 (Bürgschaft).

[132] CT. 4, 4, 2 (Testament); 8, 12, 3 und 12, 6 (Schenkung); Frag.Vat. 249, 10 (Schenkung); C. 4, 21, 17 (gewillkürtes Formerfordernis); 6, 23, 17 (Testament); 6, 21, 3 (Testament).

[133] Lütteken, S. 51.

[134] S. z.B. C. 5, 16, 25, 1; zur ratihabitio im römischen Recht näher Müller, S. 143 ff.

durch die Entwicklung einer neuen Rechtsfigur eine Lösung gefunden worden: die Anerkennung der Klagbarkeit von Fideikommissen. Im Gegensatz zum förmlichen Legat war das fidei commissum eine formlose Bitte (u.U. reichten Gebärden aus[135]) des Erblassers an einen anderen, die Erbschaft, einen Bruchteil derselben oder bestimmte Vermögensgegenstände einem Dritten zu übertragen.[136] Augustus ordnete die Klagbarkeit dieser ursprünglich nicht durchsetzbaren Abreden an.[137]

Zur Überwindung von Formmängeln gab es im römischen Recht mithin nicht die Heilung. Vielmehr wurden zum Teil neue Rechtsfiguren geschaffen, die den aus einem formnichtigen Geschäft Begünstigten im Ergebnis so stellten, als sei das Geschäft wirksam.

2. *Allgemeines Landrecht für die Preußischen Staaten*

Das ALR löste am 1. 6. 1794 in allen preußischen Gebieten das gemeine Recht[138] ab.[139] Seine privatrechtlichen Teile galten bis zum Inkrafttreten des BGB am 1. 1. 1900. Es war zum Teil subsidiär gegenüber den Partikularrechten.[140]

a) Rechtslage vor Inkrafttreten des ALR

Im gemeinen Recht hatte sich der Grundsatz der Formfreiheit von Verträgen durchgesetzt.[141] In den verschiedenen Landesrechten wurden jedoch im Laufe der Zeit vermehrt Ausnahmen von diesem Grundsatz gemacht.[142] Diese Tendenz zu den formbedürftigen Rechtsgeschäften fand vor allem in der vor dem

---

135 Paul. D. 32, 21 pr.

136 Kaser, 1. Abschnitt, § 189 I, S. 757; Honsell/Mayer-Maly/Selb § 184 I, S. 498.

137 Inst. 2, 23, 1; zu den prozessualen Besonderheiten s. Kaser, 1. Abschnitt, § 189 I, S. 758.

138 Das ist das in Deutschland durch die Rezeption aufgenommene und den zeitgenössischen Bedürfnissen angepaßte römische Recht; Münchener Rechtslexikon, Band 2, S. 78, linke Spalte.

139 Gmür, Rn. 317.

140 Gmür, Rn. 317; in der Gerichtspraxis wurde diese Subsidiarität nicht immer beachtet, weil die zugleich mit dem ALR geplante Sammlung und Revision der Partikularrechte nicht vollendet worden war (Wagner, S. 122 f.; Hattenhauer, S. 30). In einigen Gebieten war das ALR de iure einzige Rechtsquelle (Wagner, S. 123).

141 Förster/Eccius § 79 vor 1., S. 459; Bornemann § 141 vor 1., S. 248 f.; v. Buchka § 5 IV 3, S. 28; Schubert/v. Kübel, Recht der Schuldverhältnisse 1, S. 293; Esch, S. 1; Holzhauer, S. 45; praktisch sollen jedoch Rechtsgeschäfte überwiegend förmlich geschlossen worden sein, da die Rechtsverfolgung dann erleichtert war, vgl. Holzhauer, S. 52.

142 Bornemann § 141 vor 1., S. 249; Holzhauer, S. 49.

ALR ergangenen preußischen Gesetzgebung des 18. Jahrhunderts ihren Niederschlag.[143] Neben fiskalischen Interessen[144], die später nicht mehr im Vordergrund standen[145], und dem öffentlichen und privaten Interesse an der Vermeidung langer Prozesse mit Beweisaufnahmen[146] bewegte der obrigkeitsstaatlich-fürsorgliche Wunsch, die Interessen des Einzelnen —insbesondere den Schutz Privater vor der Vertragsuntreue der jeweils anderen Partei[147]— zu verwirklichen, den preußischen Gesetzgeber dazu, die Zulässigkeit mündlicher Geschäfte in erheblichem Umfang zu begrenzen.[148]

Es gab auch schon Vorschriften, die erfüllte formnichtige Geschäfte für nicht rückabwickelbar erklärten. War z.B. die für alle Verträge über 50 Thaler vorgeschriebene Schriftform[149] nicht eingehalten, fand aus dem Vertrag keine Klage statt. Jedoch sollte, wenn ein Vertrag über bewegliche Sachen von beiden Parteien erfüllt worden war, es dabei „sein Bewenden" haben; diese Verträge sollten nicht „zerrissen" werden.[150] Dagegen führte die teilweise Erfüllung nicht zu einer gesteigerten Bindung.[151] Eine solche wurde aber durch eine spätere Regelung[152] herbeigeführt: wer den Vertrag ganz oder teilweise erfüllte, konnte vom Vertragspartner die schriftliche Errichtung des mündlichen Vertrages sowie dessen Durchführung, oder aber Rückgabe des Geleisteten verlangen.[153]

---

[143] Bornemann § 141 vor 1., S. 249.

[144] S. Stempel-Edikt v. 13. Mai 1766, N.C.C.M., 4. Band, Nr. 41 von 1766 (Spalte 402 ff.).

[145] Holzhauer, S. 83 u. 97.

[146] S. Edikt v. 8. Februar 1770, N.C.C.M., 4. Band, Nr. 19 von 1770 (Spalte 6669 ff.); in der Einleitung zum Edikt wird betont, daß „die schleunige und gerechte Entscheidung der Processe eines Unserer hauptsächlichsten Augenmerke" sei (a.a.O., Spalte 6669).

[147] vgl. Bornemann § 141 vor 1., S. 249.

[148] Zu den Motiven des Preußischen Gesetzgebers s. Schubert/v. Kübel, Recht der Schuldverhältnisse 1, S. 296 ff., 301 ff.; Holzhauer, S. 97 f.; zu anderen landesrechtlichen Vorschriften vor Erlaß des ALR ders., S. 49 f.

[149] Edikt v. 8. Februar 1770; diese Grenze war z.B. beim Kauf eines luxuriösen Herrenkleides mit Weste (Preis im Jahre 1763: etwa 50 Thaler, vgl. Menge, S. 118) oder einer Taschenuhr (Preis im Jahre 1763: ca. 40 Thaler, vgl. Menge, S. 118) erreicht. Bei Gegenständen des einfachen täglichen Bedarfs war die Schriftform jedoch i.d.R. nicht erforderlich. So kostete 1763 ein Paar Stiefel um 5 Thaler (Menge, S. 118), 1766 ein Klafter (= 3,59 m3, Menge, S. 108) Holz je nach Qualität 3 1/2 bis 8 Thaler (Menge, S. 106).

[150] Ziff. 6 des Edikts, N.C.C.M., 4. Band, Nr. 19 von 1770, Spalte 6669 (6674).

[151] a.a.O., Spalte 6673.

[152] Reskript v. 10. März 1781, N.C.C.M., 7. Band, Nr. 1 von 1781, Spalte 3299 ff.

[153] A.a.O., Spalte 3301; Vorbild dieser Regelung können die Innominatkontrakte des römischen

Grund für diese Regelung war, daß man die auf die (teilweise) Erfüllung und deren Annahme folgende Verweigerung der Vertragserfüllung durch den Leistungsempfänger ethisch mißbilligte. Der Erfüllungsverweigerung und Zurückerstattung des Empfangenen liege meist die Absicht zugrunde, sich zum Nachteil des anderen zu bereichern.[154]

Die Redaktoren des ALR fanden demnach eine Rechtslage vor, in der der gemeinrechtliche Grundsatz der Formfreiheit zusammentraf mit weitreichenden Formvorschriften der preußischen Gesetze.

b) Die Form im ALR

Das ALR setzte diese Entwicklung fort. Als „preussisches Naturrecht"[155] unterlag es neben dem Einfluß des gemeinen Rechts zweierlei Einflüssen: Zum einen dem Grundsatz der Verbindlichkeit formloser Verträge, der seinen Ursprung zumindest auch im Naturrecht hat,[156] zum anderen der obrigkeitsstaatlichen Bevormundung des Einzelnen,[157] die sich in einer Vielzahl von Formvorschriften niederschlug.

Der Grundsatz der Formfreiheit aller Rechtshandlungen ist in I 3 § 40 ALR[158] verankert. Danach folgt aus der Verabsäumung der gesetzlichen Form einer Handlung die Nichtigkeit derselben nur, wenn das Gesetz die Beobachtung dieser Form zur Gültigkeit der Handlung ausdrücklich erfordert.[159] I 4

Rechts gewesen sein. Diese Gruppe klagbarer Schuldverträge stand außerhalb des ursprünglich geschlossenen Vertragssystems. Die Klagbarkeit setzte voraus, daß eine Leistung bereits erbracht war. Der Leistende konnte dann zwischen Erfüllungsklage und Kondiktion des Geleisteten wählen (vgl. Kaser, Lehrbuch, § 45); allerdings hatte der Leistungsempfänger kein Wahlrecht (vgl. Reuling, GruchBeitr 40 (1896), 1, 4; Heydemann, S. 215).

[154] Reskript v. 10. März 1781, N.C.C.M., 7. Band, Nr. 1 von 1781, Spalte 3299 (3301).

[155] Dilthey, S. 131, 152.

[156] Vgl. etwa Grotius, 2. Buch, 11. Kapitel, XI; Pufendorf, 3. Buch, 5. Kapitel, VII, VIII (Band 1, S. 660 ff.); ders., 5. Buch, 2. Kapitel, VII (Band 2, S. 43 f.); aus der Sekundärliteratur vgl. Lorenz, AcP 156 (1957), 381, 390; Seuffert, S. 130. Der Gedanke, es gebe natürliche Verbindlichkeiten, hat seine Ursprünge bereits im römischen Recht und ist auch durch das kanonische Recht gefördert worden; dazu näher Klingmüller, S. 4 ff.; Seuffert, S. 45 ff.; Coing, S. 399.

[157] Wieacker § 19 II 3 b), S. 333; näher zu den erzieherischen Inhalten des ALR Hattenhauer, S. 32, der meint, das ALR habe sich z.T. als „Erziehungsinstrument" verstanden.

[158] Für das ALR gibt es verschiedene Zitierweisen. Hier wird derjenigen gefolgt, die zunächst den Teil (I), dann den Titel (3) und zuletzt den Paragraphen (§ 40) nennt. Sofern nichts Abweichendes angegeben ist, handelt es sich bei den in diesem Abschnitt zitierten Paragraphen um Vorschriften des ALR.

[159] S. auch I 3 § 41 ALR.

§ 94 ALR sagt, daß jede Äußerung einer Willenserklärung gültig sei, soweit die Gesetze keine bestimmte Form vorgeschrieben haben.

Aus diesen Vorschriften ergibt sich auch, daß die Form im ALR lediglich „Zweckform", nicht aber „Wirkform" war; Rechtsgrund für die Verbindlichkeit eines Geschäfts war der Wille, nicht die Form.[160]

Das ALR enthält jedoch eine Vielzahl von Vorschriften, die eine Form zur Gültigkeitsvoraussetzung eines Rechtsgeschäfts erklären.[161] Hier ist an erster Stelle I 5 § 109 ALR zu nennen, wonach zur Gültigkeit eines Vertrages auch die Beobachtung der in den Gesetzen vorgeschriebenen Form gehört. An die Vorschrift knüpfen zahlreiche Einzelregelungen an. Formbedürftig waren z.B. Verträge, deren Gegenstand über 50 Thaler betrug (I 5 § 131)[162], Verträge über Grundstücksrechte (I 5 § 135), Bürgschaften (I 14 § 203), Darlehen (I 11 § 729), beiderseitig gewagte Geschäfte (I 5 § 139) und Verbindlichkeiten der Ehefrau gegenüber dem Ehemann (II 1 § 198).[163]

c) Rechtsfolgen der Erfüllung formnichtiger Verpflichtungen

Formvorschriften, die Gültigkeitsvoraussetzungen des Geschäfts waren, führten gemäß I 3 § 40 ALR zur Nichtigkeit der Verpflichtung. Nichtigkeit im Sinne dieser Vorschrift ist genauso zu verstehen wie im heutigen Recht: Eine Willenserklärung ist danach nichtig, wenn ihr eine der Voraussetzungen fehlt, unter denen der Wille des Erklärenden Rechtswirkungen zu erzeugen vermag.[164]

---

[160] Förster/Eccius § 40, S. 190.

[161] Ausführliche Zusammenstellungen der Formvorschriften des ALR finden sich bei: Bornemann § 142, 1, S. 252 ff.; Heydemann, S. 211 ff.; Schmidt, S. 220 ff.; Evelt § 32, S. 82 ff.; Schubert/v. Kübel, Recht der Schuldverhältnisse 1, S. 296 ff.

[162] Diese Vorschrift wurde aus dem oben erwähnten Edikt vom 8. Februar 1770 übernommen.

[163] Weitere Formvorschriften sind z.B. I 9 § 566; I 11 § 473; I 17 § 170; II 8 § 2064; I 11 § 1064.

[164] Dernburg I, § 71 a), S. 145; Förster/Eccius § 41, S. 197; die nach Schubert/Gebhard, Allgemeiner Teil 2, S. 211 f. gegebene Abweichung des Nichtigkeitsbegriffs des ALR von dem des BGB (Differenzierung zwischen natürlichen Voraussetzungen und positiv wesentlichen Erfordernissen/rechtlichen Bedingungen des Rechtsgeschäfts) spielt hier keine Rolle. Beim Fehlen der natürlichen Voraussetzungen (z.B. „physische Willensfähigkeit", Schubert/Gebhard a.a.O) soll es bereits an einem Rechtsgeschäft gefehlt haben. Nur beim Fehlen eines der Erfordernisse der zweiten Gruppe sei von Nichtigkeit die Rede gewesen. Da jedenfalls die Form zu den letztgenannten gehörte, ist insofern der Begriff der Nichtigkeit mit dem heutigen gleichbedeutend.

Nach I 3 § 43 konnte eine Handlung, die wegen Verabsäumung der gesetzmäßigen Form von Anfang an nichtig war, in der Folge niemals gültig werden. Dieser Grundsatz, der an Paul. D. 50, 17, 29 erinnert („quod initio vitiosum est, non potest tractu temporis convalescere")[165], scheint die Heilung eines Rechtsgeschäfts auszuschließen. Es gab jedoch im ALR Vorschriften, die auf verschiedene Weise zur Überwindung von Formmängeln führten.

(1) Zum einen existierten drei allgemeine Regelungen: I 5 § 146 ALR schloß für beiderseitig erfüllte Verträge über bewegliche Sachen die Anfechtung des Vertrages wegen Formmangels aus. Anfechtung ist hier nicht technisch zu verstehen; gemeint ist vielmehr die (gerichtliche) Geltendmachung der Nichtigkeit des Vertrages.[166] Nach der Systematik des Gesetzes handelt es sich nicht um einen Fall der Heilung. Die Überschrift der I 5 §§ 144 ff. ALR lautet: „Fälle, in denen es keines schriftlichen Vertrages bedarf". Erst unter I 5 §§ 155 ff. sind geregelt: „Rechtliche Folgen, wenn die schriftliche Abfassung unterblieben ist." Das beiderseits abgewickelte Geschäft i.S.v. § 146 ist danach vom Gesetzgeber als ein bereits nicht formbedürftiger Vertrag qualifiziert worden.[167] Das abgewickelte Geschäft wurde als besonderer Typus angesehen. Demnach ist I 5 § 146 ALR keine Heilungsvorschrift.[168]

In I 5 § 156 ist der Fall geregelt, daß ein Vertragspartner die auf einen formnichtigen Vertrag vorgenommene Leistung des anderen Kontrahenten angenommen hat. Ersterer war danach verpflichtet, entweder den Vertrag seinerseits zu erfüllen oder das Erhaltene zurückzugeben oder zu vergüten.[169] Auch dem Leistenden stand es frei, ob er sich von dem Vertrag lösen oder Erfüllung verlangen wollte. Jede Partei konnte also Erfüllung verlangen. Die jeweils andere Partei konnte sie jedoch verweigern, indem sie auf Rückabwicklung bestand. Einen gegen den Willen des anderen durchsetzbarer Anspruch auf Durchfüh-

---

[165] Dazu oben 1. b) Fn. 121.

[166] Die Begriffe Nichtigkeit und Anfechtbarkeit sind nicht stets im (heutigen) technischen Sinne benutzt; es ist daher für jede Norm gesondert zu untersuchen, ob mit „Anfechtung" nur die gerichtliche Geltendmachung der Nichtigkeit gemeint ist (Förster/Eccius § 41, S. 197).

[167] So auch Evelt § 32, S. 81.

[168] So auch Bornemann § 147, S.281; a.A. wohl Dernburg I, § 98 b) vor 1. (mündliches Geschäft wird durch Erfüllung wirksam); allerdings allgemein ohne Erwähnung des § 146. Unklar derselbe, § 98, 2 (Geschäft könne als abgemacht nicht mehr in Frage gestellt werden); als „vollwertige Heilungsvorschrift" sieht auch Martin, S. 53, § 146 an, allerdings ohne Berücksichtigung der Gesetzessystematik.

[169] Diese Regelung geht auf das Reskript vom 10. März 1781 zurück, s.o. a).

rung des Vertrages gab es also nicht; die einseitige Erfüllung bewirkte keine Heilung.

I 16 § 176 ALR schloß die Kondiktion aus, wenn bei einem formnichtigen Vertrag die Rückforderung darauf gestützt wurde, man habe über das Formerfordernis oder die Formnichtigkeit geirrt. I 16 § 184 ALR bezieht sich auf Verträge, die nach der Leistungserbringung für ungültig erklärt wurden. War Grund für die Nichtigerklärung, daß der Leistende den Vertrag wegen Formmangels angefochten hatte, so konnte dieser die erbrachten Leistungen nicht zurückfordern.

Beide Regelungen beruhen darauf, daß nach damaligem Empfinden formnichtige Verträge moralische Verbindlichkeiten begründeten.[170] Auch hier wird der naturrechtliche Einfluß deutlich.[171] Sie schließen jedoch nur die Rückforderung aus, ohne dem formnichtigen Vertrag Wirksamkeit zu verleihen. Damit heilen auch sie das unwirksame Rechtsgeschäft nicht.

(2) Neben diesen allgemeinen Regeln sahen verschiedenen spezielle Normen vor, daß die Erfüllung trotz Formnichtigkeit Bestand haben sollte. So gab es Rückforderungsausschlüsse bei erfüllten formlosen Schenkungsversprechen (I 11 §§ 1065, 1066 ALR). Die teilweise oder befristete Geltung des formnichtigen Vertrages war für Verträge über Dienstleistungen und sonstige Handlungen angeordnet, wenn die Handlung erbracht worden war (I 5 § 165; II 5 § 181 ALR), sowie für Verlagsverträge nach Ablieferung des Manuskripts (I 11 § 999 ALR) und für Pachtverträge über Landgüter nach Übergabe des Gutes (I 21 § 268, 402, 406 ALR). Auch konnte ein formnichtiger Vertrag einen Anspruch auf Errichtung eines formgerechten Vertrages begründen (I 11 § 1067 i.V.m. I 5 § 122 ALR; bei der Schenkung unbeweglicher Sachen).

Auf formnichtige Verträge erbrachte Erfüllungshandlungen hatten im ALR also verschiedene Folgen: Ausschluß von Rückforderungsansprüchen, Anspruch auf Abschluß eines formgerechten Vertrages, alternative Ansprüche auf Erfüllung oder Rückgabe des Geleisteten oder ein zeitlich oder sachlich begrenztes Wirksamwerden des formnichtigen Vertrages. Grundsätzlich wurde derjenige schlechter gestellt, der die Erfüllung verweigerte.

Dieses buntscheckige Bild spiegelt die Kombination von obrigkeitsstaatlicher Bevormundung des Einzelnen (Vielzahl der Formvorschriften, Schlechterstel-

---

[170] Koch, I 16 § 184 Anm. 100.

[171] Vgl. Pufendorf, 3. Buch, 4. Kapitel, VI (1. Band, S. 647).

lung des Erfüllungsunwilligen als „Erziehungsmaßnahme") mit naturrechtlichem Gedankengut (grundsätzliche Verbindlichkeit formfreier Verträge, moralische Verpflichtung auch durch formwidrige Vereinbarungen) wieder.

III. Das Konzept des Gesetzgebers

War Ende des 19. Jahrhunderts die Rechtsfigur der Heilung eines formnichtigen Geschäfts also keineswegs klar umrissen, so fragt sich, ob den Heilungsnormen des BGB ein einheitliches Konzept zugrundeliegt.

1. Allgemeine Bestimmungen über die Heilung formnichtiger Verträge im BGB

Bereits in der Vorlage der Redaktoren zum Allgemeinen Teil des BGB[172] und zum Allgemeinen Schuldrecht[173] sowie später in den Beratungen der 1.[174] und 2.[175] Kommission wurden der Grundsatz der Formfreiheit, die Gründe, die ausnahmsweise die Einführung einer Form rechtfertigen können und die Nichtigkeitsfolge bei Formfehlern ausführlich erörtert. Dagegen ging man auf die Frage der Heilung in diesem allgemeinen Kontext nur am Rande ein.

a) Vorlage v. Kübels

Von Kübel, der den Entwurf für das allgemeine Schuldrecht lieferte, vertrat in bewußter Abkehr vom ALR[176] die Ansicht, das auf einen formnichtigen Vertrag Geleistete könne kondiziert werden. Der formlosen Erfüllungshandlung könne keine weitergehende Bedeutung zukommen als dem formlosen Vertragsschluß. Solle die Erfüllung die Form ersetzen, so müsse dies positiv bestimmt werden. Auch ethische Gründe könnten ein anderes Ergebnis nicht rechtfertigen.[177]

Wichtig für das richtige Verständnis dieser Aussage ist es, von Kübels Ansicht zu der Bedeutung von Formvorschriften zu kennen. Er vertrat den Grundsatz der Formfreiheit und wollte Ausnahmen davon nur dann zulassen, wenn

[172] Schubert/Gebhard, Allgemeiner Teil 2, S. 98 ff.

[173] Schubert/v. Kübel, Recht der Schuldverhältnisse 1, S. 293 ff.

[174] Mot. bei Mugdan I 450 ff.

[175] Prot. bei Mugdan I 695 ff.

[176] Schubert/v. Kübel, Recht der Schuldverhältnisse 1, S. 313.

[177] Schubert/v. Kübel, Recht der Schuldverhältnisse 1, S. 311.

die Interessen Dritter oder das öffentliche Interesse an Rechtssicherheit die Wahrung einer Form gebieten.[178] Er sprach sich ausdrücklich dagegen aus, Formvorschriften allein zum Schutze der Vertragsparteien einzuführen. Die Parteien müßten sich selbst vor Übereilung und Beweisnot schützen. Zwinge das Gesetz den Parteien aus diesen Gründen eine Form auf, so bevormunde es sie in unberechtigter Weise.[179]

Auf diesem Hintergrund ist die von ihm gezogene Konsequenz, die Vollziehung eines formnichtigen Vertrages könne die Form nicht ersetzen, zutreffend. Besteht ein öffentliches Interesse oder ein Interesse Dritter an der Formwahrung, so kann der private Akt der Erfüllung diesem Interesse in aller Regel nicht genügen. Das trifft etwa auf § 34 GWB zu. Die Form dient dem Zweck, die kartellbehördliche Überprüfung von Kartellverträgen etc. zu ermöglichen.[180] Die Überprüfbarkeit wird durch eine Erfüllung des Vertrages nicht erreicht.

b) 1. Kommission

Die These von Kübels, nur die öffentlichen Interessen oder den Interessen Dritter dienende Form rechtfertige eine Ausnahme von der Formfreiheit, wurde von der 1. Kommission nicht aufgegriffen, anscheinend nicht einmal erörtert.[181] Man wog vielmehr alle für und gegen den Formzwang sprechenden Gründe ab, unabhängig davon, ob sie der Verfolgung öffentlicher oder privater Interessen dienen.[182]

Der Ansicht von Kübels, die freiwillige Erfüllung könne an der Nichtigkeit des Vertrages und deren Folgen nichts ändern, schloß sich die Kommission hingegen an. Sie übernahm beinahe wörtlich seine Erwägungen zur grundsätzlichen Unheilbarkeit von Formfehlern durch Erfüllung.[183] Unerkannt blieb, daß von Kübels Argumentation angesichts der vorhergehenden These der Kommission,

---

[178] Schubert/v. Kübel, Recht der Schuldverhältnisse 1, S. 304.

[179] Schubert/v. Kübel, Recht der Schuldverhältnisse 1, S. 304; So hält er etwa die Formbedürftigkeit von Grundstückskaufverträgen für eine nicht gerechtfertigte Ausnahme vom Grundsatz der Formfreiheit; dem öffentlichen Publizitätsinteresse werde durch das Grundbuchsystem genügt (a.a.O. S. 305).

[180] BT-Drs. 2/1158, 44, linke Spalte; BGH GRUR 1983, 138, 139; NJW 1978, 822; BGHZ 53, 304, 306; Hesse, GRUR 1984, 324, 325.

[181] vgl. Jakobs/Schubert, Allgemeiner Teil 1, S. 647 ff.; Mot. bei Mugdan I, S. 450 ff.

[182] Mot. bei Mugdan I 451 f.

[183] Mot. bei Mugdan I 453.

Formvorschriften dürften auch im Interesse der Vertragsparteien eingeführt werden, nicht undifferenziert übernommen werden konnte. Dient eine Form nur dem Schutz der Parteien, so ist es durchaus denkbar, daß die Parteien sich —etwa durch die Vornahme von Erfüllungshandlungen— dieses Schutzes begeben können. Zumindest hätte es einer neuen Begründung bedurft, warum man die Heilung durch Erfüllung auch in diesen Fällen ablehnen wollte.

In den Gutachten zum Entwurf des BGB hatte man diesen Zusammenhang klarer erkannt: sei die Form nicht im Verkehrsinteresse, sondern zum Schutz des einzelnen vor Übereilung vorgeschrieben, so sei Heilung durch Erfüllung denkbar.[184] Bezwecke die Form, die Ernstlichkeit des Bindungswillens zu verbürgen, so sei die Erfüllung der Form gleichzustellen, da sie die ernsthafteste Bekundung des Bindungswillens sei.[185]

c) 2. Kommission

Die 2. Kommission einigte sich ohne weitere Erörterungen darauf, formfehlerhafte Verträge für nichtig zu erklären.[186] Die Frage der Heilung wurde nicht mehr allgemein diskutiert.[187]

d) XII. Kommission des Reichstags

Bei der 2. Lesung des Gesetzentwurfes in dieser Kommission wurden zwei Anträge zur Heilung formnichtiger Geschäfte behandelt. Der eine Antrag war darauf gerichtet, die dem § 125 entsprechende Vorschrift des BGB durch folgende Norm zu ersetzen: „Ein Rechtsgeschäft, welches der durch Gesetz vorgeschriebenen oder durch Rechtsgeschäft bestimmten Form ermangelt, ist ungültig. Der Mangel der Form wird durch die Bewirkung der versprochenen Leistung geheilt."[188] Der zweite Antrag war darauf gerichtet, hinter der dem § 305 entsprechenden Vorschrift einzufügen:„Ist für einen Vertrag eine bestimmte Form durch Gesetz vorgeschrieben oder durch die Vertragsschließenden vereinbart, so wird der Mangel der Form durch die Bewirkung der Leistung seitens eines der Vertragsschließenden geheilt."[189]

---

[184] Hachenburg, S. 81, 91 ff.

[185] Klöppel, GruchBeitr 32 (1888), 611, 638 f.

[186] Prot. bei Mugdan I 696.

[187] Vgl. Jakobs/Schubert, Allgemeiner Teil 1, S. 663 ff.; Prot. bei Mugdan I 695 f.

[188] Jakobs/Schubert, Allgemeiner Teil 1, S. 683 f.

[189] Jakobs/Schubert, Allgemeiner Teil 1, S. 685.

Der erstgenannte Antrag wurde auf den Einwand hin zurückgenommen, daß die Heilungsmöglichkeit für alle Rechtsgeschäfte, also auch solche des Familien- und Erbrechts, zu weitgehend sei.[190] Aber auch der zweite, auf das Schuldrecht beschränkte Antrag wurde zurückgezogen, nachdem gegen ihn eingewandt worden war, bei Einführung einer allgemeinen Heilungsnorm gingen die Vorteile der Form vollständig verloren.[191]

Mehrheitlich beschlossen wurde dann lediglich die Heilungsvorschrift für den Bürgschaftsvertrag (§ 766 S. 2). Die Kommission erörterte aber nicht mehr, ob man bei anderen Formvorschriften eine Heilungsnorm einführen sollte.

2. *Besondere Regelungen des BGB*

Es fragt sich, auf welchen Erwägungen die punktuelle Einführung von Heilungsvorschriften beruhte.

a) Formvorschriften mit Heilungstatbestand

aa) § 313 S. 2 BGB

Keine der Heilungsvorschriften des BGB ist so lange und so kontrovers diskutiert worden wie § 313 S. 2. Der Streit setzte schon dabei ein, ob Grundstückskaufverträge überhaupt formbedürftig sein sollten. Das wurde von der 1. Kommission bejaht.[192]

Als Grund für die Form findet sich der Hinweis, daß die soziale Bedeutung des Grundeigentums als Grundlage für die Seßhaftigkeit der Bevölkerung und die Bedeutung des Grundeigentums für Lebensstellung und Beruf des Eigentümers sowie die mit dem Grundeigentum verbundenen dauernden Rechte und Pflichten ein Bedürfnis nach Formzwang begründeten.[193]

Diese Argumente unterstreichen die Bedeutung des Grundeigentums und weisen zugleich auf die mit der Form verfolgten Zwecke hin: Hauptsächlicher mit der Form verfolgter Zweck war es, den Grundstücksveräußerer wegen der Bedeutung des Grundstücks als Vermögensgegenstand vor übereilter Veräußerung zu schützen.[194]

---

[190] Jakobs/Schubert, Allgemeiner Teil 1, S. 685.

[191] Jakobs/Schubert, Allgemeiner Teil 1, S. 685.

[192] Mot. bei Mugdan II 104 f.

[193] Mot. bei Mugdan II 104; zustimmend die 2. Kommission: Prot. bei Mugdan II 620.

[194] Jakobs/Schubert, Recht der Schuldverhältnisse 1, S. 407.

Daneben wollte der Gesetzgeber aus nationalökonomischen und sozialpolitischen Gründen einen lebhaften Grundstückshandel unterbinden.[195] Die Bedeutung des Grundeigentums hat sich heute jedoch gegenüber dem agrarisch geprägten Deutschland des 19. Jahrhunderts geändert. Angesichts dessen dürfte der letztgenannte Zweck heute in den Hintergrund getreten, wenn nicht gar weggefallen sein.[196]

Weiter wollte der Gesetzgeber mit der Formvorschrift eine größere Rechtssicherheit herbeiführen,[197] womit Abschluß- und Inhaltsklarheit sowie Beweissicherung gemeint sind.

Die Kommissionen hatten sich dafür ausgesprochen, daß mit Auflassung und Eintragung der Formfehler geheilt werden sollte. Im Justizausschuß des Bundesrates wurde die § 313 S. 2 entsprechende Vorschrift zunächst gestrichen, dann aber wieder eingeführt.[198] Dabei blieb es im Plenum.[199]

In der Diskussion hieß es: Zwar müsse die juristische Konsequenz an sich zur Streichung der Heilungsnorm führen, aber aus folgenden Gründen müsse der Vertrag trotzdem durch Auflassung und Eintragung wirksam werden:

1. Die Rechtssicherheit gebiete es, den Erwerber nicht 30 Jahre lang dem Kondiktionsanspruch des Veräußerers auszusetzen.
2. Der Veräußerer könne andernfalls mit seinem Kondiktionsanspruch auf Kosten des Erwerbers spekulieren.
3. Ohne die Heilung werde wegen der Kondiktionsmöglichkeit die Sicherheit des Immobilienverkehrs gefährdet.
4. Es widerspreche der Verkehrsauffassung, wenn der obligatorische Vertrag trotz des unter Mitwirkung des Grundbuchrichters vollzogenen, wirksamen dinglichen Vertrages nichtig wäre.

---

[195] Prot. bei Mugdan II 622 oben.

[196] Ähnlich auch Reinhart, S. 155, der aber unzutreffend davon ausgeht, § 313 S. 1 BGB habe ursprünglich keinen Übereilungsschutz bezweckt.

[197] Jakobs/Schubert, Recht der Schuldverhältnisse 1, S. 407.

[198] Jakobs/Schubert, Recht der Schuldverhältnisse 1, S. 412 ff. Es handelte sich im Kern um einen Streit zwischen Preußen, wo es bereits seit 1872 in § 10 des Eigentumserwerbsgesetzes eine Heilungsnorm gab, und Bayern, wo keine solche Norm existierte. Bayern gab zuletzt unter einer Bedingung nach: Dem Landesrecht müsse die Möglichkeit gelassen werden, vorzuschreiben, daß eine Eigentumsübertragung nur dann in das Grundbuch eingetragen werden soll, wenn dem Grundbuchamt eine Urkunde über den schuldrechtlichen Vertrag vorgelegt wird. Vgl. heute § 925 a BGB.

[199] Jakobs/Schubert, Recht der Schuldverhältnisse 1, S. 419.

5. Die künstliche und lebensfremde Trennung zwischen dinglichem und obligatorischem Geschäft werde aufgehoben.
6. Die Legalität des Auflassungsaktes dürfe nicht beseitigt werden.
7. Zweifel über die Gültigkeit von Nebenabreden des Vertrages würden behoben.
8. Ohne die Heilungsmöglichkeit könne beim Grundbuchrichter leicht das Mißverständnis entstehen, ohne Vorlage des schuldrechtlichen Vertrages die Eintragung nicht vornehmen zu dürfen.
9. Man habe mit der entsprechenden Heilungsnorm des § 10 des preußischen Eigentumserwerbsgesetzes vom 5. Mai 1872 keine schlechten Erfahrungen gemacht.
10. In einigen deutschen Gebieten seien Grundstücksveräußerungsverträge nach Landesrecht bisher noch formfrei gewesen; dort werde die künftig erforderliche Form häufig versäumt werden.
11. Ohne die Heilung bestehe ein Zwang zur Beurkundung, der zu einer erheblichen Verteuerung des Vertragsabschlusses führe.[200]

Gegen die Heilung wurde geltend gemacht, die Formzwecke (Übereilungsschutz, Abschluß- und Inhaltsklarheit, Beweissicherung) würden vereitelt.[201]

Hiergegen wurde wiederum eingewandt, zwar werde die beabsichtigte Beweissicherung nicht erreicht, aber zumindest der Übereilungsschutz werde noch in ausreichendem Maße, nämlich bezüglich der Frage, ob und zu welchem Preise verkauft werden sollte, verwirklicht. Denn zwischen Vertragsabschluß und Auflassung liege noch eine Überlegungsfrist, die ebenso wie die spätere Auflassung in Gegenwart eines Richters ein wohlüberlegtes Handeln der Parteien gewährleiste. Es erscheine als unberechtigter Dogmatimus, trotzdem die Formvorschrift aufrechtzuerhalten.[202]

So vielfältig die für die Heilung vorgebrachten Argumente sind, so zeigen sie doch, daß der Gesetzgeber die Heilung des Formmangels auch bei § 313 nicht dogmatisch zu erfassen versucht hat. Die genannten Gründe sind sämtlich rechtspolitischer Art. Entscheidend ging es dem Gesetzgeber darum, durch den mit der Heilung bewirkten Ausschluß der Kondiktion eine größere Rechts-

---

[200] Diese Argumente finden sich in Mot. bei Mugdan II 105; Prot. bei Mugdan II 622; Kommissionsbericht bei Mugdan II 1275; Jakobs/Schubert, Recht der Schuldverhältnisse 1, 409 f., 414 ff., 420.

[201] Prot. bei Mugdan II 621 f.

[202] Mot. bei Mugdan II 105; Prot. bei Mugdan II 622; Kommissionsbericht bei Mugdan II 1275.

sicherheit im Immobilienverkehr herbeizuführen: ein sachenrechtlich durch Grundstücksübereignung abgewickelter Vertrag sollte nicht mehr rückgängig gemacht werden können (vgl. die Argumente 1 bis 6).

Ein dogmatischer Ansatz findet sich allein bei den Gegnern der Heilung. Sie wiesen darauf hin, die Heilung vereitele die Formzwecke. Damit setzten sie Formvorschrift und Heilungsnorm zueinander in Beziehung. Diesem Einwand versuchten die Befürworter der Heilung damit zu begegnen, daß trotz der Heilung der Übereilungsschutz zumindest hinsichtlich des Ob des Verkaufs und des Preises noch gewahrt sei, weil zwischen Vertragsschluß und Auflassung eine Überlegungsfrist liege und die Auflassung formbedürftig sei.

Die Erreichung der Formzwecke, insbes. des Übereilungsschutzes, war also nicht Grund für die Einführung des § 313 S. 2. Der Gesetzgeber nahm vielmehr nur in Kauf, daß die Formzwecke einschließlich des Übereilungsschutzes nicht in dem ursprünglich vorgesehenen Umfang verwirklicht wurden. Er tat dies, weil er gegenüber der vollständigen Erreichung der Formzwecke die Rechtssicherheit im Grundstücksverkehr und das Vertrauen des Rechtsverkehrs in den Bestand dinglich abgewickelter Grundstücksveräußerungen für wichtiger hielt.

Aus dem Vorstehenden dürfte klar geworden sein, daß die in der Literatur vertretene These, die Heilungsnormen beruhten auf dem Gedanken, daß die Formzwecke durch Erfüllung erreicht seien, zumindest für § 313 S. 2 nicht zutrifft. Der Gesetzgeber des BGB war sich durchaus bewußt, daß die Heilung in Widerspruch zu den mit der Form verfolgten Zwecken treten mußte.

Seit der Änderung des § 313 S. 1 im Jahre 1973 ist noch deutlicher geworden, daß die Heilung mit der Erreichung der Formzwecke nicht begründet werden kann. Zum Schutz des Erwerbers wurde auch die Erwerbsverpflichtung dem Formzwang unterworfen.[203] Diese Verpflichtung ist mit Auflassung und Eintragung nicht erfüllt. Denn zur Erwerbsverpflichtung gehört nicht nur der den Erwerber regelmäßig begünstigende Eigentumsübergang, sondern auch die ihn belastende Zahlungspflicht.

bb) § 518 Abs. 2 BGB

Bereits in der ersten Kommission —wie später in der 2. Kommission[204] und im Gesetzgebungsverfahren— sprach sich die Mehrheit für die Formbedürftig-

---

[203] BT-Drs. 7/359, 1 ff.

[204] Prot. bei Mugdan II 741.

keit von Schenkungsversprechen aus. Neben dem Argument, daß dies der bisherigen Rechtslage entspreche,[205] hieß es, die Form sei als Übereilungsschutz, zur Förderung der Abschlußklarheit, zur Verhinderung der Umgehung der Formvorschriften für Verfügungen von Todes wegen und zur Verhinderung von Streitigkeiten über angebliche Schenkungsversprechen Verstorbener erforderlich.[206]

Bei der sofort vollzogenen Schenkung (Handschenkung i.S.v. § 516) träfen diese Gründe nicht zu, so daß diese formfrei gültig sei. Die Erfüllung eines formnichtigen Schenkungsversprechens aber sollte grundsätzlich dazu führen, daß das Geleistete zurückgefordert werden konnte. Die 1. Kommission wollte dabei wie folgt differenzieren:

Hatte der Schenker in Kenntnis der Nichtigkeit des Schenkungsversprechens geleistet, so sollte darin eine formlos gültige, auf einem selbständigen, neuen Schenkungsentschluß beruhende Handschenkung liegen (Leistung animo donandi). Hatte der Schenker dagegen in der irrigen Annahme geleistet, aufgrund des formlosen Versprechens dazu verpflichtet zu sein (animo solvendi), so sollte er seine Leistung zurückfordern dürfen.[207]

Dagegen hielten die 2. Kommission[208] und die Vorkommission des Reichsjustizamtes[209] diese Unterscheidung für unpraktikabel und eine Vereinfachung für erforderlich. Um die Unterscheidung zwischen der Leistung animo donandi und animo solvendi entbehrlich zu machen, nahm man die Heilungsnorm in das Gesetz auf. Weiter heißt es, ähnliche Erwägungen, wie sie die Kommission zu § 351 Abs. 2 des Entwurfs[210] bestimmt hätten, müßten auch hier Platz greifen.[211]

Hier vermißt man Erwägungen dazu, ob die Heilung mit Sinn und Zweck der Form vereinbar ist. Es ging dem Gesetzgeber allein darum, das durch die Unterscheidung zwischen Leistung animo donandi und animo solvendi zweigleisig gewordene System zu vereinfachen. Man wollte verhindern, daß bei einem vollzogenen Schenkungsversprechen entschieden werden muß, ob der Schenker

[205] Vgl. I 11 §§ 1065, 1066 ALR.

[206] Mot. bei Mugdan II 163.

[207] Mot. bei Mugdan II 163 f.

[208] Prot. bei Mugdan II 741.

[209] Jakobs/Schubert, Recht der Schuldverhältnisse 2, S. 364.

[210] = § 313 S. 2 BGB.

[211] Prot. bei Mugdan II 741; Jakobs/Schubert, Recht der Schuldverhältnisse 2, S. 364.

dessen Formnichtigkeit kannte oder nicht. § 518 Abs. 2 sollte also der „Praktikabilität"[212] und damit der Rechtssicherheit[213] dienen, da die Vorschrift künftige Gerichtsentscheidungen vorhersagbarer machen sollte.

Der Verweis auf die Heilungsnorm für Grundstücksgeschäfte paßt nur begrenzt. Das Ziel des Ausschlusses von Kondiktionsansprüchen und der Aufhebung der Trennung zwischen dinglichem und obligatorischem Geschäft[214] mögen als Argumente abstrakt noch übertragbar sein; alle weiteren bei § 313 erörterten Aspekte treffen nur auf diesen speziellen Fall zu. So gab es auch Gegenstimmen, die von der Heranziehung der Rechtsgedanken der singulären Vorschrift des § 313 S. 2 abrieten.[215]

An anderer Stelle wird jedoch angesprochen, ob die Erfüllung zur Erreichung der Formzwecke führe. Man diskutierte, ob bei bestimmten schenkweise erbrachten Leistungen (Erlaß, Forderungsabtretung, Schuldversprechen und Schuldanerkenntnis) die Formzwecke gewahrt seien.[216] In den beiden letztgenannten Fällen war man sich einig, daß die Abgabe des Versprechens allein die Formzwecke nicht wahrt.

Auch bei der Schenkung wurde das Prinzip der Heilung nicht übergreifend erörtert. Die praktisch schwierige Abgrenzung zwischen erfülltem Schenkungsversprechen und Handschenkung führte zur Aufnahme der Heilungsnorm in das Gesetz.

cc) § 766 S. 2 BGB

Das Schriftformerfordernis für die Bürgschaftsverpflichtung wurde erst von der XII. Kommission des Reichtages in das Gesetz aufgenommen.[217] Formzweck sollte sein, wegen der großen Bedeutung der Bürgschaft und ihrer Gefahren den sich Verpflichtenden zur Vorsicht anzuhalten.[218] In der 2. Kommission war zuvor für die Form geltend gemacht worden, sie diene der Ab-

---

[212] Prot. bei Mugdan II 741.

[213] So auch Herrmann, S. 158.

[214] Wenngleich das letztgenannte Argument angesichts der Entscheidung des Gesetzgebers für das Trennungsprinzip (hierzu s. Medicus AT Rn. 220 ff.) nicht überzeugt.

[215] Prot. bei Mugdan II 742.

[216] Prot. bei Mugdan II 742.

[217] Jakobs/Schubert, Recht der Schuldverhältnisse 3, S. 464.

[218] Kommissionsbericht bei Mugdan II 1295.

schlußklarheit. Im übrigen ähnele die Bürgschaft der Schenkung und dem abstrakten Schuldversprechen.[219]

Die Heilungsvorschrift wurde damit gerechtfertigt, daß der Grund des Schriftformerfordernisses, den Bürgen vor der unüberlegten Übernahme von Bürgschaften zu schützen, nach der freiwilligen Erfüllung von Seiten des Bürgen „weggefallen" sei.[220]

Mit dem „Wegfall" des Formzwecks kann zum einen gemeint sein, daß der Schutz des Bürgen nach der Erfüllung nicht mehr möglich ist. Das ist der Fall, wenn sein Schutz sich von Anfang an nur auf die übereilte Eingehung der Verpflichtung erstrecken sollte. Hiervor kann er nach der Erfüllung nicht mehr geschützt werden.

Mit dem „Wegfall" des Formzwecks kann auch gemeint sein, daß durch die Erfüllung die Formzwecke erreicht seien. Dafür spricht, daß nur die freiwillige Erfüllung zur Heilung führen sollte. Denn soll durch die Erfüllung der Übereilungschutz gewahrt sein, so setzt dies die Freiheit des Bürgen zur Leistungsverweigerung voraus.

Hält der Bürge sich irrig für verpflichtet, so ist der Übereilungsschutz nicht in vollem Umfang gewahrt: die übereilt eingegangene Verpflichtung wirkt noch fort. Trotzdem ist der Übereilungsschutz zumindest teilweise erreicht. Erstens liegt zwischen der Eingehung der Verpflichtung und der Erfüllung regelmäßig ein gewisser Zeitraum, in dem der Bürge, der sich übernommen hat, Rat einholen kann. Zweitens wird die Warnfunktion teilweise dadurch erreicht, daß der Bürge mit seiner Erfüllungshandlung die Schwelle zu einer dinglichen Vermögensminderung überschreitet und ihm dadurch die Bedeutung der Bürgschaft vor Augen geführt wird.

§ 766 S. 2 beruht daher auf der Vorstellung, der Schutz des Bürgen sei mit der Erfüllung erreicht.

dd) Zwischenergebnis

Festzuhalten bleibt, daß der BGB-Gesetzgeber die Heilung bei §§ 313, 518 aufgrund der Besonderheiten dieser Einzelfälle einführte. Gemeinsam ist beiden Heilungsvorschriften, daß im Interesse der Rechtssicherheit die Kondiktion

---

219 Prot. bei Mugdan II 1019.

220 Kommissionsbericht bei Mugdan II 1295.

ausgeschlossen werden sollte. Dagegen entschied der Gesetzgeber sich bei § 766 für die Heilungsnorm, weil er meinte, die Formzwecke seien mit der Erfüllung erreicht.

b) Formvorschriften ohne Heilungstatbestand

Fraglich ist, warum der Gesetzegeber anderen Formvorschriften des BGB keine Heilungsnorm zuordnete.

aa) § 311 BGB

Über die Notwendigkeit dieser Formvorschrift waren sich 1 und 2. Kommission einig. Sie solle der Rechtssicherheit (Beweissicherung, Abschluß- und Inhaltsklarheit) dienen, die Parteien vor Übereilung schützen und die Umgehung der Formvorschriften für Verfügungen von Todes wegen verhüten.[221] Ob die Erfüllung eines nach § 311 formnichtigen Vertrages den Formfehler heilt, erörterte man nicht. Man fragte sich lediglich, ob eine Teilerfüllung als Handschenkung wirksam sein könne.[222]

bb) § 312 Abs. 2 BGB

Während die 1. Kommission Verträge unter künftigen gesetzlichen Erben über den gesetzlichen Erbteil oder den Pflichtteil für nichtig erklären wollte,[223] ließ die 2. Kommission solche Verträge zu, band sie jedoch an die Form.[224] Damit sollten die Parteien vor Übereilung geschützt werden.[225] Die Frage der Heilung wurde nicht erörtert.[226]

cc) § 761 BGB

Beide Kommissionen hielten eine Form für das Leibrentenversprechen nicht für erforderlich. Es liege kein Grund vor, von dem Grundsatz der Formfreiheit abzuweichen.[227] Erst die XII. Kommission des Reichtags entschied sich für

---

[221] Mot. bei Mugdan II 103 f; Jakobs/Schubert, Recht der Schuldverhältnisse 1, S. 394.

[222] Jakobs/Schubert, Recht der Schuldverhältnisse 1, S. 394 f.; Mot. bei Mugdan II 104.

[223] Mot. bei Mugdan II 102.

[224] Prot. bei Mugdan II 619.

[225] Prot. bei Mugdan II 708.

[226] Prot. bei Mugdan II 619; Jakobs/Schubert, Recht der Schuldverhältnisse 1, S. 397 ff.

[227] Mot. bei Mugdan II 356; Prot. bei Mugdan II 1005 f.

den Formzwang, da sie einen Übereilungsschutz für nötig hielt.[228] Die Heilbarkeit von Formfehlern kam nicht zur Sprache.

dd) §§ 2371, 2385 Abs. 1 BGB

Die Form für den Erbschaftskauf wurde erst von der 2. Kommission in den Entwurf aufgenommen. Der Vergleich mit §§ 311, 313 spreche, so hieß es, für einen Formzwang, da es sich bei Erbschaften um Gegenstände von besonderem Wert handele und, wie bei § 311, ein ganzer Komplex von Rechten übertragen werden solle. Der Verkäufer müsse deshalb vor Übereilung und vor Übervorteilung durch gewerbsmäßige Ankäufer geschützt werden. Die Form sei außerdem zur Klarstellung des Rechtsverhältnisses wünschenswert. Auch erleichtere sie dem Käufer den Nachweis seiner Rechte gegenüber Dritten. Außerdem gehörten zur Erbschaft häufig Grundstücke. Würde eine solche Erbschaft formfrei verkauft, so wäre der damit zugleich geschlossene Grundstückskaufvertrag formnichtig; es könnten dann Zweifel daran entstehen, ob auch der restliche Teil des Erbschaftskaufes nichtig sei.[229] Auch hier schnitt man das Thema der Heilbarkeit eines Formfehlers nicht an.

3. Heilung oder Naturalobligation

Eine Naturalobligation ist eine unvollkommene Verbindlichkeit, die keine klagbare Leistungspflicht des Schuldners begründet, die aber nach der Erfüllung Rückforderungsansprüche des Schuldners ausschließt.[230] Erkennt man an, daß aus formnichtigen Verträgen Naturalobligationen entstehen, so sind Heilungsvorschriften weitgehend entbehrlich. Sie sind nur noch dann erforderlich, wenn gegenseitige Verpflichtungen Inhalt des Vertrages sind und jede von ihnen nur förmlich eingegangen werden durfte. Dann wäre es unbillig, würde die einseitige Erfüllung zum Ausschluß von Rückforderungsansprüchen führen, ohne den Anspruch auf die Gegenleistung zu begründen.

Die 1. Kommission sprach sich, dem Entwurf von Kübels folgend,[231] ausdrücklich gegen die grundsätzliche Anerkennung von Naturalobligationen aus. Soweit nicht für bestimmte Fälle aus besonderen Gründen die condictio indebiti ausgeschlossen sei, komme das Vorhandensein einer im allgemeinen als Ver-

---

[228] Jakobs/Schubert, Recht der Schuldverhältnisse 3, S. 464.

[229] Prot. bei Mugdan II 802.

[230] Palandt/Heinrichs Einl v § 241 Rn. 15.

[231] Schubert/v. Kübel, Recht der Schuldverhältnisse 3, S. 687.

pflichtung nicht anerkannten unvollkommenen Verbindlichkeit nicht in Betracht.[232]

Die 2. Kommission war weniger streng. Die Mehrheit entschied sich dafür, Rückforderungsansprüche auszuschließen, wenn durch die Leistung ein der Sittlichkeit entsprechender Zustand hergestellt worden sei.[233] Sie stellte jedoch ausdrücklich klar, daß die Erfüllung formnichtiger Verträge grundsätzlich nicht zu dieser Fallgruppe gehöre. Auf die Formnichtigkeit gestützte Rückforderungsansprüche könnten nicht mit dem Hinweis versagt werden, Sitte und Anstand erforderten die Erfüllung formnichtiger Zusagen oder die Berufung auf den Formmangel sei unanständig.[234]

Mit dieser Stellungnahme blieben dem Gesetzgeber zur Überwindung von Formfehlern zwei Mittel: der Ausschluß von Rückforderungsansprüchen im Einzelfall oder, weitergehend, die Heilung. Der Ausschluß von Rückforderungsansprüchen für auf formnichtige Verträge Geleistetes ist gegenüber der Heilung des formnichtigen Vertrages durch Erfüllung ein Weniger. Denn nur die Heilung eröffnet den Weg zu weiteren vertraglichen Ansprüchen. Während das ALR zwischen beiden Wegen ohne erkennbares System wählte und sich hier für den einen, dort für den anderen Weg entschied,[235] war der BGB-Gesetzgeber konsequenter. Unter den im Bereicherungsrecht geregelten Kondiktionssausschlüssen findet sich keine besondere Norm für formnichtige Verträge.

4. Zwischenergebnis für das BGB

Der Gesetzgeber hat die These, die Formnichtigkeit sei nicht durch Erfüllung heilbar, von dem Redaktor des Allgemeinen Teils, von Kübel, übernommen. Dessen Begründung, der private Akt der Erfüllung könne eine öffentlichen Interessen oder den Interessen Dritter dienende Form nicht ersetzen, paßte jedoch nicht mehr. Denn der Gesetzgeber sah, anders als von Kübel, schuldrechtliche Formvorschriften auch und gerade im Interesse der Parteien (insbesondere als Übereilungsschutz) vor.

Der Gesetzgeber blieb insofern bei seiner These von der Unheilbarkeit der Formnichtigkeit, als er eine allgemeine Heilungsvorschrift für das Schuldrecht

---

[232] Mot. bei Mugdan II 465; Jakobs/Schubert, Recht der Schuldverhältnisse 3, S. 766 f.

[233] Prot. bei Mugdan II 1177.

[234] Prot. bei Mugdan II 1177; s. auch Mot. bei Mugdan I 453.

[235] S.o. II. 2.

ausdrücklich ablehnte. Andererseits —und das ist die Konsequenz des Bruchs in der Argumentation, die man trotz anderer Prämissen von von Kübel übernahm— wurden im Gesetzgebungsverfahren drei Heilungsnormen in das BGB eingefügt. Ihnen liegt kein einheitliches dogmatisches Konzept zugrunde.

Mit § 313 S. 2 wollte man die Kondiktion des Grundstücks ausschließen. Durch die so bewirkte Aufrechterhaltung der dinglichen Lage sollte die Rechtssicherheit im Immobilienverkehr erhöht werden.

§ 518 Abs. 2 wurde Gesetz, weil man mit dem Ausschluß der Kondiktion ebenfalls die Rechtssicherheit verbessern wollte. Man wollte vermeiden, daß bei einer Leistung, die auf ein formnichtiges Schenkungsversprechen hin erfolgte, die Rückforderung sich nach der schwer feststellbaren Kennntnis des Leistenden von der Nichtigkeit der Verpflichtung richtete.

§ 766 S. 2 fügte man ein, weil man mit der Erfüllung die Formzwecke als erreicht ansah.

Bei §§ 311, 312 Abs. 2, 761, 2371 kam die Heilung von Formmängeln nicht zur Sprache.

Diese unzureichende Durchdringung der Problematik der Heilung durch Erfüllung wird verständlich, wenn man sich vergegenwärtigt, daß der Gesetzgeber eine insofern zersplitterte und unsystematisierte Rechtslage vorfand.[236] Zudem war der Gesetzgeber durch die Ausführungen von Kübels, die auf einer anderen Vorstellung von den Formzwecken beruhte, zunächst darauf festgelegt, der Erfüllung keine Bedeutung im Hinblick auf die Verbindlichkeit des Vertrages beizumessen. Erst nach und nach fügte man die Heilungsvorschriften ein, ohne sich Rechenschaft darüber zu geben, warum ein Abweichen von dem zunächst aufgestellten Grundsatz möglich war.

Weitere Ursache für das wenig stimmige Bild, daß eine unentgeltlich erbrachte Leistung bei § 518 nicht rückforderbar ist, dagegen eine entgeltliche Leistung bei §§ 311, 312 Abs. 2, 761, 2371 zurückverlangt werden kann, obwohl der Leistende dort möglicherweise die Gegenleistung schon erhalten hat, mag der zeitliche Ablauf des Gesetzgebungsverfahrens gewesen sein. Mangelnde Zeit hat vertiefte Erwägungen unmöglich gemacht. So wurden die Formvorschriften der §§ 312, 2371 erst von der 2. Kommission, die des § 761 erst von der XII. Kommission des Reichstages in das Gesetz aufgenommen, wohingegen §§ 313,

---

[236] S.o. II. 2.

518 bereits von der 1. Kommission vorgeschlagen wurden. Auch erschwerte die zeitliche Verschiebung eine alle schuldrechtlichen Formvorschriften vergleichende, umfassend abwägende Argumentation.

5. § 15 Abs. 4 GmbHG

Diese Vorschrift ist zusammen mit § 15 Abs. 3 GmbHG zu lesen, der für die Abtretung von GmbH-Anteilen die notarielle Beurkundung vorschreibt. Nach h.M. ist Sinn und Zweck des Formzwanges für die Abtretung zum einen, den Handel mit GmbH-Anteilen zu erschweren, um die GmbH im Gegensatz zur Aktiengesellschaft als Gesellschaft mit regelmäßig nicht wechselndem Gesellschafterbestand zu typisieren.[237] Zum anderen soll nach h.M. die Form dazu dienen, dem Anteilserwerber den Nachweis seines Rechts gegenüber der Gesellschaft zu ermöglichen.[238]

Abweichend hiervon wird vertreten, § 15 Abs. 3 GmbHG solle die Überprüfung der Abtretung durch das Registergericht ermöglichen,[239] solle die Information der Gesellschaft sowie der Öffentlichkeit (vgl. § 40 S. 1 GmbHG) sicherstellen,[240] diene dem Anlegerschutz[241] und auch dem Schutz des Anteilsveräußerers[242].

Aus den Materialien zum GmbHG ergibt sich, daß der Gesetzgeber die Mitgliedschaft in einer GmbH als ein grundsätzlich dauerndes Verhältnis gestalten wollte. Die Anteile sollten, anders als Anteile an einer Aktiengesellschaft, nicht Gegenstand des Handelsverkehrs sein. Man wollte den spekulativen Handel mit GmbH-Anteilen verhindern. Man konnte andererseits die Veräußerung der Anteile nicht gänzlich unterbinden, weil man sonst diesen Vermögensteil der Verfügung der Gesellschafter und dem Zugriff ihrer Gläubiger entzogen hätte. Also schloß man nur die Verkörperung des Anteilsrechts in einer Urkunde aus,

---

[237] Schlüter, FS für Bartholomeyczik, 359, 360 f.; Lutter/Hommelhoff § 15 Rn. 11; Roth § 15 Anm. 5.1; Scholz/Winter § 15 Rn. 38; BGHZ 75, 352, 353; 19, 69, 71; 13, 49, 51 f.; RGZ 135, 70, 71.

[238] BGHZ 13, 49, 52; RGZ 164, 162, 170; OLG Hamm GmbHRdsch. 1984, 317, 318; Scholz/Winter § 15 Rn. 38; Baumbach/Hueck § 15 Rn. 20; Roth § 15 Anm. 5.1; Schlüter, FS für Bartholomeyczik, 359, 361.

[239] Köbl, DNotZ 1983, 207, 211 f.

[240] Reinhart, S. 160.

[241] Baumbach/Hueck § 15 Rn. 20.

[242] Roth § 15 Anm. 5.1.

die die Übertragung des Anteils hätte vermitteln können, und band die Abtretung an die strenge Form der notariellen Beurkundung.[243]

Zugleich wollte man mit dieser Form erreichen, daß der Erwerber, der kein sein Mitgliedschaftsrecht verkörperndes Papier in der Hand hatte, sich gegenüber der Gesellschaft legitimieren konnte. Es heißt in der Begründung weiter, die Form des Übertragungsaktes solle eine derart authentische sein, daß Zweifel an der Übertragung nicht entstehen könnten.[244]

Aus den Materialien ergibt sich mithin, daß der h.M. darin zu folgen ist, daß Sinn und Zweck des § 15 Abs. 3 GmbHG zum einen sind, den Handel mit GmbH-Anteilen zu erschweren, zum anderen, dem Erwerber den Nachweis seiner Rechtsposition zu ermöglichen. Festzuhalten bleibt, daß der Schutz des Veräußerers vor Übereilung nicht beabsichtigt war.[245]

Auf diesem Hintergrund erklärte der Gesetzgeber nun auch das der Abtretung zugrundeliegende Verpflichtungsgeschäft für formbedürftig. Nach h.M. decken sich Sinn und Zweck des § 15 Abs. 3 GmbHG und des § 15 Abs. 4 S. 1 GmbHG insoweit, als auch das Formerfordernis für den schuldrechtlichen Vertrag den Handel mit GmbH-Anteilen erschweren soll.[246]

Dagegen meinen andere, § 15 Abs. 4 S. 1 GmbHG solle beide Parteien des Verpflichtungsgeschäfts[247] oder nur den Veräußerer[248] vor Übereilung schützen. Eine Begründung findet sich nur bei Häsemeyer, der den Veräußererschutz als Formzweck ansieht. Ausgehend von der Prämisse, daß Formvorschriften zur Erschwerung des Vertragsabschlusses im öffentlichen Interesse schlechthin unzulässig seien,[249] zieht Häsemeyer den Schluß, daß § 15 Abs. 4 S. 1 GmbHG nur dem Interesse des Veräußerers dienen könne.[250]

Die Stellungnahme zu der Formvorschrift für den schuldrechtlichen Vertrag in den Materialien ist nur kurz. Die Formvorschrift sei auch auf das obligato-

---

243 Begründung zum GmbHG, Reichstagsaktenstück 1890/92, Nr. 660, 3715, 3728 f.

244 Begründung zum GmbHG, Reichstagsaktenstück 1890/92, Nr. 600, 3729.

245 BGHZ 13, 49, 51; Schlüter, FS für Bartholomeyczik, 359, 360.

246 BGHZ 75, 352, 354; 13, 49, 51; RGZ 80, 99, 103; Schlüter, FS für Bartholomeyczik, 359, 362; Scholz/Winter § 15 Rn. 51, 38; Baumbach/Hueck § 15 Rn. 29; Lutter/Hommelhoff § 15 Rn. 11; Rowedder/Rowedder § 15 Rn. 14; Roth § 15 Anm 5.1.

247 Reinhart, S. 160; Roth § 15 Anm. 5.1; Hachenburg/Zutt § 15 Rn. 9.

248 Köbl, DNotZ 1983, 207, 210 f.; Häsemeyer, S. 189 f.

249 S. 174.

250 S. 188 f.

rische Geschäft zu erstrecken, „da der spekulative Handel mit Gesellschaftsbeteiligungen, welcher hier verhindert werden soll, sich vornehmlich in Geschäften der bezeichneten Art zu vollziehen pflegt."[251]

Es ging dem Gesetzgeber also auch hier um die Erschwerung des Handels. Er wollte das Zustandekommen des einer Abtretung üblicherweise vorausgehenden Verpflichtungsgeschäfts aus demselben Grunde erschweren wie die Abtretung selbst. Das ist zusätzlich zu § 15 Abs. 3 GmbHG erforderlich, da der Handel mit GmbH-Anteilen nur beschränkt werden kann, wenn man schon das Verpflichtungsgeschäft dem Formzwang unterwirft. Andernfalls könnte die Leichtigkeit, mit der die Verpflichtung eingegangen werden könnte, dazu führen, daß mehr mit Anteilen gehandelt wird.

Mit Sinn und Zweck der Heilungsnorm des § 15 Abs. 4 S. 2 GmbHG haben sich Literatur und Rechtsprechung dagegen bisher nicht befaßt. In den Materialien findet sich nur eine knappe Begründung: „Ein ohne die bezeichnete Form geschlossenes Rechtsgeschäft[252] muß aber nachträglich gültig werden, sobald der dingliche Abtretungsvertrag hinzutritt. Andernfalls würde der materielle Rechtsgrund des letzteren, wenn er nicht ebenfalls in dem Vertrag beurkundet wird, stets der Wirksamkeit entbehren, so daß auch der dingliche Vertrag selbst der Anfechtung ausgesetzt wäre."[253]

Der Gesetzgeber wollte also den formgerecht erfolgten dinglichen Erwerb aus Gründen der Rechtssicherheit kondiktionsfest machen. Die Frage, ob die Heilung die Formzwecke vereiteln könnte, hat der Gesetzgeber sich nicht gestellt. Ebensowenig hat er die Heilung aus dem Grunde ermöglicht, weil er die Formzwecke mit der förmlichen Abtretung für erreicht hielt. Er hat Heilungsnorm und Formzwecke mithin gar nicht zueinander in Beziehung gesetzt. Man könnte die Heilung auch schwerlich mit der Erreichung der Formzwecke begründen. Ist die formlos eingegangene Verpflichtung erfüllt worden, so hat der Handel, der unterbunden werden solte, sich ja gerade vollzogen.

§ 15 Abs. 4 S. 2 GmbHG sollte also aus Gründen der Rechtssicherheit den Bestand der formgerecht vollzogenen Abtretung bewirken.

---

[251] Begründung zum GmbHG, Reichstagsaktenstück 1890/92, Nr. 660, 3729.

[252] Gemeint ist der obligatorische Vertrag.

[253] Begründung zum Entwurf des GmbHG-Gesetzes, Reichtagsaktenstück 1890/92, Nr. 660, 3738.

IV. Konsequenzen für die erörterten dogmatischen Erklärungsversuche

Die Materialien bestätigen keinen der oben (C.) erörterten dogmatischen Erklärungsansätze. Im einzelnen:

1. Formlos gültige Rechtsgrundabrede

Häsemeyers Variante dieser Theorie, wonach bereits mit Vertragsabschluß eine Bindung zwischen den Parteien besteht, ist mit der Vorstellung des Gesetzgebers nicht vereinbar, daß der formnichtige Vertrag bis zur Heilung ganz und gar nichtig ist. Auch ist die von Häsemeyer angenommene Bindung mit Sinn und Zweck der Heilungsnormen, ab einem bestimmten Zeitpunkt die Kondiktion auszuschließen, nicht vereinbar. Der Ausschluß von Bereicherungsansprüchen erfordert keine bereits vor der Leistung eintretende Bindung.

Auch die These Krawielickis, die gesetzliche Umdeutung in eine wirksame Rechtsgrundabrede finde unabhängig von der Existenz einer Heilungsnorm statt, ist nicht haltbar. Der Gesetzgeber hat mehrfach klargestellt, daß er Leistungen auf formnichtige Verträge als grundsätzlich rückforderbar ansah. Dasselbe läßt sich Siber entgegenhalten, der de lege lata von dem Grundsatz ausgeht, daß nach der Erfüllung eines formnichtigen Vertrages die Rückforderung ausgeschlossen sei, weil die Rechtsgrundabrede formlos wirksam sei.

Im Kern zutreffend ist aber der Ansatz von Reichel, der die Heilungsnormen damit erklärt, der Formfehler sei zwar ein Grund, dem Geschäft die Verpflichtungskraft zu nehmen, nicht aber ein Grund, nach der Erfüllung das Geschäft noch als ungültig anzusehen. Hierin wird deutlich, daß die Heilungsnormen aufgrund einer Abwägung zwischen dem Interesse an dem Ausschluß der Kondiktion und dem Interesse an der Wahrung der Formzwecke entstanden sind. Am deutlichsten ist das bei §§ 313, 518.

Allen Vertretern der Rechtsgrundtheorie ist darin zuzustimmen, daß die Heilung sich hinsichtlich der erbrachten Leistung so auswirkt, als sei eine wirksame Rechtsgrundabrede getroffen worden. Aber auch wenn man annähme, die formnichtige, erfüllte Verpflichtung sei wirksam geworden, wäre das Ergebnis kein anderes. Denn die geheilte Verpflichtung würde ebenfalls als Rechtsgrundabrede wirken.[254]

---

[254] Das ist nicht zu verwechseln damit, daß eine *nichtige* Verpflichtung nicht zwingend eine

2. *Bestätigung*

Die Heilung bezweckt —abgesehen von § 766 S. 2— den Kondiktionsausschluß im Interesse der Rechtssicherheit unabhängig von der subjektiven Einstellung der Parteien. Dagegen rechtfertigt sich die Figur der Bestätigung aus dem rechtsgeschäftlichen Bestätigungswillen der Parteien. Deshalb kann die Heilung kein Unterfall der Bestätigung sein und auch keine bestätigungsähnliche Rechtsfigur.

3. *Erreichung der Formzwecke durch Erfüllung*

Bereits erörtert wurde, daß die Formzwecke durch die Erfüllung nicht erreicht werden.[255] Aus den Materialien ergibt sich, daß der Gesetzgeber dies bei § 313 sogar bewußt in Kauf nahm und den Ausschluß der Kondiktion für wichtiger hielt. Nur bei § 766 begründete der Gesetzgeber die Einführung der Heilungsnorm mit der Erreichung des Übereilungsschutzes. Das ist nur haltbar, wenn man den Übereilungschutz —anders als in allen anderen Fällen— darauf beschränkt, daß allein vor der gerichtlichen Erzwingbarkeit der Leistung geschützt werden soll.

4. *Venire contra factum proprium*

Nach ihrer Entstehungsgeschichte haben die Heilungsnormen ihren Ursprung nicht bei § 242. Ein Vertrauenstatbestand beim Leistungsempfänger war für die Einführung keiner der Heilungsnormen maßgeblich. Die Heilung tritt —außer bei § 766 S. 2— aus dem objektiven Interesse an Rechtssicherheit ein, unabhängig davon, ob der Empfänger schutzwürdig ist.

5. *Rückforderungsausschluß im Interesse der Rechtssicherheit*

Kanzleiter und Hagen ist darin zu folgen, daß Sinn und Zweck des § 313 S. 2 der Ausschluß der Kondiktion im Interesse der Rechtssicherheit ist. Das war jedoch, anders als diese Autoren meinen, von Anfang an die Intention des Gesetzgebers und gilt nicht erst für § 313 in der Fassung von 1973. Auch bei § 15 Abs. 4 S. 2 GmbHG und § 518 Abs. 2 war der Rückforderungsausschluß aus Gründen der Rechtssicherheit der entscheidende Aspekt.

---

wirksame Rechtsgrundabrede in sich birgt.

[255] S.o. C. III. 3. b).

V. Ergebnis

Bei den Heilungsvorschriften ist es nicht das nachträgliche Wirksamwerden des Vertrages, das einer dogmatischen Erklärung bedarf. In der nachträglichen Wirksamkeit liegt kein Widerspruch zu der Nichtigkeitsanordnung des § 125 S. 1. Denn die zunächst bestehende Nichtigkeit schließt es nicht aus, daß das Gesetz an den vorhandenen Sachverhalt (Vertragsschluß und Erfüllung) bestimmte Rechtsfolgen knüpft. Auf eine von Anfang an wirksame oder durch Umdeutung verbleibende Rechtsgrundabrede muß man daher nicht abstellen, um die Heilung zu erklären. Zwar wirken die Heilungsnormen hinsichtlich der erbrachten Leistung wie eine Rechtsgrundabrede, die im Zeitpunkt der Erfüllung wirksam wird; dies hilft bei ihrer Auslegung jedoch nicht weiter.

Den Heilungsvorschriften liegt kein einheitliches Prinzip zugrunde, das ihre Auslegung erleichtern würde. Weder können sie als Sonderfälle der Bestätigung oder des Verbots widersprüchlichen Verhaltens angesehen werden, noch einheitlich damit erklärt werden, die Formzwecke seien durch Erfüllung erreicht. Es ist vielmehr zu differenzieren:

Bei § 15 Abs. 4 S. 2 GmbHG, §§ 313 S. 2, 518 Abs. 2 ist die Heilung das technische Mittel zum Ausschluß von Bereicherungsansprüchen. Diese Vorschriften haben den Sinn und Zweck, die Kondiktion im Interesse der Rechtssicherheit auszuschließen. Das Interesse an Rechtssicherheit geht den Zielen vor, die man mit § 125 S. 1 erreichen will. Bei der Auslegung der genannten Heilungsnormen sind Verallgemeinerungen trotz dieses gemeinsamen Nenners kaum möglich. Denn es sind Besonderheiten des Einzelfalles (z.B. bei § 313 S. 2 die des Immobilienverkehrs), die das Interesse an Rechtssicherheit begründen. Auf diese Besonderheiten ist bei der Auslegung abzustellen.

Allein bei § 766 S. 2 hat der Gesetzgeber die Heilung damit begründet, die Formzwecke seien erreicht. Diese Begründung trägt nur, wenn man den Übereilungsschutz bei § 766 enger definiert als bei den anderen Formvorschriften und den Bürgen als nur vor der gerichtlichen Erzwingbarkeit der Leistung geschützt ansieht, oder wenn man in Kauf nimmt, daß der Übereilungsschutz nicht in vollem Umfang erreicht wird.

Die Gemeinsamkeiten der Heilungsvorschriften sind also trotz deren struktureller Ähnlichkeit gering. Es ist daher jede Vorschrift selbständig auszulegen, wobei Sinn und Zweck des Gesetzes hier ein besonders wichtiges Auslegungskriterium sind.

3. Teil

Einzelprobleme

Im folgenden soll das hier gefundene Ergebnis anhand einzelner Problemfälle erörtert werden, die Rechtsprechung und Literatur beschäftigt haben. Die Einzelprobleme betreffen die Voraussetzungen der Heilung (A.), die Rechtsfolgen der Heilung (B.) und die Analogiefähigkeit der Heilungsnormen (C.).

A. Voraussetzungen der Heilung

I. Objektive Voraussetzungen

Wie bereits oben erörtert, gleichen sich die Heilungsvorschriften in ihrer Struktur insofern, als ein formnichtiges Geschäft durch die Vornahme einer Erfüllungshandlung wirksam wird. Dennoch ergeben sich bei jedem Tatbestand Besonderheiten, die zum Teil von der Art des dinglichen Geschäfts, zum Teil aber auch von Sinn und Zweck der Heilungsvorschrift herrühren.

1. Die besonderen Anforderungen der einzelnen Heilungsvorschriften

a) § 313 S. 2 BGB

Diese Vorschrift verlangt für die Heilung Auflassung und Eintragung.

aa) Wirksamkeit der Auflassung

Die Heilung setzt voraus, daß die Auflassung wirksam ist. Leidet diese an einem Formfehler[1], fehlt eine für sie erforderliche vormundschaftsgerichtliche[2] oder öffentlich-rechtliche Genehmigung[3] oder eine wirksame Auflassungsvollmacht[4], so wird der formnichtige Grundstückskaufvertrag nicht geheilt.

---

[1] BGHZ 29, 6, 9.

[2] RGZ 137, 324, 352.

[3] BGH WM 1969, 163, 164; BGH MDR 1958, 593; OLG Stuttgart NJW 1960, 724, 725; RGZ 111, 239, 244 f.

[4] RGZ 103, 295, 300 f.; 94, 147, 148 f.

Die Rechtsprechung führt hierfür keine Begründung an. Man könnte zum einen auf den Wortlaut des § 313 S. 2 verweisen, der eine Auflassung verlangt. Daß damit aber nur eine wirksame Auflassung gemeint sein kann, ergibt sich nicht zwingend aus dem Wortlaut.

Diejenigen, die § 313 S. 2 mit der Erreichung des Übereilungsschutzes durch die Auflassung begründen, müßten damit argumentieren, daß auch durch eine unwirksame Auflassung —wenn sie nicht gerade ihrerseits formnichtig ist— die Parteien vor Übereilung geschützt werden.[5] Der Kaufvertrag würde dann wirksam, wenn die Eintragung irrtümlich trotz der Unwirksamkeit der Auflassung erfolgt. Die Konsequenz wäre, daß nun beide Parteien verpflichtet wären, eine wirksame Auflassung herbeizuführen, also z.B. auf die Erteilung der fehlenden Genehmigung hinzuwirken[6] oder die Auflassung des vollmachtslosen Vertreters zu genehmigen.

Eine solche Lösung wäre mit Sinn und Zweck des § 313 S. 2 nicht vereinbar. § 313 S. 2 soll verhindern, daß ein sachenrechtlich abgewickelter Grundstückskauf wieder rückgängig gemacht werden soll. Das Vertrauen des Rechtsverkehrs und der Parteien in die dingliche Lage soll geschützt werden, Rückabwicklungsschwierigkeiten sollen vermieden werden. Danach setzt § 313 S. 2 gerade ein wirksames dingliches Geschäft voraus, also auch eine wirksame Auflassung. § 313 S. 2 soll dagegen nicht dazu dienen, den Parteien aufgrund des formlosen schuldrechtlichen Vertrages einen Anspruch auf Herbeiführung einer wirksamen Auflassung zu geben.

Zu demselben Ergebnis kommt man, wenn man mit Häsemeyer und Krawielicki die Heilungsnormen so auslegt, daß sie eine in dem Verpflichtungsgeschäft enthaltene Rechtsgrundabrede an die Stelle des ursprünglichen Vertrages treten lassen. Auch eine Rechtsgrundabrede kommt nur zum Tragen, wenn das dingliche Geschäft vollzogen ist.

Demnach setzt § 313 S. 2 eine wirksame Auflassung voraus. Die Heilung tritt deshalb in den praktisch häufigen Fällen, in denen die im formnichtigen Kauf-

---

[5] Vgl. Häsemeyer, S. 90.

[6] So OLG Stuttgart NJW 1960, 724, 725, allerdings ohne den Eintritt der Heilung zu bejahen. Das OLG meint, die Parteien seien während des Schwebezustandes bis zur Genehmigung der Auflassung, also bis zum Eintritt der Heilung, verpflichtet, durch Herbeiführung der Genehmigung der Behörde diesen Schwebezustand zu beenden. Das OLG verkennt, daß vor wirksamer Auflassung und Eintragung keine rechtsgeschäftliche Bindung, also auch keine Verpflichtung, auf die Heilung des Vertrages hinzuwirken, besteht.

vertrag erteilte Auflassungsvollmacht nach § 139 ebenfalls formnichtig ist[7], nicht ein.

bb) Gleichzeitigkeit von Verpflichtung und Auflassung

Nach der Rechtsprechung[8] und der herrschenden Lehre[9] wird der Grundstücksveräußerungsvertrag auch dann wirksam, wenn die Auflassung gleichzeitig mit dem unvollständigen und daher trotz der Beurkundung formnichtigen schuldrechtlichen Vertrag beurkundet wird.[10] Das geschieht in der Praxis häufig, weil die Parteien sich den zweimaligen Gang zum Notar und Kosten (s. § 44 Abs. 1 KostO) ersparen wollen.

Die sonst so häufig zitierte Stelle in den Materialien, wonach trotz der Heilung ein wohlüberlegtes Handeln der Parteien gewährleistet sei, weil zwischen Verpflichtungsgeschäft und Auflassung noch eine Überlegungsfrist liege, vermag die Heilung in diesen Fällen nicht zu rechtfertigen.[11] Es fehlt gerade an einer solchen Überlegungsfrist, wenn Kaufvertrag und Auflassung gleichzeitig beurkundet werden. Die Rechtsprechung problematisiert diesen Punkt nicht.

Nach der hier vertretenen Ansicht mit Recht: § 313 S. 2 wurde nicht Gesetz, weil man meinte, der Übereilungsschutz sei erreicht. § 313 S. 2 wurde eingefügt, weil man im Interesse der Rechtssicherheit den Bestand von Grundstücksübereignungen sichern wollte. Das Interesse an der Erreichung der Formzwecke mußte dahinter zurücktreten.

Außerdem bezog sich die Diskussion in den Materialien auf den Fall eines nicht beurkundeten Vertrages, nicht aber auf den eines unvollständig beurkundeten Vertrages. Bei letzterem ist zumindest die Warnfunktion der Form teilweise gewahrt, weil die Parteien die Hemmschwelle des Gangs zum Notar bewußt überwunden haben.

---

[7] Dazu näher BGH DNotZ 1990, 359 ff.; Hagen, WM 1989, Sonderbeilage 7, S. 3; Korte, 11. Kapitel, Rn. 48 ff.

[8] BGH NJW 1983, 1843; 1973, 1577; BGH WM 1973, 612; RGZ 104, 102, 104 f. und 296, 298 f.

[9] Palandt/Heinrichs § 313 Rn. 47; MK/Kanzleiter § 313 Rn. 60; Soergel/Wolf § 313 Rn. 98; anders, wenn die Nichtigkeit des Verpflichtungsgeschäfts die Nichtigkeit der Auflassung zur Folge hat, RGRK/Ballhaus § 313 Rn. 113.

[10] Die Auflassung erfordert gem. § 925 BGB keine Beurkundung; sie erfolgt aber regelmäßig wegen § 29 GBO (vgl. Horber/Demharter § 20 Anm. 9 a; Meikel/Lichtenberger § 20 Rn. 61).

[11] Mot. bei Mugdan II 105; Prot. bei Mugdan II 622.

Sinn und Zweck des § 313 S. 2 sprechen daher dafür, die Heilung auch bei gleichzeitiger Beurkundung von schuldrechtlichem Vertrag und Auflassung eintreten zu lassen.

cc) Eintragung oder Eigentumserwerb? —Insbesondere die Eintragung trotz Erwerbsverbots

Hat der Veräußerer eines Grundstücks aufgrund der Formnichtigkeit des Kaufvertrages im Wege der einstweiligen Verfügung ein gerichtliches Erwerbsverbot zur Sicherung seines Anspruchs aus § 812 Abs. 1 S. 1, 1. Fall (Kondiktion der Auflassung) erlangt[12], so führt nach der Rechtsprechung eine trotzdem[13] erfolgte Eintragung zu einem relativ unwirksamen Eigentumserwerb.[14] Der Veräußerer kann vom Erwerber nach § 894 oder analog § 888 Abs. 2 die Zustimmung zur Umschreibung auf sich verlangen.[15]

Es könnte aber das in § 242 verankerte Verbot des „dolo petit qui petit quod statim redditurus est" dem Berichtigungsanspruch entgegenstehen. Wäre nämlich der Kaufvertrag durch den relativ unwirksamen Eigentumserwerb des Käufers geheilt worden, könnte der Käufer vom Veräußerer sogleich die Übereignung des Grundstücks verlangen.

Es stellt sich also die Frage, ob ein relativ unwirksamer Eigentumserwerb zur Heilung des schuldrechtlichen Vertrages führen kann. Ist rein formal die Eintragung oder ist die dingliche Rechtslage maßgeblich? Hierauf kommt es nicht nur beim Erwerbsverbot an, sondern bei jeder Eintragung, die —z.B. wegen eines Verfügungsverbots und Bösgläubigkeit des Erwerbers— nicht zum Eigentumserwerb führt.

(1) Die Gesetzesmaterialien sprechen dafür, daß der Gesetzgeber den Eigentumserwerb für maßgeblich hielt.[16] Das Reichsgericht[17] und Teile der Lite-

---

[12] Zur Zulässigkeit der Erwirkung eines Erwerbsverbots durch den Veräußerer s.u. II. 1. b) cc) (2) (b) und (c).

[13] Das Erwerbsverbot wirkt grundbuchrechtlich nach h.M. als Eintragungshindernis, vgl. Palandt/Thomas § 888 Rn. 11; OLG Hamm DNotZ 1970, 661 ff.

[14] RGZ 117, 287, 293; 120, 118, 119 f.

[15] RGZ 117, 287, 294.

[16] Mot. bei Mugdan II 105: Der Vertrag werde „durch die nachfolgende Übertragung des Eigentumes, d.h. Auflassung und Eintragung, gültig".

[17] RGZ 117, 287, 294; 120, 118, 120.

ratur[18] verlangen bei § 313 S. 2, daß der Erwerber mit der Eintragung Eigentümer wird. Der Grundstücksverkäufer kann danach also im Falle der einem Erwerbsverbot zuwider erfolgten Eintragung Grundbuchberichtigung nach § 894 verlangen, ohne daß ihm der Käufer mit dem Hinweis auf die wirksam gewordene Grundstücksübereignungspflicht den Einwand des „dolo petit" entgegensetzen könnte. Brox[19] macht die Heilung des Kausalgeschäfts gemäß § 135 Abs. 2 von der Gutgläubigkeit des Erwerbers abhängig. Er würde bei relativ unwirksamem Eigentumserwerb also auch die Heilung ablehnen.

Dagegen nehmen andere an, die bloße Eintragung führe, ohne daß Eigentum erworben werden muß, zur Heilung des Kaufvertrages.[20] Dafür spreche das durch § 313 S. 2 geschützte Interesse an Rechtssicherheit. Stelle man auf den Eigentumserwerb ab, so könne ein Grundstückskaufvertrag, der zwar zur Auflassung und Eintragung, nicht aber zum Eigentumserwerb geführt habe, bis zu 30 Jahre lang rückabgewickelt werden. Der Formmangel werde gar in aller Regel später entdeckt als andere Mängel des Grundgeschäfts.[21]

In dem Fall, in dem der Veräußerer vor der Eintragung ein Erwerbsverbot erwirkt, ist die Formnichtigkeit jedoch bekannt und die Rückabwicklung wird sofort betrieben. Hier trägt also das Argument der Rechtssicherheit nicht. Allerdings sind Kondiktionen nach Jahrzehnten denkbar, wenn die Übereignung aus anderen Gründen —in Betracht kommen vor allem relative und absolute Verfügungsbeschränkungen— unwirksam ist.

(2) Verlangt man nur die Eintragung, so hätte das folgende Konsequenzen: Ließe der durch ein *relatives* Veräußerungsverbot (zugunsten eines Dritten) beschränkte Verkäufer an den Käufer auf und würde dieser eingetragen, so würde der formnichtige Kaufvertrag wirksam. Verlangt man zusätzlich den Eigentumserwerb, so kommen zwei Lösungen in Betracht. Man kann die Heilung bejahen, weil der Käufer im Verhältnis zum Verkäufer Eigentümer geworden ist. Dann besteht im Ergebnis kein Unterschied zu der Ansicht, die allein auf die Eintragung abstellt. Man kann aber auch die Heilung mit der Begründung verneinen, sie setze einen gegenüber jedermann wirksamen Eigentumserwerb voraus.

---

[18] Häsemeyer, S. 257; Reinicke, Rechtsfolgen, S. 13; Wieczorek/Schütze § 938 Anm. B II a 2.

[19] In Erman §§ 135, 136 Rn. 15 a.E.

[20] Flume AT 2, § 17, 6 e, S. 362; Habscheid, FS für Schiedermair, 245, 248 f.; Foerste, S. 130 ff.

[21] Foerste, S. 131.

Für die Bejahung der Heilung spricht, daß der Bestand des dinglichen Geschäfts beim relativ unwirksamen Eigentumserwerb zumindest möglich ist. Werden die Rechte aus dem relativen Veräußerungsverbot nicht durchgesetzt, ist es denkbar, daß der Erwerber unangefochten Eigentümer des Grundstücks bleibt. Dann könnte es dem Sinn und Zweck des § 313 S. 2 widersprechen, wenn die Parteien wegen eines Formfehlers noch nach Jahren Rückabwicklung verlangen könnten.

Andererseits ist fraglich, ob mit der Heilung die Rechtssicherheit im Immobilienverkehr tatsächlich erhöht werden kann. Der Rechtsverkehr muß wegen des relativen Verfügungsverbotes ohnehin damit rechnen, daß der Eigentumserwerb nicht von Bestand ist. Die Heilung würde die Situation nicht verbessern. Denn sie könnte nicht dazu führen, dem Eigentumserwerb endgültig Bestand zu verleihen. Dann muß aber die dem § 313 S. 2 zugrundeliegende Abwägung zwischen dem Interesse am Bestand von Verfügungen über Grundeigentum und dem Interesse an der Wahrung der Formzwecke dazu führen, daß ersteres —da ohnehin wegen der relativen Unwirksamkeit des Erwerbes nicht durchsetzbar— nicht schwer genug wiegt, das Interesse an der Wahrung der Formzwecke zu verdrängen.

Noch weniger mit Sinn und Zweck des § 313 S. 2 vereinbar wäre die Bejahung der Heilung in den Fällen eines *absoluten* Verfügungsverbots. In diesen Fällen tritt zwar regelmäßig eine Grundbuchsperre ein, die eine Eintragung verhindert; wird der Erwerber dennoch einmal eingetragen, so wird er nicht Eigentümer. Eine dingliche Rechtslage, deren Bestand man sichern könnte, ist nicht eingetreten, sondern nur eine Änderung im Grundbuch.

Gegen die Heilung durch die bloße Eintragung bei bestehenden relativen oder absoluten Verfügungsverboten spricht auch folgendes: Verliert der Käufer wegen des Verfügungsverbots das Grundstück, so kommt es für seine Rechtsposition darauf an, ob man für die Heilung Auflassung und Eintragung ausreichen läßt. Tut man das, kann er, weil der Vertrag wirksam geworden ist, vom Veräußerer Schadensersatz wegen Nichterfüllung verlangen; denn dem Veräußerer ist die versprochene Leistung unmöglich.

Verlangt man für die Heilung den gegenüber jedermann wirksamen Eigentumserwerb, so könnte der Käufer nicht Schadensersatz wegen Nichterfüllung, sondern gem. § 812 Abs. 1 S. 1, 1. Fall Rückzahlung seines Kaufpreises verlangen —mit dem Risiko des § 818 Abs. 3. Auch wenn man deshalb die erste Lösung, die allein auf die Eintragung abstellt, im Hinblick auf die Interessen des Käufers für angemessener halten mag —Sinn und Zweck des § 313

S. 2 gebieten dies nicht, weil die Heilung nicht dem Schutz des Erwerbers dient. Auch ist es nicht Sinn des § 313 S. 2, vertragliche Ansprüche zu begründen, wenn das dingliche Geschäft unwirksam ist.

(3) Beim Erwerbsverbot unterscheidet sich die Rechtslage in einem wesentlichen Punkt von derjenigen bei relativen und absoluten Verfügungsverboten. Stellt man hier allein auf die Eintragung ab, so wird das Kausalgeschäft wirksam, wenn der Erwerber eingetragen wird. Zugleich aber wird der dingliche Mangel beseitigt. Denn mit der Heilung entsteht der Anspruch des Erwerbers auf Übereignung des Grundstücks. Mit diesem Anspruch fällt die Rechtsgrundlage des Erwerbsverbots weg: der auf Aufhebung der Auflassung gerichtete Bereicherungsanspruch des Veräußerers geht unter, weil nun ein Rechtsgrund für die Auflassung besteht. Dem Grundbuchberichtigungsanspruch des Verkäufers kann der Anspruch auf Übereignung des Grundstücks entgegengehalten werden. In diesem Fall kann also mit der Heilung der Zweck des § 313 S. 2 erreicht werden, die dingliche Rechtslage endgültig zu stabilisieren. Man muß sich aber darüber im klaren sein, daß man mit der Heilung nicht nur schuldrechtliche Mängel beseitigt, sondern auch dingliche, weil das Erwerbsverbot der Übertragung des schuldrechtlichen Fehlers auf die dingliche Ebene (mittels §§ 135, 136 analog) diente.

Allerdings rechtfertigt es diese Fallgruppe m.E. nicht, grundsätzlich bei § 313 S. 2 allein auf die Eintragung abzustellen. Denn gerade in den Fällen des Erwerbsverbots, darauf weist auch Foerste hin[22], wird der Bereicherungsanspruch sofort durchgesetzt; der Veräußerer, der ein Erwerbsverbot erwirkt, wird, wenn der Erwerber verbotswidrig eingetragen wird, hiergegen vorgehen. Die Gefahr, daß der Erwerber jahrelang mit Rückforderungsansprüchen rechnen muß, besteht nicht.

Auch der durch § 313 S. 1 bezweckte Schutz des Veräußerers spricht dafür, die Heilung nicht schon mit der Eintragung des Erwerbers eintreten zu lassen. Verlangt man, daß der Veräußerer nach Abgabe der Auflassungserklärung zur Vermeidung der Heilung den Eintritt der Heilungsvoraussetzungen aktiv mittels Erwerbsverbots verhindern muß,[23] so kann es ihm nicht zum Nachteil gereichen, wenn das Grundbuchamt Fehler macht. Ihn auf Amtshaftungsansprüche zu verweisen, gewährleistet keinen hinreichenden Schutz.

---

[22] S. 131.

[23] Dazu näher unten II. 1. b) cc) (2).

Auch wäre es inkonsequent, den aufgrund eines Erwerbsverbotes relativ unwirksamen Erwerb anders zu behandeln als andere Fälle relativ unwirksamen Eigentumserwerbs. Erkennt man das in richterlicher Rechtsfortbildung geschaffene Erwerbsverbot an,[24] so läßt man die Übertragung des schuldrechtlichen Mangels auf die dingliche Ebene zu. Dann sollte der Mangel anderen dinglichen Erwerbshindernissen gleichstehen.

Bei § 313 S. 2 ist also der Eigentumserwerb, nicht allein die Auflassung und Eintragung maßgeblich. Deshalb führt die Eintragung, die trotz eines bestehenden Erwerbsverbots erfolgt, nicht zur Heilung des Kaufvertrages.

Wird jedoch die dem Erwerbsverbot zugrundeliegende einstweilige Verfügung durch ein vorläufig vollstreckbares Urteil aufgehoben, weil der Kaufvertrag wirksam ist, so führt die danach erfolgte Eintragung des Erwerbers zur Heilung des schuldrechtlichen Vertrages.[25] Die Eintragung hat dann den endgültig wirksamen Rechtserwerb zur Folge.

Will der Veräußerer dies verhindern, etwa weil er sich in der nächsten Instanz bessere Chancen ausrechnet, so muß er darauf hinwirken, daß die vorläufige Vollstreckbarkeit des Urteils nach §§ 712 ff. ZPO ausgeschlossen oder beschränkt wird oder daß gemäß § 719 ZPO i.V.m. § 707 ZPO die Zwangsvollstreckung einstweilig eingestellt wird.[26]

Wird die einstweilige Verfügung aufgehoben, nachdem bereits die Eintragung erfolgt ist, so gibt es zwei Möglichkeiten. Der Eigentumserwerb könnte relativ unwirksam bleiben. Trotzdem könnte der Veräußerer nicht Grundbuchberichtigung verlangen, weil der Käufer ihm den „dolo petit"-Einwand entgegenhalten könnte. Die relative Unwirksamkeit bliebe also ohne Folgen. Sachgerechter ist es daher, mit dem Wegfall der einstweiligen Verfügung den Erwerb ex nunc wirksam werden zu lassen.

b) § 518 Abs. 2 BGB

Nach § 518 Abs. 2 wird der Formmangel des Schenkungsversprechens geheilt, wenn die versprochene Leistung bewirkt ist. Die Auslegung des letztgenannten Tatbestandsmerkmals bereitet Schwierigkeiten.

---

[24] Dazu näher unten II. 1. b) cc) (b).

[25] OLG München OLGZ 1969, 196, 198 ff.

[26] OLG München OLGZ 1969, 196, 199 f.

aa) Unabhängigkeit des Begriffs der Leistungsbewirkung von §§ 2301 Abs. 2 und § 2325 Abs. 3 BGB

Die Auslegung des Begriffs der Leistungsbewirkung kann sich nicht ohne weiteres an der Interpretation ähnlicher Normen orientieren. Die Diskussion um § 518 Abs. 2 wird dadurch erschwert, daß zur Begründung von Thesen Entscheidungen und Literaturstellen zitiert werden, die sich auf eine der o.g. Vorschriften, nicht aber auf § 518 Abs. 2 beziehen.[27]

§ 2301 Abs. 2 kann nicht zur Auslegung des § 518 Abs. 2 herangezogen werden. Zum einen handelt es sich nicht um eine Heilungsnorm.[28] Zum anderen sind die Zwecke der Vorschriften verschieden. § 2301 Abs. 1 und 2 sollen die Grenze zwischen Erbrecht und Schenkungsrecht ziehen.[29] Bei der Auslegung des Vollzugsbegriffs ist daher maßgeblich, ob das Geschäft einer letztwilligen Verfügung oder einer Schenkung näher steht.[30]

Dagegen dient § 518 Abs. 2 der Harmonisierung von § 516 und § 518. Die Auslegung des § 518 Abs. 2 entscheidet darüber, ob das Schenkungsversprechen wirksam wird. Hierfür ist nach Sinn und Zweck des § 518 Abs. 2 entscheidend, ob Praktikabilität und Rechtssicherheit wegen möglicher Abgrenzungsprobleme zu § 516 dafür sprechen, Bereicherungsansprüche auszuschließen.

Aus diesen unterschiedlichen Zwecken ergibt sich etwa, daß bei § 2301, nicht aber bei § 518 der Tod des Schenkers eine entscheidende Zäsur bildet.[31] § 2301 Abs. 2 kann mithin bei der Auslegung des § 518 Abs. 2 nicht hilfreich sein.

Dasselbe gilt für § 2325 Abs. 3, wo von der Leistung des geschenkten Gegenstandes die Rede ist. Die §§ 2325 ff. sollen verhindern, daß der Erblasser Ansprüche der Pflichtteilsberechtigten dadurch verkürzt, daß er Teile seines

---

[27] Staudinger/Reuss § 518 Rn. 16 zitiert BGH NJW 1974, 2319 und Finger, NJW 1975, 535 ff. (betreffen § 2325 Abs. 3); RGRK/Mezger § 518 Rn. 3; Finger a.a.O. zieht aus BGH NJW 1974, 2319 Folgerungen für § 2301 BGB; Erman/Seiler § 518 Rn. 5 zitiert BGH NJW 1970, 40 (betrifft § 2325 Abs. 3 BGB); BGH LM § 162 BGB Nr. 2 zitiert Kommentarstellen zu § 2301, obwohl es um die Bewirkung i.S.v. § 518 Abs. 2 BGB geht.

[28] S.o. 1. Teil D. II. 1. b).

[29] Mot. bei Mugdan V 186.

[30] Zu den für diese Abgrenzung einschlägigen Kriterien s. M. Reinicke, S. 85 ff.

[31] BGHZ 99, 97, 100; RGRK/Mezger § 518 Rn. 4.

Vermögens zu Lebzeiten verschenkt.[32] Die in § 2325 Abs. 3 normierte zeitliche Schranke für Ausgleichsansprüche soll zum einen der Rücksichtnahme auf den Beschenkten dienen und zum anderen der Tatsache Rechnung tragen, daß die Pflichtteilsberechtigten sich auf die Vermögensminderung eingestellt haben.[33] Auch sei eine Benachteiligungsabsicht des Erblassers unwahrscheinlich, wenn er selbst die Folgen der Schenkung zu tragen habe.[34] Im übrigen bestehe nach Ablauf einer längeren Zeit eine geringere Wahrscheinlichkeit, daß die Schenkung mit dem Bestand des späteren Nachlasses ursächlich zusammenhänge.[35] Auch der Aspekt der tatsächlichen Aufklärungsschwierigkeiten nach Ablauf von 10 Jahren soll zur Befristung der Ausgleichsansprüche geführt haben.[36]

Diese Normzwecke stellen also hinsichtlich der Auslegung des Leistungsbegriffs ganz andere Vorgaben auf als die Zwecke des § 518 Abs. 2.

Auch der Begriff der Erfüllung in § 766 S. 2 kann hier keine Hilfe leisten. § 766 S. 2 beruht allein auf dem Gedanken, daß mit Erfüllung der Bürgenschuld der Übereilungsschutz des Bürgen gewahrt ist. Bei der Auslegung ist daher zu fragen, ob eine bestimmte Erfüllungshandlung dem Formzweck schon genügt. Dieses Kriterium ist bei § 518 Abs. 2 gerade irrelevant.[37]

bb) Leistungserfolg oder Leistungshandlung

Zu der Frage, wann die versprochene Leistung i.S.v. § 518 Abs. 2 bewirkt ist, nimmt die Rechtsprechung, von einer vereinzelten Entscheidung des Reichsgerichts abgesehen[38], eine vielfach kritisierte[39] Position ein. Die Heilung soll nicht erst mit Eintritt des Leistungserfolges, sondern bereits dann eintreten, wenn der Schenker alle von seiner Seite erforderlichen Leistungshandlungen vorgenommen hat.[40]

---

[32] BGH NJW 1973, 40, 41.

[33] Prot. V 587.

[34] Prot. V 588.

[35] Prot. V 588.

[36] BGH NJW 1974, 2319, 2320.

[37] S.o. 2. Teil D. III. 2. a) bb).

[38] RG JW 1904, 337.

[39] MK/Kollhosser § 518 Rn. 12 ff.; Erman/Seiler § 518 Rn. 5; Herrmann, MDR 1980, 883, 884 ff.

[40] Erstmals BGH LM § 163 BGB Nr. 2; BGH WM 1974, 450; BGH FamRZ 1985, 693, 695. Weitere Nachweise s.u.

Entscheidungserheblich wurde diese Differenzierung z.B. in folgendem Fall: Verspricht der Schenker die unentgeltliche Überlassung von Wohnraum bis zu einem bestimmten Zeitpunkt, so wird mit der Rechtsprechung die Schenkung in vollem Umfang, d.h. auch für die Zukunft, wirksam, sobald dem Beschenkten der Besitz an der Wohnung überlassen ist.[41]

Andererseits entschied das BAG[42], daß ein formloses, unentgeltliches Versprechen von Versorgungsleistungen nur insoweit geheilt werde, als die Versorgungsleistungen erbracht worden seien. Für die Zukunft bleibe die Versorgungszusage nichtig.

Diese beiden Fälle haben gemeinsam, daß schenkweise und formlos ein Dauerschuldverhältnis begründet worden ist. Bei der Besitzüberlassung berufen der BGH und das LG Köln sich auf die Formel, daß der Schuldner alle von seiner Seite erforderlichen Leistungshandlungen vorgenommen habe.[43] Bereits die Subsumtion unter diesen Satz stimmt nicht, weil die einmalige Schlüsselübergabe nicht genügt, um den Schenkungsvertrag zu erfüllen. Der Schenker muß mehr tun: Er muß die Nutzung seiner Wohnung dauernd dulden.[44]

Der Wortlaut des § 518 Abs. 2 spricht jedoch nicht eindeutig gegen den BGH. In dem Verb „bewirken" steckt der Leistungserfolg nicht zwingend. Zwar wird § 362 Abs. 1 dahingehend ausgelegt[45]; bei § 326 Abs. 1 S. 3 ist die Leistung aber trotz derselben Gesetzesformulierung bereits mit Vornahme der Leistungshandlung bewirkt.[46] Einheitlicher Sprachgebrauch im BGB läßt eine inhaltlich entsprechende Auslegung nur dort zu, wo die wortgleichen Vorschriften auch nach Sinn und Zweck vergleichbar sind.[47] Das trifft auf § 362 oder § 326 und § 518 Abs. 2 nicht zu.[48]

---

[41] BGH NJW 1970, 941, 942; BGH WM 1970, 1247, 1248; LG Köln NJW 1973, 1880; zustimmend auch AK/Däubler § 518 Rn. 4. Heute sieht die h.M. diese Vereinbarungen als Leihe an, BGH NJW 1982, 820 f.; 1985, 1553; Herrmann, S. 194 f.; M. Reinicke, JA 1982, 326, 328; MK/Kollhosser § 516 Rn. 3 b. Die weitere Frage, ob auf den Leihvertrag § 518 BGB analog anzuwenden ist, verneint die h.M. (vgl. MK/Kollhosser § 516 Rn. 3 b).

[42] NJW 1959, 1746, 1747.

[43] Der Ursprung dieser Formel ist unklar. Sie stammt vermutlich aus dem Sachenrecht (Definition des Anwartschaftsrechts), vgl. Herrmann MDR, 1980, 883, 884, Fn. 16.

[44] D. Reinicke, NJW 1970, 1447, 1448.

[45] Palandt/Heinrichs § 362 Rn. 1.

[46] BGHZ 12, 267, 269; Palandt/Heinrichs § 326 Rn. 23.

[47] D. Reinicke, NJW 1974, 1447.

[48] Herrmann, S. 135 f.

Es ist also weiter zu fragen, wie § 518 Abs. 2 nach Sinn und Zweck auszulegen ist.

Folgt man einem Teil der Rechtsprechung und der Literatur darin, die Heilungsvorschriften, also auch § 518 Abs. 2, beruhten auf dem Gedanken, daß die Formzwecke —genauer: der Übereilungsschutz— mit der Erfüllung erreicht seien,[49] so müßte man die Konsequenz ziehen, daß die Leistungshandlung maßgeblich ist. Denn sobald der Schenker die ihm obliegenden Handlungen vorgenommen hat, wäre sein Schutz nach dieser Ansicht erreicht. Der Eintritt des Leistungserfolges kann, da er vom Handeln des Schenkers nun unabhängig ist, für die Erreichung der Formzwecke keine Bedeutung mehr haben.

Mit den Materialien ist eine solche Auslegung des § 518 Abs. 2 nicht vereinbar. Der Gesetzgeber wollte verhindern, daß eine Leistung, die nach § 516 wirksam wäre, bei § 518 wegen des formnichtigen Versprechens kondiziert werden kann. Denn andernfalls wäre stets zu prüfen gewesen, ob die Leistung in Kenntnis der Nichtigkeit des Versprechens (dann eventuell § 516) oder in deren Unkenntnis (dann Rückforderungsanspruch) erfolgte. § 516 und § 518 sollen also parallel laufen: ist nach dem äußeren Geschehensablauf eine Leistung eine Zuwendung i.S.v. § 516, so soll sie nicht kondizierbar sein, unabhängig von einem etwa vorausgehenden Schenkungsversprechen. Daher muß bei der Auslegung des § 518 Abs. 2 die „systemwidrige Konsequenz"[50] vermieden werden, daß eine Leistungsbewirkung nach § 518 Abs. 2 vorliegen könnte, ohne daß Vollzug i.S.v. § 516 gegeben wäre und umgekehrt. Der von § 518 Abs. 2 bezweckte Rückforderungsausschluß soll nämlich —abgesehen von der subjektiven Komponente, daß auch die Leistung animo solvendi erfaßt wird— nicht weiter gehen als der des § 516.

Danach wäre bei § 518 Abs. 2 stets zu fragen, ob die Leistung ohne vorhergehendes Versprechen nach § 516 mit Rechtsgrund erfolgt wäre.[51] Das wäre, betrachtet man den Ausgangsfall, nur bezüglich der Wohnungsüberlassung für die verstrichene Zeit der Fall.

Maßgeblich ist also nicht, ob der Schenker die erforderlichen Leistungshandlungen erbracht hat, sondern ob der Beschenkte etwas erlangt hat, wofür der Rechtsgrund des § 516 in Betracht kommt.

---

[49] So für § 518 Serozan, S. 49; im übrigen s.o. 2. Teil C. III. 1. und 2.

[50] Erman/Seiler § 518 Rn. 5.

[51] D. Reinicke, NJW 1970, 1447, 1448.

Noch auf ein Einzelproblem sei im Zusammenhang mit dem Begriff der Leistungsbewirkung hingewiesen. In der Literatur[52] heißt es, bei der Schenkung eines Grundstücks trete die Heilung bereits mit der Auflassung ein; die Eintragung sei für das Wirksamwerden des Schenkungsversprechens nicht erforderlich.

Diese Ansicht wird mit dem Hinweis auf ein BGH-Urteil begründet. Tatsächlich hat der BGH bei § 2325 Abs. 3 entschieden, daß die Schenkung vollzogen sei, sobald das Grundstück aufgelassen sei und die Einigung nach § 873 Abs. 2 bindend geworden sei. Entscheidungserheblich war diese Frage, weil die Klägerin erst nach der Auflassung Pflichtteilsberechtigte geworden war und für nach Schenkungsvollzug pflichtteilsberechtigt gewordene Personen kein Anspruch nach § 2325 besteht.

Bei § 518 Abs. 2 kann diese Frage aber nicht entscheidungserheblich werden. Fehlt dem schuldrechtlichen Grundstücksgeschäft die Form des § 518 Abs. 1, so fehlt ihm auch die des § 313 S. 1.[53] Nach § 313 S. 2 ist zur Heilung aber auch die Eintragung erforderlich. Diese Anforderungen werden durch § 518 Abs. 2 nicht etwa außer Kraft gesetzt; § 313 hat als umfassendere und damit strengere Formvorschrift neben § 518 selbständige Bedeutung.

§ 873 Abs. 2 kann für die Heilung ebenfalls keine Bedeutung haben, da die Bindung an die dingliche Einigung keinen selbständigen Verpflichtungsgrund schafft und weder zu einem Ausschluß von Bereicherungsansprüchen noch zu einer Verfügungsbeschränkung führt.[54]

cc) Bedingte und befristete Schenkungen

Probleme bereiten bei § 518 Abs. 2 die bedingten und befristeten Schenkungen. Letztere sind ebenso zu behandeln wie die bedingten Schenkungen (vgl. § 163), weshalb im folgenden nur noch auf die erstgenannten eingegangen wird. Im Hinblick auf den Zweck des § 518 Abs. 2, bei Leistungen auf ein nichtiges Schenkungsversprechen die Differenzierung zwischen der Handschenkung und der Leistung in Erfüllung einer vermeintlichen Verbindlichkeit entbehrlich zu machen, soll zunächst untersucht werden, wie bedingte Schenkungen nach § 516 zu behandeln sind.

---

[52] RGRK/Mezger § 518 Rn. 4; Staudinger/Reuss § 518 Rn. 16; Erman/Seiler § 518 Rn. 5.

[53] Umgekehrt stimmt der Satz deshalb nicht, weil nach § 518 Abs. 1 BGB nur das Versprechen, nach § 313 S. 1 BGB aber der gesamte Vertrag formbedürftig ist.

[54] Erman/Hagen § 873 Rn. 16.

(1) Handschenkungen

Aufschiebend bedingte Schenkungen nach Bedingungseintritt und auflösend bedingte Schenkungen vor Bedingungseintritt sind als Handschenkungen wirksam, weil der dingliche Rechtsübergang vollständig erfolgt ist.

Bei einer aufschiebend bedingten Handschenkung ist problematisch, ob vor Bedingungseintritt eine wirksame Handschenkung auch des Vollrechts gegeben ist.[55] Ist z.B. eine bewegliche Sache unter aufschiebender Bedingung schenkweise übereignet worden, so müßte man genau genommen differenzieren: Hinsichtlich des Anwartschaftsrechts[56] liegt eine causa donandi vor, während der Erwerb des Vollrechts erst in Aussicht gestellt (konkludent versprochen) ist. Dieses Versprechen unterläge § 518 Abs. 1 und würde nach § 518 Abs. 2 erst mit Bedingungseintritt wirksam. Allerdings bliebe diese Formnichtigkeit folgenlos. Der Schenker könnte das Anwartschaftsrecht nicht kondizieren, da er es mit Rechtsgrund, nämlich der causa donandi, geleistet hat. Auch den Vollrechtserwerb könnte er wegen seiner Bindung an die aufschiebend bedingte Verfügung gemäß § 161 nicht mehr verhindern.[57] Diese Bindung schließt anderweitige Verfügungen und einen Widerruf aus.[58]

Die Materialien sind hinsichtlich der Wirksamkeit der aufschiebend bedingten Handschenkung nicht eindeutig. Die Motive zu § 516 sagen, eine vollzogene Schenkung setze voraus, daß alle gesetzlichen Erfordernisse zur Vollendung des dinglichen Geschäfts erfüllt sein müßten.[59] Das könnte dafür sprechen, daß aufschiebend bedingt vollzogene Schenkungen erst nach Bedingungseintritt wirksam sein sollten. Die 2. Kommission ging dagegen davon aus, aufschiebend bedingte Schenkungen seien als vollzogene Schenkungen formfrei.[60]

Mehraktige Erwerbstatbestände sind mit dem Begriff der Handschenkung in der Tat schwer vereinbar. Im Ergebnis bleibt festzuhalten, daß eine aufschie-

---

[55] Dafür die h.M.: RG WarnR 1908, 96 Nr. 141; OLG Hamburg NJW 1963, 449, 450; Herrmann, S. 52; a.A. Seibert, JZ 1981, 380, 381.

[56] Hier soll mit der h.M. von dessen dinglicher Verfügbarkeit ausgegangen werden (vgl. Larenz AT § 25 III c, S. 505).

[57] Abgesehen von § 161 Abs. 3 und dem Fall, daß die Bedingung endgültig nicht mehr eintreten kann. Die Übertragung des Anwartschaftsrechts ist durch die endgültige Unmöglichkeit des Bedingungseintritts auflösend bedingt, so daß eine Rückforderung möglich ist.

[58] Larenz AT § 25 III c, S. 504; BGH LM § 163 Nr. 2; M. Reinicke, S. 11 ff.

[59] Mot. bei Mugdan II 163.

[60] Prot. bei Mugdan V 186.

bend bedingte Handschenkung zur Verschaffung des Anwartschaftsrechts führt. Die Nichtigkeit einer weitergehenden schuldrechtlichen Abrede bleibt wegen § 161 Abs. 1 folgenlos.

(2) Versprechensschenkungen

Ist das Schenkungsversprechen darauf gerichtet, einen bestimmten Gegenstand aufschiebend oder auflösend bedingt zu übertragen, so greift, wenn die bedingte Übertragung (Übereignung, Abtretung) erfolgt, § 518 Abs. 2.[61] Bei über das Versprechen hinausgehender unbedingter Erfüllung liegt eine Leistung animo donandi (§ 516) vor. Ist unbedingte Erfüllung versprochen, aber auflösend bedingt erfüllt, so liegt eine einschränkende Abänderung des Versprechens vor; die Schenkung ist nach § 516 wirksam.

Umstritten ist, ob ein auf unbedingte Erfüllung gerichtetes Schenkungsversprechen durch aufschiebend bedingte Erfüllung nach § 518 Abs. 2 geheilt wird. Die Befürworter der Heilung[62] machen geltend, der Beschenkte habe bereits ein unentziehbares Anwartschaftsrecht erhalten. Es sei nicht sachgerecht, wenn der Schenker dieses kondizieren könnte, da der Beschenkte bereits die versprochene Zuwendung erhalten habe.[63] Dagegen wird eingewandt, Erfüllungshandlung (bedingt) und Versprechen (unbedingt) deckten sich nicht.[64] Außerdem seien die Wirkungen des zur Erfüllung vorgenommenen, bedingten Rechtsgeschäfts nicht abschließend, da es sich noch in der Schwebe befinde.[65] Auch die mit § 518 Abs. 2 bezweckte Rechtssicherheit verbiete eine Heilung,

---

[61] Herrmann, S. 174, hat hier Bedenken, weil der Schwebezustand des dinglichen Rechts der Rechtssicherheit „widerstreitet". Zweck des § 518 Abs. 2 BGB ist es aber nicht, die Rechtssicherheit allgemein zu erhöhen, sondern nur, der Rechtssicherheit durch Vermeidung der potentiellen Abgrenzungsprobleme zwischen der Leistung animo donandi und animo solvendi zu dienen.

[62] D. Reinicke, NJW 1970, 1447, 1448 f.; RGRK/Mezger § 518 Rn. 4; Staudinger/Reuss § 518 Rn. 23; ebenso (obwohl nach dem Sachverhalt die Bedingung eingetreten war und es auf die genannte Frage nicht mehr ankam) BGH LM § 163 BGB Nr. 2; ohne Begründung BGH NJW-RR 1989, 1282; unklar Palandt/Putzo § 518 Rn. 13 („jedoch genügt Erwerb des Anwartschaftsrechtes, wenn der Eigentumserwerb später ohne Zutun des Schenkers eintritt"); Bork, JZ 1988, 1059, 1060. Die von der h.M. zitierten Entscheidungen betreffen z.T. jedoch aufschiebend bedingte Handschenkungen (z.B. BGH FamRZ 1985, 693, 696; BGH WM 1974, 450; RGZ 128, 187, 189; OLG Stuttgart NJW 1987, 782, 783), sind zu § 2325 Abs. 3 BGB ergangen (RGZ 128, 187, 189; BGH NJW 1970, 1638; 1974, 2319) oder betreffen das Zustandekommen des schuldrechtlichen Vertrages (BGH NJW 1975, 382, 383 f.; BGHZ 46, 198, 203).

[63] D. Reinicke, NJW 1970, 1447, 1449.

[64] Erman/Seiler § 518 Rn. 5; Seibert, JZ 1981, 380, 382; Herrmann, MDR 1980, 883, 885.

[65] Herrmann, MDR 1980, 883, 885.

da die Parteien sich vor Bedingungseintritt unter Umständen über den Umfang der Schenkung und den Inhalt der Bedingung noch unklar seien.[66]

Die beiden letztgenannten Argumente überzeugen nicht. Der Rechtserwerb kann wegen § 161 nur durch den gutgläubigen Erwerb Dritter gehindert werden.[67] Insofern besteht kein wesentlicher Unterschied zur Vollrechtsübertragung, da auch das Vollrecht durch gutgläubigen Dritterwerb verloren gehen kann.[68] Auch die Rechtssicherheit steht der Annahme einer Heilung nicht entgegen. § 518 Abs. 2 soll die Rechtssicherheit nicht insgesamt schützen. Mit § 518 Abs. 2 war bezweckt, die im tatsächlichen Bereich schwierige Frage, ob animo donandi oder animo solvendi geleistet wurde, rechtlich irrelevant zu machen und dadurch eine erhöhte Rechtssicherheit zu gewährleisten. Außerdem sollte durch den generellen Kondiktionsausschluß verhindert werden, daß der Beschenkte jahrelang Bereicherungsansprüchen ausgesetzt ist. Nicht bezweckt war es, Streitigkeiten über den Inhalt des Versprechens abzuwenden. Das war nur Zweck des § 518 Abs. 1.

Das Argument, die bedingte Erfüllung und das unbedingte Versprechen deckten sich nicht, ist allerdings zutreffend. Sinn und Zweck des § 518 Abs. 2 sprechen dessen ungeachtet dafür, das Wirksamwerden des Schenkungsvertrages nach § 518 Abs. 2 zu bejahen.

Würde man die Heilungswirkung verneinen, so käme man bei § 516 und § 518 Abs. 2 zu verschiedenen Ergebnissen. Ein animo donandi geleistetes Anwartschaftsrecht kann, wie oben festgestellt, nicht mit der Begründung zurückgefordert werden, das Versprechen des Vollrechts sei formnichtig. Nimmt man im Falle eines vorhergehenden Schenkungsversprechens an, die Verschaffung des Anwartschaftsrechts heile nicht, so wäre die Folge, daß das Anwartschaftsrecht nach § 812 Abs. 1 S. 1, 1. Fall zurückverlangt werden könnte, es sei denn, Schenker und Beschenkter kannten die Formnichtigkeit des Versprechens. Dann läge nämlich eine auf einem neuen Entschluß beruhende, wirksame selbständige Handschenkung nach § 516 vor. Es käme also, lehnte man die Heilung durch Verschaffung eines Anwartschaftsrechtes ab, entgegen der Absicht der Gesetzesverfasser doch wieder darauf an, ob das Anwartschafts-

---

[66] Herrmann, S. 173.

[67] Bei der schenkweisen Abtretung von Forderungen besteht die Gefahr des § 407 Abs. 1 BGB, die aber auch bei einer unbedingten Abtretung gegeben ist.

[68] Zur Eigentumsähnlichkeit des Anwartschaftsrechts näher Larenz AT, § 25 III c, S. 504 f.

recht mit animus donandi oder animus solvendi geleistet wurde. Das zu vermeiden ist gerade Sinn und Zweck des § 518 Abs. 2.

Die aufgrund von § 161 verfestigte Position des bedingt Berechtigten führt dazu, daß eine aufschiebend bedingte Handschenkung nicht zurückgefordert werden kann. Dasselbe muß bei § 518 gelten. Der Aspekt der fehlenden Dekkungsgleicheit zwischen Erfüllung und Versprechen muß zurücktreten. Dies ist nicht der einzige Fall, in dem die aufgrund von § 161 bestehende, dem Vollrecht nahekommende[69] Rechtsposition des aufschiebend bedingt Berechtigten zu Kompromissen zwingt.[70]

c) § 766 S. 2 BGB — Leistungserfolg oder Leistungshandlung?

Hier ist Voraussetzung für die Heilung, daß der Bürge die Hauptverbindlichkeit erfüllt. Entgegen dem Wortlaut ist damit nicht die Hauptverbindlichkeit des Schuldners, sondern die Verpflichtung des Bürgen aus dem Bürgschaftsvertrag (Bürgenschuld) gemeint, da andernfalls die cessio legis in § 774 Abs. 1 nicht erklärbar wäre.[71]

Der Wortlaut des § 766 S. 2 entspricht dem des § 362. Das spricht dafür, daß § 766 S. 2, wie § 362[72], für die Heilung den Eintritt des Leistungserfolges voraussetzt.

Die Rechtsprechung hat bisher nicht entschieden, ob die Heilung Leistungshandlung oder -erfolg voraussetzt. Sie wendet die Grundsätze der §§ 362 ff. insofern an, als Leistungen erfüllungshalber[73] oder Leistungen, bei denen die Voraussetzungen eines Erfüllungssurrogats nicht gegeben sind,[74] nicht zur Heilung führen sollen. Andererseits ist die Bedeutung desselben Begriffs in verschiedenen Vorschriften nicht zwingend identisch.

Auch die Systematik des Gesetzes verhilft nicht zu einem eindeutigen Ergebnis. Zwar setzen auch §§ 313 S. 2, 518 Abs. 2 den Eintritt des Leistungserfol-

---

[69] Vgl. hierzu Larenz AT § 25 III c, S. 504 f.

[70] Z.B. auch bei § 17 KO, vgl. Medicus, Bürgerliches Recht, Rn. 480.

[71] MK/Pecher § 766 Rn. 20; anders Seibert, JZ 1981, 380, 382, der § 766 S. 2 BGB und § 774 Abs. 1 BGB dadurch in Einklang bringen will, daß er den Begriff „Erfüllung" in § 766 S. 2 BGB dahin auslegt, daß nur die Voraussetzungen, nicht die Rechtsfolgen der Erfüllung gemeint seien.

[72] BGHZ 87, 156, 162.

[73] BGH LM Nr. 1 zu § 766; RG HRR 1933 Nr. 1003 (abstraktes Schuldanerkenntnis).

[74] BGH WM 1966, 139 (Hinterlegung ohne Verzicht auf die Rücknahme).

ges voraus; aber wie die obigen Untersuchungen gezeigt haben, aus besonderen, nicht verallgemeinerungsfähigen Gründen.

Die cessio legis des § 774 Abs. 1 S. 1 setzt die Befriedigung des Gläubigers voraus; damit ist das Erlöschen der Bürgenschuld gemeint, da erst dann der Übergang der Hauptforderung auf den Bürgen gerechtfertigt ist. Näme man nun an, die Bürgschaftsverpflichtung werde bereits mit der Vornahme der Erfüllungshandlung (etwa: Übergabe eines Schecks) wirksam, so träte bis zur Einlösung des Schecks[75] eine Situation ein, in der der Bürge noch verpflichtet, aber noch nicht nach § 774 Abs. 1 S. 1 gesichert wäre. Hierdurch erleidet der Bürge jedoch keine Nachteile. Tritt der Gläubiger zwischendurch die Forderung gegen den Schuldner an einen Dritten ab, so geht die Bürgschaftsforderung gem. § 401 Abs. 1 auf den Neugläubiger über. Der Bürge wird gemäß § 407 Abs. 1 geschützt.

Nähme man an, die Heilung trete erst mit dem Leistungserfolg ein, wäre die Folge, daß die Verpflichtung des Bürgen im selben Moment erlischt, in dem sie entsteht; die Bürgschaft bleibt nur als Rechtsgrund bestehen. Auch hiergegen spräche nichts, da Entstehen und Erlöschen von Verbindlichkeiten keine naturwissenschaftlichen Vorgänge sind, sondern normativ gesetzte, gedankliche Konstruktionen.

Sinn und Zweck des § 766 S. 2 könnten weiteren Aufschluß geben. Der Gesetzgeber meinte, der mit der Form verfolgte Übereilungsschutz für den Bürgen sei nach der freiwilligen Erfüllung durch diesen weggefallen. Wie bereits erörtert, trifft das nur teilweise zu.

Der These des Gesetzgebers läßt sich insoweit etwas abgewinnen, als zwischen der Eingehung der Bürgschaftsverpflichtung und der Erfüllung regelmäßig ein gewisser Zeitraum liegt. Hierin ist tatsächlich ein Übereilungsschutz zu finden, weil der Bürge, der sich übernommen hat, Rat einholen kann und sein weiteres Verhalten in Ruhe überlegen kann. Führt man § 766 S. 2 auf dieses Zeitmoment zurück, so muß die Heilung —um den größtmöglichen Schutz des Bürgen zu gewährleisten— im spätestmöglichen Zeitpunkt wirken, also erst dann, wenn der Leistungserfolg eintritt. Ein Bürge kann also z.B. einen auf eine formnichtige Bürgschaft hingegebenen Scheck oder Wechsel nach § 812 Abs. 1 S. 1, 1. Fall zurückfordern.

---

[75] Erst dann ist gemäß § 362 Abs. 1 BGB erfüllt, MK/Heinrichs § 362 Rn. 15.

d) § 15 Abs. 4 S. 2 GmbHG

Hier besteht die geschuldete Erfüllungshandlung in der Abgabe des Angebots zur Abtretung des GmbH-Anteils. Heilung tritt nach dem eindeutigen Wortlaut des § 15 Abs. 4 S. 2 GmbHG erst mit Zustandekommen des Abtretungsvertrages ein. Es muß also noch die formgerechte Annahme des Abtretungsangebotes hinzukommen. Vorher bindet der formlose schuldrechtliche Vertrag nicht.[76] Die Heilung setzt auch eine im übrigen wirksame Abtretung voraus.[77]

Werden Verpflichtung und Abtretung gleichzeitig erklärt, so tritt wie bei § 313 S. 2 die Heilung ein.[78] So zu entscheiden, fällt der Rechtsprechung bei § 15 Abs. 4 S. 2 GmbHG leichter als bei § 313 S. 2. Denn § 15 Abs. 4 S. 1 GmbHG dient nicht dem Schutz der Vertragsparteien, so daß nicht begründet werden muß, warum trotz Gleichzeitigkeit von schuldrechtlichem und sachenrechtlichem Geschäft der Schutz der Parteien noch gewahrt ist.

Der Heilungstatbestand des § 15 Abs. 4 S. 2 GmbHG ist meist unproblematisch, weil zur Heilung anders als bei §§ 313, 518 keine gestreckten Erwerbstatbestände in Betracht kommen. Auch die bedingte Abtretung bereitet keine Schwierigkeiten. Der schuldrechtliche Vertrag wird wirksam, wenn die Abtretung formgerecht erfolgt, unabhängig davon, ob das Wirksamwerden der Abtretung noch von einer Bedingung abhängt. Denn der Gesetzgeber wollte die Rückforderung von dem Zeitpunkt an ausschließen, in dem die Abtretung formgerecht zustandegekommen ist.

2. Alle Heilungsvorschriften betreffende Problemfälle

a) Teilerfüllung

Werden in einem Vertrag mehrere Verpflichtungen eingegangen, von denen jede für sich nur förmlich übernommen werden kann, deren Nichtigkeit aber heilbar ist, so fragt sich, was die Konsequenz einer teilweisen Erfüllung dieser Pflichten ist.

---

[76] RGZ 105, 382, 384 f.

[77] BGH WM 1989, 256, 258; OLG Zweibrücken OLGZ 1985, 45, 46, 48; OLG Düsseldorf MDR 1978, 668; Hachenburg/Zutt § 15 Rn. 62.

[78] BGH NJW 1983, 1843, 1844; RGZ 112, 236, 239 f.; Baumbach/Hueck § 15 Rn. 35 zitiert fälschlich OLG Düsseldorf MDR 1978, 668 als Gegenansicht. In dem Fall war die im Verpflichtungsvertrag enthaltene Abtretung aber wegen Unbestimmtheit unwirksam.

aa) Grundsatz: Keine vollständige Heilung

Im Grundsatz geht die Rechtsprechung davon aus, daß die Heilung des gesamten Vertrages erst eintritt, wenn hinsichtlich aller Verpflichtungen, die eine Form erfordern, die Voraussetzungen der zugehörigen Heilungsvorschrift gegeben sind.

Der BGH entschied z.B. folgenden Fall[79]: Ein förmlich geschlossener Vertrag über die Bestellung eines Erbbaurechts war durch eine privatschriftliche Erklärung ergänzt worden und dadurch formnichtig geworden. Die formlose Ergänzung sollte den zur Bestellung des Erbbaurechts verpflichteten Beklagten darüberhinaus verpflichten, dem Kläger mit Ablauf des Erbbaurechtsvertrages das belastete Grundstück zu übereignen. Das Erbbaurecht des Klägers wurde später im Grundbuch eingetragen.

Die hierdurch eingetretene Heilung des mangels vollständiger Beurkundung formnichtigen Vertrages gemäß § 11 Abs. 2 ErbbauVO i.V.m. § 313 S. 2 erstrecke sich, so der BGH, nicht auf die Verpflichtung zur Grundstücksübereignung. Es gebe keinen Grundsatz, daß bei mehreren unter § 313 S. 1 fallenden Übereignungsverpflichtungen schon der Vollzug einer dieser Übereignungen die Heilung herbeiführe.

Hier ist für den BGH also maßgeblich, ob die nicht vollzogenen Verpflichtungen —isoliert betrachtet— formbedürftig sind. Nur dann müssen sie zur Herbeiführung der Heilungswirkung des § 313 S. 2 auch erfüllt werden.

Dieser Standpunkt wird bestätigt in einem jüngeren Urteil des BGH.[80] In einem wegen Falschbeurkundung des Kaufpreises formnichtigen Vertrag verpflichtete sich der Veräußerer zur Übereignung zweier Grundstücke und zur Abtretung eines Anspruchs auf Übereignung und Übergabe eines dritten Grundstücks. Die Abtretung wurde, ebenso wie die Auflassung der beiden anderen Grundstücke, gleichzeitig erklärt. Der Käufer wurde als Eigentümer der ersten beiden Grundstücke eingetragen.

Die Klage des Verkäufers auf Feststellung der Nichtigkeit des schuldrechtlichen Vertrages wies der BGH ab. Die Heilung nach § 313 S. 2 erfasse auch die Verpflichtung zur Abtretung des Auflassungsanspruchs, weil letztere nicht

---

[79] BGHZ 59, 269 ff.

[80] BGH NJW 1984, 973 f.; s. dazu Backhaus, JuS 1985, 512 ff.

selbständig nach § 313 S. 1 formbedürftig sei, sondern nur aufgrund ihres Zusammenhanges mit den beiden Grundstücksübereignungspflichten.[81]

Auch hier wird deutlich, daß der BGH —zumeist ohne dies ausdrücklich klarzustellen— differenziert zwischen der Ausdehnung der Heilungswirkung auf selbständig formbedürftige Verpflichtungen und auf solche Abreden, die nur aufgrund ihres Zusammenhanges mit einer förmlich einzugehenden Pflicht einer Form bedürfen.

Zu demselben Ergebnis kam auch das Reichsgericht bei formnichtigen Grundstückstauschverträgen, wenn nur hinsichtlich eines Grundstücks der Vertrag durch Auflassung und Eintragung vollzogen war.[82] Der Übereilungsschutz, so lautet die Begründung, sei für den Vertragsteil, der noch nicht aufgelassen habe, andernfalls nicht gegeben.[83] Wenn auch das Reichsgericht hier nicht ausdrücklich auf die Selbständigkeit des Formerfordernisses abstellt, so liegt seiner Argumentation letztlich dieser Gedanke zugrunde, wenn es darauf hinweist, daß jeder zur Übereignung Verpflichtete vor Übereilung zu schützen sei.

Ebenfalls hierher gehören die Fälle, in denen im formnichtigen Kaufvertrag mehrere Parzellen oder mehrere GmbH-Anteile verkauft werden, dann aber nur ein Teil von ihnen aufgelassen bzw. abgetreten wird. Das Reichsgericht hat die Erstreckung der Heilungswirkung auf die nicht vollzogenen Übereignungspflichten stets verneint. Heilung könne nur durch die Übertragung des gesamten Kaufgegenstandes eintreten.[84] Auch bei Schenkungsversprechen, die sich auf mehrere, später teilweise übereignete Gegenstände beziehen, bleibt die Heilung hinsichtlich des noch nicht vollzogenen Teils des Versprechens aus.[85] Dasselbe gilt für teilerfüllte, formnichtige Bürgschaftsversprechen.[86]

Sind mehrere Abreden eines einheitlichen Vertrages aber nur wegen ihres Zusammenhanges mit einer formbedürftigen Vereinbarung nichtig, so hängt die

---

[81] BGH NJW 1984, 973 f.

[82] RGZ 78, 41 ff. (hier war der Tauschvertrag formal in zwei Kaufverträge aufgespalten); 56, 383 ff.; RG JW 1904, 169 (Nr. 9).

[83] RGZ 56, 383, 386.

[84] RGZ 137, 324, 351 ff.; 133, 293 ff.; 111, 239 ff.; 61, 264 ff. (jeweils zu § 313); RGZ 112, 236, 241 f.; RG LZ 1920, Spalte 652/653 (Nr. 15).

[85] BAG NJW 1959, 1746; RGZ 77, 333, 335; RG LZ 1919 Spalte 1017.

[86] RGZ 76, 195, 198; MK/Pecher § 766 Rn. 21; das von Herrmann, S. 179 erörterte Problem, ob § 766 S. 2 auch die qualitative Teilleistung meint, wird nicht praktisch, da die Bürgenschuld regelmäßig eine Geldschuld ist.

Heilung nicht von ihrer Erfüllung ab. Wird etwa die Beteiligung an einer GmbH & Co KG veräußert, so gehört zu dem obligatorischen Vertrag sowohl die Verpflichtung zur Abtretung des GmbH-Anteils als auch diejenige zur Abtretung des Kommanditanteils. Letztere ist nur wegen ihres Zusammenhanges mit der Verpflichtung zur Abtretung des GmbH-Anteils formbedürftig. Ist der GmbH-Anteil formgerecht abgetreten, so wird der Vertrag insgesamt wirksam, d.h. auch die Verpflichtung, den Kommanditanteil zu übertragen, wird verbindlich.[87]

In der Literatur wird bezweifelt, ob diese Folge noch von Sinn und Zweck des § 15 Abs. 4 S. 2 GmbHG gedeckt ist.[88] Denn faktisch sei die Übertragung des GmbH-Anteils finanziell weniger bedeutsam und trete daher gegenüber derjenigen des Kommanditanteils in den Hintergrund.

Dieses Bedenken knüpft an die wirtschaftliche Bedeutung des Geschäfts an. Das impliziert, daß die Form und der Verzicht auf ihre Einhaltung durch Bejahung der Heilung von der wirtschaftlichen Bedeutung der Transaktion abhängen. Das wäre nur der Fall, wenn § 15 Abs. 4 S. 1 GmbHG den Abtretenden oder den Erwerber schützen soll. Nur dann kann man einen Widerspruch darin sehen, daß das formnichtige, wirtschaftlich schwerwiegendere Geschäft durch Erfüllung der finanziell weniger bedeutenden Verpflichtung geheilt wird.

Der Schutz der Vertragsparteien ist aber nicht Zweck des § 15 Abs. 4 S. 1 GmbHG, sondern die Erschwerung des Handels mit dem Ziel, die GmbH als personalistische Gesellschaftsform mit konstantem Mitgliederbestand festzuschreiben. Mit diesem Sinn und Zweck ist es vereinbar, daß die formgerechte Übertragung des GmbH-Anteils auch die Verpflichtung zur Abtretung des Kommanditanteils wirksam werden läßt.

Die hier geschilderte Rechtsprechung läßt sich wie folgt zusammenfassen: Erstreckt sich die Leistungspflicht eines Vertragsteiles auf mehrere Gegenstände und ist die Eingehung der Verpflichtung für jeden Gegenstand selbständig

---

[87] Wiesner, NJW 1984, 95, 99; Hachenburg/Zutt § 15 Rn. 69; a.A. Kempermann, NJW 1991, 684 f., der Bedenken dagegen hat, mit der Abtretung des GmbH-Anteils die Verpflichtung zur Abtretung des KG-Anteils wirksam werden zu lassen. Zum Vergleich beruft er sich auf die Verpflichtung zur Abtretung zweier GmbH-Anteile, die durch die Abtretung eines Anteils nicht in ganzem Umfang geheilt werde. Kempermann verkennt, daß im letzten Fall beide Abtretungspflichten selbständig nach § 15 Abs. 4 S. 1 GmbHG formbedürftig sind und selbständig nach S. 2 geheilt werden. Gegen Kempermann auch Schultze, NJW 1991, 1936 f.

[88] Tiedau, NJW 1984, 1447, 1448.

formbedürftig, so tritt mit teilweiser Erfüllung keine vollständige Heilung ein. Dasselbe gilt, wenn jede der gegenseitigen Leistungspflichten nur förmlich eingegangen werden kann (z.B. Grundstückstauschvertrag).

Hierzu gibt es jedoch die folgende, praktisch wichtige Ausnahme:

bb) Ausnahme: Rück- oder Weiterveräußerungspflicht

(1) Verträge über Grundstücke

Ist in einem formnichtigen Grundstückskaufvertrag eine Rückübereignungspflicht des Erwerbers (= Wiederkaufsrecht des Veräußerers) oder eine Pflicht des Erwerbers zur Weiterveräußerung des Grundstücks an einen Dritten enthalten, so dürfte nach dem oben Gesagten mit der Übereignung des Grundstücks an den Erwerber dessen formnichtige Verpflichtung zur Rück-/Weiterveräußerung nicht wirksam werden. Denn sie ist selbständig formbedürftig nach § 313 S. 1 und ihrerseits noch nicht durch Auflassung und Eintragung erfüllt.

Dem Reichsgericht folgend entscheidet der BGH aber anders. Mit der Übereignung an den Erwerber werde der Vertrag seinem ganzem Umfang nach geheilt. Auch die Rück-/Weiterveräußerungspflicht des Erwerbers wird damit wirksam, ohne daß insofern der Tatbestand des § 313 S. 2 erfüllt wäre.

In der ersten Entscheidung[89] des Reichsgerichts hierzu ging es um eine in einem formnichtigen Grundstückstauschvertrag begründete Weiterveräußerungspflicht der Erwerber. Der Tauschvertrag sei, so das Reichsgericht, mit der Auflassung an die Erwerber und deren Eintragung in das Grundbuch geheilt worden. Anstelle einer Begründung wies das Gericht auf ein nicht veröffentlichtes Urteil nach altem Recht hin.[90]

§ 10 des preußischen Gesetzes über den Erwerb des Eigentums an Grundstükken bestimmte: „Die Anfechtung ist auch aufgrund des Rechtsgeschäfts, in dessen Veranlassung die Auflassung erfolgt ist, statthaft, jedoch wird die mangelnde Form dieses Geschäfts durch die Auflassung geheilt."[91] Der 2. HS entspricht § 313 S. 2; lediglich die Eintragung war nicht Voraussetzung für die Heilung des Formmangels, weil nach dem preußischen Grundbuchrecht die Eintragung sich unmittelbar an die dem Grundbuchamt gegenüber zu erklärende

[89] RGZ 57, 164 ff.

[90] RGZ 57, 164, 166; das zitierte Urteil ist inhaltlich wiedergegeben bei Turnau/Förster, S. 345 unter c).

[91] Zu den Motiven des Gesetzgebers dieser Norm vgl. RGZ 2, 292, 294.

Auflassung anschloß.[92] Für § 10 prEEG hatte das Reichsgericht dieselbe Rechtsfrage zu entscheiden wie in RGZ 57, 164 ff. Es bejahte die Heilung auch der Weiterveräußerungsverpflichtung mit der Begründung, das ganze Grundstück sei aufgelassen worden.

In dem zweiten nach dem BGB zu beurteilenden Fall[93] ging es um eine Rückübereignungspflicht, die nach dem Abschluß des Grundstückskaufvertrages formlos vereinbart worden war. Das Reichsgericht entschied, die Rückübereignungspflicht sei mit der Auflassung an den Erwerber und seiner Eintragung wirksam geworden. Die nachträgliche Abrede habe den ursprünglichen Vertrag abgeändert. Sie habe dasselbe Grundstück betroffen, das auch der erste Vertrag zu seinem Gegenstand gehabt hätte.

In seinem nächsten Urteil,[94] in dem es die Heilung einer formnichtigen Rückübereignungsverpflichtung bereits im Zeitpunkt der Erfüllung der Erstübereignungspflicht bejahte, stellte das Reichsgericht wiederum darauf ab, ob der Gegenstand der formnichtigen Abrede sich mit dem von § 313 S. 2 erfaßten Vertragsgegenstand decke. Dies sei, so versucht das Gericht die Abgrenzung der Rückübereignungspflichten von den einseitig erfüllten Grundstückstauschverträgen, bei ersteren der Fall. Beim Grundstückstauschvertrag sei der Vertrag, soweit er durch Auflassung erfüllt werden könne, durch die Auflassung eines der Grundstücke gerade nicht erfüllt.[95]

Außerdem argumentierte das Reichsgericht mit dem Wortlaut des § 313 S. 2, wonach der Vertrag „seinem ganzen Inhalte nach" gültig wird. Danach müsse auch die Rück-/Weiterübereignungspflicht wirksam werden.[96]

In der soweit ersichtlich ersten Entscheidung des BGH zu diesem Problem[97] ging es um eine auflösend bedingte Grundstücksschenkung, die vollzogen war. Die mit Bedingungseintritt entstandene Rückübereignungspflicht war jedoch

---

[92] § 48 der preußischen GBO; s. auch RGZ 55, 340, 341 f.

[93] RG SeuffArch 59 (1904), 345 f.

[94] RG JW 1909, 15 (Nr. 8).

[95] So auch später RG SeuffArch 75 (1921), 323 f.

[96] Zur Klarstellung sei erwähnt, daß in der Entscheidung RGZ 126, 308 ff., die häufig dafür zitiert wird, daß sich die Heilung nach § 313 S. 2 auch auf formlose Rückübereignungspflichten bezieht, diese Frage nicht erörtert wurde. Ein formgerecht begründetes Wiederverkaufsrecht (Recht des Käufers, an den Verkäufer zurückzuverkaufen) war nach der Auflassung durch den Käufer formlos ausgeübt worden. Ob diese Erklärung wirksam war, hing nicht von § 313 S. 2, sondern von der analogen Anwendbarkeit des § 497 Abs. 1 S. 2 ab.

[97] BGH NJW 1952, 1171.

noch nicht vollzogen. Der BGH hielt den Vertrag für wirksam. Auch ein Wiederkaufsvorbehalt werde trotz § 313 S. 1 gemäß § 313 S.2 bereits mit der auf die Auflassung folgenden Eintragung des Käufers wirksam. Denn nach § 313 S. 2 werde der Vertrag „seinem ganzen Inhalte nach" wirksam.[98] Der Zweck des § 313 S. 1, übereilten Verpflichtungen über Grundbesitz entgegenzuwirken, werde hierdurch „nicht in Frage gestellt".[99]

Ein ausführlicher Begründungsversuch und zugleich ein Versuch der Abgrenzung dieser Fälle von den unter aa) behandelten findet sich in BGHZ 59, 269, 273. Die Rückübereignungsfälle seien dadurch charakterisiert, daß die veräußerten Grundstücke sämtlich aufgelassen worden seien.[100] Da es um die spätere Rückübereignung an den Veräußerer gehe, liefe die Heilung der Rückübereignungspflichten darauf hinaus, daß dem Veräußerer die Aussicht auf den Rückerwerb erhalten bliebe. Und gerade den Veräußerer wolle § 313 S. 1 schützen.[101]

In seiner jüngsten Entscheidung[102], die ein Wiederkaufsrecht betraf, hat der BGH seine Rechtsprechung unter Hinweis auf die soeben erörterte Entscheidung bestätigt. Dagegen lehnt er die Heilung einer Rückkaufsverpflichtung durch die Erstauflassung ab, wenn der Rückkauf erst nach der Auflassung vereinbart wurde, weil die Auflassung die später begründete Erwerbsverpflichtung nicht „decke".[103]

Zusammenfassend läßt sich also festhalten, daß die Rechtsprechung die Heilung in den Rück- und Weiterveräußerungsfällen so begründet: das Grundstück, das Gegenstand der Erst- sowie der Zweitübereignungspflicht sei, sei aufgelassen worden; der Wortlaut des § 313 S. 2 spreche für die Heilung („...seinem ganzen Inhalte nach..."); der Formzweck des § 313 S. 1 sei gewahrt und der mit § 313 S. 1 bezweckte Veräußererschutz gebiete es, dem Veräußerer die Aussicht auf den Rückerwerb zu ermöglichen.

---

[98] Der Kläger hatte in dem Fall zwar nicht das Grundstück, sondern Geld zu dessen Erwerb übereignet. Der BGH meinte, die Erstreckung der Heilungswirkung auf Rückübereignungspflichten gelte nicht nur für unmittelbare Grundstücksschenkungen, sondern auch für mittelbare. Mit dem Wortlaut des § 313 S. 2 argumentiert der BGH auch in BGH LM § 313 Nr. 15.

[99] BGH NJW 1952, 1171.

[100] So schon RG JW 1909, 15 (Nr. 8).

[101] Das Urteil erging vor der Änderung des § 313 S. 1, die zusätzlich den Erwerberschutz verankerte.

[102] BGH NJW 1975, 205, 206.

[103] NJW 1988, 2237; dazu näher unten II. 1. b) bb) (2).

Das letztgenannte Argument überzeugt nicht. Zum einen ist § 313 S. 1 inzwischen geändert worden und schützt jetzt auch den Erwerber.[104] Außerdem ist der zur Rückveräußerung Verpflichtete auch Veräußerer und bedarf des Schutzes vor übereilten Verkaufsentscheidungen.[105] Auch vermag der Hinweis auf die Aussicht des Veräußerers auf Rückerwerb nicht zu erklären, warum auch eine Verpflichtung zur Weiterveräußerung an Dritte bereits mit der Erstauflassung und -eintragung wirksam wird. Die Rückerwerbsaussicht hätte der Veräußerer im übrigen auch, wenn man den ganzen[106] Vertrag weiter für formnichtig hielte, da er gemäß § 812 Abs. 1 S. 1, 1. Fall Rückauflassung verlangen könnte.

Gegen das Wortlautargument läßt sich einwenden, daß § 313 S. 2 sich nicht zwingend auf solche nicht erfüllten Abreden bezieht, die selbständig nach § 313 S. 1 formbedürftig sind. Die Rechtsprechung sieht dies in den unter aa) geschilderten Fällen selbst so.

Auch die Behauptung, der Zweck des § 313 S. 1 sei durch die erste Auflassung gewahrt, trifft nicht zu. Der Erwerber hat seine Übereignungspflicht noch nicht durch Auflassung erfüllt. Bei der ersten Auflassung braucht die Rück- oder Weiterveräußerungspflicht nicht einmal zur Sprache gekommen zu sein.

Ebenfalls keine Begründung ist der Hinweis darauf, daß das aufgelassene Grundstück mit demjenigen identisch ist, das rückveräußert werden soll. Es bleibt offen, inwiefern dieser Identität Bedeutung zukommen soll. Außerdem müßte nach dieser Begründung durch die Erstauflassung auch eine Rückübereignungspflicht geheilt werden, die nach der Auflassung vereinbart wurde.

In der Literatur erklärt Kanzleiter[107] die Rechtsprechung zu den Rückveräußerungspflichten damit, daß Erstveräußerungs- und Rückübereignungspflicht nicht zwei getrennte Verpflichtungen seien, sondern daß „die Übertragungsverpflichtung als durch die mit ihr verbundene Rückübertragungsverpflichtung eingeschränkte einheitliche Verpflichtung" aufzufassen sei.

Diese Argumentation weist in die richtige Richtung. Klarer wird der Gesichtspunkt der von Anfang an bestehenden Beschränkung, wenn man auf das Recht

[104] Kritisch deshalb auch Korte, 11. Kapitel, Rn. 82.

[105] Hiergegen könnte man lediglich einwenden, daß derjenige, der sich zur Weiterveräußerung eines Grundstücks verpflichtet, das ihm noch nicht gehört, weniger schutzwürdig ist. Dazu sogleich.

[106] Das ist im Regelfall gemäß § 139 anzunehmen.

[107] in MK § 313 Rn. 67 a.E.

des Käufers abstellt. Das Eigentum, das er erwerben soll, ist von Anfang an —mit Abschluß des obligatorischen Vertrages— einer schuldrechtlichen Bindung unterworfen. Die Situation ist eine andere als diejenige, in der jemand sich verpflichtet, ein ihm bereits gehörendes Grundstück zu veräußern. Der Gesetzgeber, der den Veräußerer vor dem Verlust von Grundbesitz schützen wollte, hatte den letztgenannten Fall vor Augen. Tatsächlich ist das Schutzbedürfnis, stellt man auf den drohenden Verlust von Grundbesitz ab, in diesem Fall größer.

Auch das Schutzbedürfnis des zum Rückerwerb verpflichteten Veräußerers ist geringer. Er war bereits Eigentümer des Grundstücks und weiß, worauf er sich bei der Erwerbspflicht eingelassen hat.

Knüpft man jedoch an das geringere Schutzbedürfnis an, so könnte man bereits bei § 313 S. 1 zu dem Ergebnis kommen, daß Rück- oder Weiterveräußerungspflichten nicht selbständig formbedürftig sind. Es würde sich hierbei um eine teleologische Reduktion des § 313 S. 1 handeln.

Dann wäre das System wieder stimmig: Rück- oder Weiterveräußerungspflicht wären nur formbedürftig wegen ihres Zusammenhanges mit der Erstveräußerungs- oder -erwerbspflicht. Die Erfüllung der Erstveräußerungs- oder -erwerbspflicht durch Auflassung und Eintragung führt dann zur Heilung auch der Rück- oder Weiterveräußerungspflicht. Anders läßt sich meines Erachtens das Wirksamwerden der letzteren durch die erste Auflassung und Eintragung nicht begründen. Aber auch gegen diese Lösung bestehen Bedenken. § 313 S. 1 erfaßt nach seinem Schutzzweck auch die Verpflichtung zur Rück- und Weiterveräußerung.

Daher sollte man auch bei den Rück- und Weiterveräußerungspflichten die allgemein für die Teilerfüllung geltenden Grundsätze (s.o. aa) anwenden. Werden mehrere, selbständig formbedürftige Verpflichtungen eingegangen, so führt die Erfüllung einer dieser Pflichten nicht zur Heilung des ganzen Vertrages.

(2) Verträge über GmbH-Anteile

Auch hier sind Rückkaufs- oder Weiterverkaufsabreden häufig. Die h.M. sieht nicht nur Abreden, die eine Pflicht zur Abtretung des Anteils begründen, als formbedürftig an, sondern erstreckt den Formzwang auch auf Erwerbspflichten (praktisch häufig in Form der Rücknahmegarantie), weil die Geltendmachung der Erwerbspflicht eine korrespondierende Verpflichtung zur Abtretung bewirke.[108]

Mit formgerechter Erstabtretung soll wie bei § 313 die Rück- oder Weiterveräußerungspflicht wirksam werden.[109] Hiergegen bestehen Bedenken. Anders als bei § 313 schützt die Form des § 15 Abs. 4 S. 1 GmbHG nicht die Parteien, sondern soll den Handel mit GmbH-Anteilen erschweren, um häufigen Mitgliederwechsel zu verhindern.[110] Ist eine Rück- oder Weiterveräußerungspflicht nicht formgerecht erklärt, so ist dieser Zweck verfehlt, wenn man die Verpflichtung formlos wirksam sein läßt. Denn der Handel mit GmbH-Anteilen mit der Folge eines Mitgliederwechsels bei Erfüllung wäre formlos möglich, sofern es sich um eine Veräußerungs- oder Erwerbsverpflichtung handelt, die zusammen mit einer Verpflichtung zu vorhergehender Abtretung begründet wird.

Hiergegen läßt sich auch nicht einwenden, zumindest bei den Rückübereignungspflichten werde letztlich der frühere Mitgliederbestand der GmbH wiederhergestellt. Denn Sinn und Zweck des § 15 Abs. 4 S. 1 GmbHG ist es nicht, einen bestimmten Gesellschafterbestand zu zementieren, sondern den häufigen Mitgliederwechsel zu verhindern.

Auch § 15 Abs. 4 S. 2 GmbHG spricht nicht für die Bejahung der Heilung in diesen Fällen. Nach seinem Wortlaut wird nur die Abtretungsverpflichtung wirksam, die durch die förmliche Abtretung vollzogen wurde. In Betracht käme also allenfalls eine analoge Anwendung des § 15 Abs. 4 S. 2 GmbHG.

Der Gesetzgeber maß, indem er diese Vorschrift in das Gesetz einfügte, der Rechtssicherheit, nämlich dem Bestand des vollzogenen Geschäftes, eine höhere Bedeutung zu als der Tatsache, daß die Formzwecke des § 15 Abs. 4 S. 1 GmbHG nicht gewahrt wurden. Diese Abwägung fand aber nur für den Fall statt, daß die formnichtige Verpflichtung erfüllt worden war, nicht außerdem auch für den Fall, daß eine weitere, mit ihr zusammen eingegangene Abtretungsverpflichtung noch nicht vollzogen war. Ob das Interesse am Bestand der vollzogenen Abtretung auch dann den Formzwecken vorgehen sollte, ist dem Gesetz und dem Willen des Gesetzgebers nicht zu entnehmen. Es fehlt daher schon an einer planwidrigen Lücke.

---

[108] Baumbach/Hueck § 15 Rn. 32.

[109] RGZ 65, 38, 39; Hachenburg/Zutt § 15 Rn. 69; offen lassend RGZ 76, 306, 311; Scholz/Winter § 15 Rn. 63.

[110] S.o. 2. Teil D. III. 5.

Demnach tritt mit formgerechter Erstabtretung eines GmbH-Anteils nicht gemäß § 15 Abs. 4 S. 2 GmbHG die Heilung einer formnichtigen, noch nicht erfüllten Rück- oder Weiterabtretungsverpflichtung ein.

cc) Teilweise Heilung

Der Vertrag könnte jedoch, wenn nur eine der formbedürftigen Verpflichtungen erfüllt wird, zumindest teilweise geheilt werden. Von der Möglichkeit einer teilweisen Heilung gehen Literatur und Rechtsprechung zum Teil ohne weiteres aus.[111] Die teilweise Heilung wird auch mit dem Grundgedanken des § 139 begründet.[112] Das überzeugt nicht, weil § 139 voraussetzt, daß ein Teil eines Rechtsgeschäfts nichtig ist, daß es mithin teilweise wirksam ist. § 139 greift also erst ein, wenn man die teilweise Heilung des nichtigen Geschäfts bejaht hat.

Ob ein formfehlerhafter Vertrag auch teilweise wirksam werden kann, ist durch Auslegung der Heilungsnormen zu klären. Bei § 766 S. 2 ergibt sich dies schon aus dem Wortlaut („..soweit.."). Bei den anderen Vorschriften ergibt sich dies aus ihrem Sinn und Zweck. Die Bestandssicherung des dinglichen Geschäfts bei § 15 Abs. 4 S. 2 GmbHG, § 313 S. 2 und die Harmonisierung von § 516 und § 518 sind Zwecke, die auch bei teilweisem dinglichem Vollzug sinnvoll verfolgt werden können.

Allerdings ist der teilweise geheilte Vertrag gemäß § 139 im Zweifel ganz nichtig.[113] Auch praktisch tritt in der Regel Gesamtnichtigkeit ein, weil es meist keine Anhaltspunkte dafür gibt, daß die Parteien den Vertrag auch ohne den nichtigen Teil abgeschlossen hätten.[114] So kann die in § 139 getroffene Wertentscheidung zugunsten des Parteiwillens[115] —insbesondere des Interesses an der vollständigen Durchführung des Vertrages— dazu führen, daß die den Heilungsnormen zugrundeliegenden Zwecke zurücktreten müssen.

---

[111] RGZ 76, 195, 198; Seibert, JZ 1981, 380, 382; Weldige-Cremer, S. 17; Esch, S. 17.

[112] Korte, 11. Kapitel, Rn. 97.

[113] Vgl. RGZ 133, 293, 294; offen lassend RGZ 137, 324, 351; bei Formnichtigkeit des Vertrages nach § 311 und § 313 und Heilung eines Vertragsteiles nach § 313 S. 2 RGZ 61, 284; 137, 324, 350.

[114] Vgl. Larenz AT § 23 II c, S. 462; ausnahmsweise Teilwirksamkeit in BGH WM 1967, 935, 936 (ohne Erwähnung des § 139); s. auch RGZ 79, 303, 304.

[115] Palandt/Heinrichs § 139 Rn. 1.

In dem Sonderfall, daß die Parteien die Formnichtigkeit des Vertrages kennen, wendet die Rechtsprechung § 139 nicht an.[116] Hierbei handelt es sich nicht um eine speziell § 139 betreffende Frage, sondern um die grundsätzliche Problematik, ob bei Kenntnis von der Nichtigkeit überhaupt ein Rechtsgeschäft vorliegt. Sie stellt sich auch im Zusammenhang mit den subjektiven Heilungsvoraussetzungen. Dort ist zu fragen, ob trotz Kenntnis der Nichtigkeit Heilung eintreten kann. Darauf wird an späterer Stelle eingegangen.[117]

dd) Bedeutungslosigkeit des nicht erfüllten Vertragsteiles

In der Rechtsprechung des Reichsgerichts wird in zwei Entscheidungen erwogen, aber offen gelassen, ob bei relativer Bedeutungslosigkeit des nicht erfüllten Vertragsteiles —etwa: von mehreren formnichtig verkauften Grundstücken ist nur eine kleine, fast wertlose Parzelle nicht aufgelassen worden— eine Heilung des ganzen Vertrages oder der erfüllten Vertragsteile eintreten kann.[118]

Die Heilung des ganzen Vertrages würde dem Wortlaut der Heilungsvorschriften widersprechen, die die vollständige Erfüllung zur Voraussetzung der vollständigen Heilung machen. Auch Sinn und Zweck der Heilungsnormen sprechen bei Teilerfüllung nur für eine teilweise Heilung.

Es fragt sich aber, ob mit der Bedeutungslosigkeit der nicht erfüllten Pflicht begründet werden kann, daß der Vertrag wirksam ist, soweit er erfüllt wurde.

Versteht man den Begriff „Bedeutungslosigkeit" objektiv, stellt man also auf die Wertung eines vernünftigen Dritten ab, so setzt man sich über § 139 hinweg. Dort hat der Gesetzgeber die Entscheidung getroffen, daß teilnichtige Geschäfte nur dann teilweise wirksam sind, wenn dies dem Parteiwillen entspricht. Andere Aspekte als der hypothetische oder erklärte Parteiwille dürfen nicht berücksichtigt werden. Auf die objektive Bedeutungslosigkeit des nicht erfüllten Vertragsteiles kommt es also nicht an, sondern allein auf den Parteiwillen. Ist dieser nicht aus den Verhandlungen erkennbar, so ist zu ermitteln, welche Entscheidung die Parteien vernünftigerweise getroffen hätten;[119] die objektive Bedeutungslosigkeit des nicht erfüllten Vertragsteiles kann hierfür Anhaltspunkte geben, aber nicht allein maßgeblich sein.

---

[116] Vgl. BGHZ 45, 376, 379 m.w.N.

[117] S.u. II. 3.

[118] RGZ 137, 324, 351; 111, 239, 244.

[119] Larenz, Allgemeiner Teil § 23 II c), S. 462 f.

Versteht man die Bedeutungslosigkeit subjektiv, stellt man also auf die Wertung der Parteien ab, so ist man wieder bei § 139 angelangt. Denn auch dort ist der Parteiwille maßgeblich. Ist der nicht erfüllte Vertragsteil für die Parteien bedeutungslos, so ist zugleich i.S.v. § 139 anzunehmen, daß das Rechtsgeschäft auch ohne den nichtigen (nicht durch Erfüllung geheilten) Teil vorgenommen wäre.

Daher führt weder die objektive noch die subjektive Bedeutungslosigkeit des noch nicht erfüllten Vertragsteiles dazu, daß der Vertrag in vollem Umfang wirksam wird. Seine teilweise Wirksamkeit richtet sich allein nach § 139. Solche Fälle, in denen es treuwidrig oder schikanös ist, wenn eine Partei sich auf den nicht erfüllten Vertragsteil beruft, können über § 226 oder über die Einschränkung des § 125 S. 1 durch § 242 gelöst werden.

ee) Zusammenfassung

Bei Teilerfüllung eines formnichtigen Vertrages richtet sich der Eintritt der Heilungswirkung grundsätzlich danach, ob der nicht erfüllte Teil selbständig formbedürftig ist. Ist er nicht selbständig formbedürftig, sondern unterliegt er nur aufgrund seines Zusammenhanges mit dem erfüllten Vertragsteil einer Form, so heilt die teilweise Erfüllung den gesamten Vertrag. Dagegen wird bei selbständigem Formbedürfnis der nicht erfüllten Verpflichtung der Vertrag nur soweit geheilt, als er erfüllt ist. Ob der dann teilnichtige Vertrag insgesamt oder nur teilweise nichtig ist, richtet sich nach § 139. Praktisch tritt in aller Regel Gesamtnichtigkeit ein. Auch die objektive oder subjektive Bedeutungslosigkeit des nicht erfüllten Vertragsteiles rechtfertigt keine von § 139 abweichenden Ergebnisse.

Eine bisher nicht überzeugend begründete Ausnahme von diesen Grundsätzen macht die Rechtsprechung bei Rück-oder Weiterveräußerungspflichten beim Grundstücks- und GmbH-Anteilskauf. Obwohl diese selbständig nach § 15 Abs. 4 S. 1 GmbHG, § 313 S. 1 formbedürftig sind, sollen sie bereits mit der Erstübereignung/-abtretung gemäß § 15 Abs. 4 S. 2 GmbHG, § 313 S. 2 wirksam werden.

Nach der hier vertretenen Ansicht sind auch die Fälle der formnichtigen Rück- oder Weiterveräußerungspflichten nach den allgemein für die Teilerfüllung geltenden Grundsätzen zu lösen.

b) Erfüllungshandlungen von oder gegenüber Dritten

Die Heilungsnormen regeln nach ihrem Wortlaut und ihrer systematischen Stellung die Heilung formnichtiger Verträge durch die Erbringung von Erfüllungshandlungen zwischen den Parteien des formnichtigen Vertrages.[120] Bei allen Heilungsvorschriften stellt sich die Frage, ob an Dritte oder von Dritten erbrachte Erfüllungshandlungen gleichermaßen zur Heilung führen.

aa) Verträge über Grundstücke

In der Rechtsprechung wird dieses Problem meist bei § 313 erörtert, und zwar bei folgendem Grundsachverhalt: Der Verkäufer (V) läßt nicht an seinen Abkäufer (K1), sondern an dessen Abkäufer (K2) auf. Mit der Auflassung an K2 erfüllt V seine Pflichten gegenüber K1 und auch die Auflassungspflicht des K1 gegenüber K2 ist damit erfüllt. Unterstellt, einer der Kaufverträge oder beide wären nichtig— würden sie mit der Auflassung von V an K2 und die Eintragung des K2 wirksam?

(1) § 10 des preussischen Eigentumserwerbsgesetzes

Die ersten Entscheidungen des Reichsgerichts ergingen noch zu § 10 prEEG. Ein formnichtiger Kaufvertrag zwischen K1 und K2 werde durch die auf Anweisung des K1 erfolgte Auflassung von V an K2 geheilt, da die Auflassung der Erfüllung beider Verträge gedient habe.[121] Diese Lösung entspreche auch der Absicht des Gesetzgebers, der mit § 10 prEEG die Kondiktion ausschließen und dem Veräußerer seinen Zahlungsanspruch sichern wolle. Ob der Schutzzweck der Form erreicht ist, wird nicht erörtert.

Unter Hinweis auf diese Argumentation entschied das Reichsgericht später in parallel liegenden Fällen, alle in Betracht kommenden Verträge würden durch die Auflassung geheilt.[122] Dies steht im Einklang mit den Motiven zu § 10 prEEG. Durch die Heilungsnorm sollte eine erhöhte Bestandskraft abgewickelter Grundstücksübereignungen erreicht werden. Um hierdurch den Veräußerer nicht zu benachteiligen, sollte der Vertrag in ganzem Umfang unangreifbar sein, damit der Kaufpreisanspruch bestehen blieb.[123]

---

[120] Ebenso für § 10 prEEG: RG GruchBeitr 27 (1883), 1029, 1030.

[121] RGZ 31, 230, 232 ff.

[122] RG GruchBeitr 41 (1897), 1017, 1019; 40 (1896), 391, 395 f.

[123] RGZ 2, 293, 294; Turnau, S. 36 unter 2.

(2) § 313 S. 2 BGB

Auch nach Inkrafttreten des BGB hielt das Reichsgericht unter Hinweis auf seine alte Rechtsprechung daran fest, daß die Auflassung von V an K2 alle dazwischen liegenden Veräußerungsgeschäfte heilt. Es gelte für § 313 dasselbe wie für § 10 prEEG.[124]

Erst später argumentierte das Reichsgericht mit dem Formzweck.[125] Es bezog sich auf die Stelle in den Motiven, in der es heißt, die Aussicht auf ein wohlüberlegtes Handeln sei trotz der Heilung gewährleistet und der Grund für das Formerfordernis sei mit der Erfüllung weggefallen.[126] Es komme also darauf an, daß der Veräußerer erfüllt habe; das sei der Fall, wenn V an K2 auflasse. In einer späteren Entscheidung[127] wird zur Begründung der Heilung nur auf die vorangegangene Rechtsprechung Bezug genommen.

Die dargestellten Fälle zeigen, daß in der Rechtsprechung zur Heilung aller Verträge in einer Veräußerungskette zwei Begründungsansätze zu finden sind. Zum einen wurde bei § 10 prEEG angeführt, der beabsichtigte Ausschluß der Kondiktion sowie das Ziel, dem Veräußerer einen Zahlungsanspruch zu geben, nachdem er seine Leistung erbracht hätte, erfordere die Heilung aller Zwischengeschäfte. Zum anderen wird mit der Erreichung des Übereilungsschutzes argumentiert. Wenn der Veräußerer erfüllt habe, sei sein Schutz vor Übereilung erreicht.

Hierbei wird außer acht gelassen, daß auch K1 Veräußerer ist. Läßt V direkt an K2 auf, so ist K1 an dieser Erfüllungshandlung nicht beteiligt; er hat allenfalls sein Einverständnis mit der Verkürzung der Leistungswege erklärt. Dieses Einverständnis kann aber formlos erklärt werden. K1 ist also, anders als V, nicht durch die förmliche Auflassung geschützt.

Auch konnte die geschilderte Rechtsprechung den Erwerberschutz, der nach der damaligen Rechtslage noch nicht Inhalt des § 313 S. 1 war, nicht berücksichtigen. Die Heilung tritt ein, ohne daß K1 eine förmliche Erklärung abgegeben hat. Die Auflassung von V an K2 schützt daher den K1 als Erwerber nicht.

Die Lösung der Drittübereignungsfälle läßt sich mit der Erreichung des Übereilungsschutzes also nicht begründen. Man kommt zu dem Ergebnis der Hei-

---

[124] RG JW 1904, 169 (Nr. 10).

[125] RGZ 85, 272, 274 ff.

[126] Mot. II 191.

[127] RGZ 132, 287 ff.

lung aller Zwischenverträge nur, wenn man den Schutz des K1 außer acht läßt oder geringere Anforderungen an ihn stellt, indem man keine förmliche Erfüllungshandlung verlangt.

Dagegen läßt sich das Ergebnis der Rechtsprechung mit Sinn und Zweck des § 313 S. 2 begründen. Soll die Rechtssicherheit im Grundstücksverkehr insofern erhöht werden, als vollzogene Grundstücksveräußerungen nicht wegen eines Formfehlers rückabgewickelt werden sollen, so gebietet es dieser Zweck, die Heilung mehrerer hintereinandergeschalteter Verträge unabhängig davon eintreten zu lassen, wie diese Verträge erfüllt wurden. Ob jeder Vertrag einzeln erfüllt wurde oder ob die Leistungswege abgekürzt wurden, macht im Hinblick auf diesen Zweck keinen Unterschied.

bb) Verträge über GmbH-Anteile

Die Argumentation zu § 313 S. 2 übertrug das Reichsgericht auf § 15 Abs. 4 S. 2 GmbHG.[128] Die gesetzgeberischen Gründe —die das Reichsgericht allerdings nicht nennt— seien bei § 15 Abs. 4 S. 2 GmbHG dieselben wie bei §§ 313, 518, 766 und bei § 10 prEEG. Daher heile die auf Anweisung des K1 an K2 erfolgte Abtretung des GmbH-Anteils des V den Anteilskaufvertrag zwischen V und K1, sofern durch das Vollzugsgeschäft sowohl der Vertrag zwischen V und K1 als auch der Vertrag zwischen K1 und K2 erfüllt werden solle.[129]

Die Literatur folgt dem Reichsgericht zum Teil.[130] Schlüter[131] meint hingegen, daß durch die formgerechte Vornahme des Vollzugsgeschäftes nur das diesem zugrundeliegende Verpflichtungsgeschäft wirksam werden könne. Durch die Anteilsübertragung werde nur das ihr zugrundeliegende Verpflichtungsgeschäft zwischen Gesellschafter und Erwerber geheilt. Andernfalls ließe sich der Handel mit dem gegen den Gesellschafter gerichteten schuldrechtlichen Anspruch nicht unterbinden, da alle Verpflichtungsgeschäfte durch eine einzige Abtretung geheilt würden. Es müsse gewährleistet sein, daß bei jedem Umsatzgeschäft, das sich auf den GmbH-Anteil beziehe, wenigstens auf der Ebene des dinglichen Leistungsvollzugsgeschäfts ein Notar eingeschaltet werde.[132]

---

[128] RGZ 71, 399, 402 f.

[129] RGZ 71, 399, 402 f.

[130] Baumbach/Hueck § 15 Rn. 35; Scholz/Winter § 15 Rn. 72; Hachenburg/Zutt § 15 Rn. 70.

[131] FS für Bartholomeyczik, 359, 369 f.

[132] Schlüter, a.a.O., S. 369.

Eine derart weitgehende Erschwerung des Anteilshandels steht im Widerspruch zu der in § 15 Abs. 4 GmbHG getroffenen Wertentscheidung des Gesetzgebers. Eine formlose Verpflichtung zur Anteilsabtretung soll unerzwingbar sein. Damit wird die Einhaltung der Form und die mit ihr bezweckte Erschwerung des Handels erreicht. Ist formgerecht erfüllt, so soll unabhängig davon, ob auf der Ebene des Verpflichtungsgeschäfts die angestrebte Handelserschwernis erreicht war, die Anteilsübertragung Bestand haben. Es kommt nicht mehr darauf an, ob die Zwecke der Formvorschrift für den schuldrechtlichen Vertrag erreicht wurden. Es genügt nach dem Willen des Gesetzgebers, daß die formlose Verpflichtung unerzwingbar war.

Dasselbe muß deshalb auch bei einer Veräußerungskette gelten. Bis zur förmlichen Abtretung sind formlose Verpflichtungen nicht erzwingbar. Hierdurch wird der Anteilshandel im selben Umfang erschwert wie von § 15 Abs. 4 GmbHG vorausgesetzt. Bis zur Abtretung des GmbH-Anteils an den letzten Erwerber bleibt offen, ob die Zwischenveräußerungen wirksam werden. Allein diese Tatsache übt Druck zur Einhaltung der Form aus und wirkt handelshemmend. Denn das Vertrauen, daß die nichtigen Verpflichtungen erfüllt werden, wird in solchen Veräußerungsketten in aller Regel nicht bestehen.

Schlüter ist daher nicht zu folgen. Vielmehr werden die Formzwecke des § 15 Abs. 4 GmbHG nicht vereitelt, wenn bei einer Veräußerungskette alle schuldrechtlichen Verträge mit der förmlichen Abtretung des Veräußerers an den Letzterwerber wirksam werden.

cc) Schenkungsverträge

Hier ist es unproblematisch, wenn der Schenker an einen Dritten, dem der Beschenkte den Gegenstand seinerseits geschenkt hat, leistet. Da es bei § 518 Abs. 2 auf die Erreichung der Formzwecke nicht ankommt,[133] ist es unerheblich, daß der Beschenkte selbst keine Erfüllungshandlung vornimmt.

dd) Bürgschaftsverträge

Nach dem Willen des Gesetzgebers tritt die Heilung ein, weil der Grund des Schriftformerfordernisses, den Bürgen vor der übereilten Übernahme von Bürgschaften zu schützen, mit der freiwilligen Erfüllung von seiten des Bürgen weggefallen sein soll.

---

[133] S.o. 2. Teil D. III. 2. a) bb); anders Erman/Seiler § 518 Rn. 5.

Leistet der Bürge nicht an den Gläubiger, sondern auf dessen Anweisung an einen Dritten, so unterscheidet sich die Situation für den Bürgen nicht von der unmittelbaren Leistung an den Gläubiger. Mit der Leistung endet sein Schutz. Der Bürgschaftsvertrag wird wirksam.

c) Leistung an Erfüllungs Statt

Eine Leistung an Erfüllungs Statt gemäß § 364 Abs. 1 liegt vor, wenn das Schuldverhältnis durch eine andere als die vereinbarte Leistung erlöschen soll.[134] Denkbar ist sie bei allen Heilungsnormen. Zwar setzt § 364 Abs. 1 das Bestehen eines Schuldverhältnisses voraus; aber es kommt für die Heilung —ebenso wie etwa bei der Erfüllung gemäß § 362, die von § 766 S. 2 vorausgesetzt wird— nur darauf an, ob, die Wirksamkeit der Verbindlichkeit unterstellt, die sonstigen Voraussetzungen des § 364 Abs. 1 vorliegen. Fraglich ist jedoch, wann eine Leistung an Erfüllungs Statt zur Heilung führt.

aa) Leistung eines anderen Gegenstandes

Bei § 313 S. 2 führt nach seinem Wortlaut die Leistung eines anderen Gegenstandes als eines Grundstücks nicht zur Heilung. Auch eine analoge Anwendung ist nicht möglich. Wird etwa ein anderer Gegenstand übereignet oder eine Forderung abgetreten, so kommen Sinn und Zweck des § 313 S. 2 nicht zum Tragen. Nur die Rückabwicklung einer Grundstücksübereignung sollte im Interesse an der Rechtssicherheit im Immobilienverkehr verhindert werden.

Allerdings bewirkt die Annahme an Erfüllungs Statt die nachträgliche Änderung des alten Schuldverhältnisses: ihm wird ein neuer Leistungsgegenstand gegeben.[135] Besteht dieser nicht mehr in einem Grundstück, ist der Vertrag formlos wirksam, wenn keine andere Formvorschrift eingreift. Die Rückforderung kann deshalb ausgeschlossen sein. Wird jedoch ein anderes als das versprochene Grundstück an Erfüllungs Statt übereignet, so ist § 313 S. 2 direkt anwendbar. Denn die durch die Annahme an Erfüllungs Statt geänderte Verpflichtung ist nach § 313 S. 1 formbedürftig und gemäß § 313 S. 2 geheilt.

Bei § 518 Abs. 2 führt die Leistung an Erfüllungs Statt zur Heilung.[136] Auch wenn ein anderer Gegenstand als der Versprochene geleistet wird, besteht

---

[134] MK/Heinrichs § 364 Rn. 6.

[135] Soergel/Zeiss § 364 Rn. 1; nach anderer Ansicht wird ein neues Schuldverhältnis begründet, s. Staudinger/Kaduk § 364 Rn. 10 ff.; dieser Streit ist vorliegend ohne Konsequenzen.

[136] Palandt/Putzo § 518 Rn. 9; Herrmann, S. 245.

die Möglichkeit, daß die Leistung in Kenntnis der Nichtigkeit aufgrund eines neuen Schenkungsentschlusses (§ 516) erfolgt ist. Griffe § 518 Abs. 2 nicht ein, so wäre darüber zu entscheiden, ob der Schenker die Formnichtigkeit kannte. Dies wollte der Gesetzgeber mit § 518 Abs. 2 vermeiden.

Bei § 766 S. 2 ist mit der Erbringung einer anderen als der geschuldeten Leistung der Übereilungsschutz ebenso gewahrt, wie wenn der Bürge das Vereinbarte leistet. Ihm ist eine Überlegungsfrist geblieben und er überschreitet bewußt die Schwelle zu einer Vermögensminderung. Deshalb wird die Bürgschaftsverpflichtung auch durch die Leistung eines anderen Gegenstandes an Erfüllungs Statt wirksam.[137]

Bei § 15 Abs. 4 S. 2 GmbHG wird die Leistung eines anderen Gegenstandes an Erfüllungs Statt wie bei § 313 regelmäßig dazu führen, daß die geänderte Verpflichtung bereits formfrei gültig ist.

bb) Novation

Ein Unterfall der Leistung an Erfüllungs Statt ist die Novation. Durch sie übernimmt der Schuldner eine neue Verbindlichkeit, mit der das ursprüngliche Schuldverhältnis getilgt sein soll.[138] Man unterscheidet die kausale und abstrakte Novation. Ob die eine oder die andere gewollt ist, entscheidet der durch Auslegung ermittelte Parteiwille.[139]

Die Novation ist kausal, wenn die Entstehung des neuen Schuldverhältnisses vom Bestehen der alten Schuld abhängig sein soll.[140] Das neue Schuldverhältnis entsteht also nicht, wenn das alte formnichtig war. Die Heilungsnormen können dann ihre Funktion, Bereicherungsansprüche auszuschließen, nicht ausüben. Denn die neue Verpflichtung wäre nicht kondizierbar, sondern unwirksam. Daher führt eine kausale Novation nicht zur Heilung.

Die Novation ist abstrakt, wenn das neue Schuldverhältnis vom Bestehen des alten unabhängig sein soll.[141] Die neue Verpflichtung muß also in der Form

---

[137] So im Ergebnis auch Staudinger/Horn § 766 Rn. 29; Palandt/Thomas § 766 Rn. 6; MK/Pecher § 766 Rn. 21; RG HRR 1933, 1003 (obiter dictum).

[138] Staudinger/Kaduk § 364 Rn. 49; MK/Heinrichs § 364 Rn. 7.

[139] MK/Söllner § 305 Rn. 24; BGHZ 28, 164, 166.

[140] BGH WM 1962, 906, 908; BGHZ 28, 164, 167; RGZ 62, 51, 52.

[141] BGHZ 28, 164, 167.

der §§ 780, 781 eingegangen werden, um wirksam zu sein.[142] Zwei Fälle der abstrakten Novation sind zu unterscheiden:

(1) Die Auslegung der neuen Verpflichtung kann ergeben, daß sie bei Nichtbestehen der ursprünglichen Verpflichtung kondiziert werden kann bzw. ihr der Einwand aus § 821 entgegengehalten werden kann. Die Heilungsnormen könnten grundsätzlich ihrem Sinn und Zweck nach eingreifen, da sie Bereicherungsansprüche ausschließen würden. Im Ergebnis ist die Heilung einer formnichtigen Verbindlichkeit durch eine abstrakte Novation dieser Art jedoch zu verneinen.

§ 313 S. 2 greift, wie schon bei anderen Leistungen an Erfüllungs Statt, nach seinem Sinn und Zweck nicht ein. Nur die Rückabwicklung von Grundstücksgeschäften sollte verhindert werden, nicht die Kondiktion abstrakter Verpflichtungen. Für § 518 Abs. 2 ergibt sich aus § 518 Abs. 1 S. 2, daß die Eingehung einer abstrakten Verpflichtung nicht heilt.[143] Denn die Eingehung einer abstrakten Verpflichtung wäre als Handschenkung nicht möglich; Abgrenzungsprobleme zu § 516 entstehen mithin nicht. Bei § 766 S. 2 soll die Heilung nur eintreten, wenn der Übereilungsschutz dadurch zumindest teilweise erreicht ist, daß der Bürge eine Überlegungsfrist hatte und die Schwelle zu einer Vermögensminderung überschritten hat. Letzteres ist bei der Eingehung einer weiteren Verpflichtung nicht der Fall.[144] Wird bei § 15 Abs. 4 GmbHG abstrakt erneut die Verpflichtung übernommen, einen GmbH-Anteil abzutreten, so könnte Heilung allenfalls dann eintreten, wenn die Form des § 15 Abs. 4 S. 1 GmbHG gewahrt wäre. Bejahte man die Heilung, so würden die Formzwecke verfehlt. Die formlose Verpflichtung würde zu einer wirksamen Verpflichtung zur Anteilsabtretung und damit zu dem Gesellschafterwechsel führen, den § 15 Abs. 4 S. 1 gerade erschweren soll. Der Gesetzgeber wollte erst nach Vollzug der Abtretung die Kondiktion ausschließen; erst dann sollte die Verfehlung der Formzwecke ohne Konsequenzen bleiben. Deshalb tritt auch hier keine Heilung ein.

(2) Anders ist die Rechtslage bei einer abstrakten Novation, bei der die neue Verbindlichkeit nach dem Willen der Parteien völlig unabhängig von der alten

---

[142] Palandt/Heinrichs § 305 Rn. 9.

[143] MK/Kollhosser § 518 Rn. 8.

[144] Anders RGZ HRR 1933, 1003 a.E., wonach die Heilung eintreten soll, wenn das abstrakte Schuldversprechen an Erfüllungs Statt angenommen wurde (obiter dictum). M.E. kann die Heilung, die den Schutz des Bürgen verringert, nicht von einer Handlung des Gläubigers (Annahme der Leistung an Erfüllungs Statt) abhängen.

Verpflichtung eingegangen werden sollte (selten). Hier ist die neue Verpflichtung zu behandeln wie ein ganz neuer Vertrag; die Formvorschriften des Schuldrechts greifen, soweit sie strenger sind als §§ 780, 781, ein,[145] die Frage der Heilung durch die Eingehung der neuen Verpflichtung stellt sich nicht.

d) Leistung erfüllungshalber

Die Leistung erfüllungshalber wird bei §§ 518, 766 praktisch. Sie gibt dem Gläubiger eine zusätzliche Befriedigungsmöglichkeit; die Forderung erlischt, wenn er die geschuldete Leistung aus dem erfüllungshalber gegebenen Gegenstand erhält. In dem Augenblick tritt auch Heilung ein.[146] Denn die Situation ist dann dieselbe, als wenn der geschuldete Gegenstand geleistet worden wäre.

e) Erfüllungssurrogate

aa) Hinterlegung

Gem. § 378 wird der Schuldner durch die Hinterlegung von seiner Verbindlichkeit befreit, wenn die Rücknahme der hinterlegten Sache gemäß § 376 Abs. 2 ausgeschlossen ist. Die Hinterlegung kann nur bei §§ 518, 766 praktisch werden, da nur dort hinterlegungsfähige Sachen, § 372 S. 1, geschuldet sein können. Werden formlose Schenkungen und Bürgschaften durch Erfüllung gem. § 378 geheilt? Nach ihrem Wortlaut greifen die Heilungsvorschriften ein.

§ 766 S. 2 ist auch nach seinem Sinn und Zweck zu bejahen. Mit der Hinterlegung ist der Übereilungsschutz des Bürgen in gleicher Weise gewahrt, wie wenn er an den Gläubiger geleistet hätte. Er hatte eine Überlegungsfrist und ist bewußt ein Vermögensopfer eingegangen. Daher wird die Bürgschaft durch Hinterlegung geheilt, wenn die Voraussetzungen des § 378 vorliegen.[147]

Auch § 518 Abs. 2 greift seinem Sinn und Zweck nach ein. Verneinte man die Heilung, so könnte der Schenker den unabhängig von den materiellen Voraussetzungen der Hinterlegung entstandenen[148] Anspruch des Gläubigers gegen die Hinterlegungsstelle kondizieren.[149] Auch der Anspruch gegen die

---

[145] Palandt/Thomas § 780 Rn. 6.

[146] Für die Heilung eines Schenkungsversprechens mit Einlösung eines erfüllungshalber hingegebenen Schecks BGH NJW 1975, 1881, 1882.

[147] Staudinger/Horn § 766 Rn. 29; Palandt/Thomas § 766 Rn. 6; bei Hinterlegung ohne Rücknahmeverzicht verneint BGH WM 1966, 139 f. die Heilung.

[148] Palandt/Heinrichs Einf v § 371 Rn. 6.

[149] Herrmann, S. 244; Palandt/Heinrichs § 378 Rn. 2.

Hinterlegungsstelle kann dem Gläubiger im Wege einer Handschenkung zugewendet werden, wenn der Schenker die Formnichtigkeit der Verpflichtung kennt. Auch hier wäre also, lehnte man die Heilung ab, zwischen § 516 und § 518 abzugrenzen. Das Schenkungsversprechen wird also durch Hinterlegung gemäß § 378 geheilt.[150]

bb) Aufrechnung

Die Erfüllung durch Aufrechnung kommt nur bei §§ 518, 766 in Betracht. Nach ihrem Wortlaut könnten beide Heilungsnormen einschlägig sein. Jedoch kann der Gläubiger nicht aufrechnen, weil die Voraussetzungen des § 387 nicht vorliegen: der aufrechnende Gläubiger kann nicht „die ihm gebührende Leistung fordern".

Anders ist die Rechtslage bei einer Aufrechnung durch den Schuldner. Gemäß § 387 am Ende ist die Aufrechnung nur möglich, wenn der aufrechnende Teil die ihm obliegende Leistung bewirken kann. Dies setzt zwar nach h.M. voraus, daß die Forderung, gegen die aufgerechnet wird, entstanden ist; gegen eine nichtige Forderung soll nicht aufgerechnet werden können.[151] Entscheidend ist jedoch, ob die Forderung, gegen die aufgerechnet wird, erfüllbar ist. Das ist aber auch nach h.M. bei den sog. Naturalobligationen der Fall (§§ 762, 764), bei denen eine Forderung nicht entstanden ist.[152] Denn ist eine unwirksame Forderung erfüllbar, so ist nicht ersichtlich, warum sie nicht durch Aufrechnung erfüllt werden kann. Denn auch die Erfüllung auf andere Weise kann, wie die Aufrechnung, durch einseitige Handlung des Schuldners erfolgen.

Auch ein formnichtiges Schenkungs- und Bürgschaftsversprechen ist erfüllbar; wird es erfüllt, kann die Leistung nicht mehr zurückgefordert werden. Es fragt sich jedoch, ob nach dem Sinn und Zweck der Heilungsvorschriften auch durch die Erfüllung mittels Aufrechnung Heilung eintritt.

Bei § 518 Abs. 2 ist das der Fall. Lehnte man die Heilung ab, so würde sich die Frage stellen, ob der aufrechnende Schuldner die Formnichtigkeit seiner

---

[150] So auch, mit anderer Begründung, Herrmann, S. 244 f.

[151] BGHZ 17, 29 f.; Palandt/Heinrichs § 387 Rn. 12; Staudinger/Kaduk § 387 Rn. 100; MK/von Feldmann § 387 Rn. 12; Soergel/Zeiss § 387 Rn. 10; ältere Gegenstimmen s. dort Fn. 25; RGZ 80, 371, 373 wird dort fälschlich als Nachweis für die h.M. zitiert, obwohl in der Entscheidung mit der nichtigen Forderung, nicht gegen sie aufgerechnet worden war.

[152] BGH NJW 1981, 1897; Soergel/Zeiss § 387 Rn. 10; Palandt/Heinrichs § 387 Rn. 12; MK/von Feldmann § 387 Rn. 12; Staudinger/Kaduk § 387 Rn. 101 f.

Verpflichtung kannte. Denn war dies der Fall, so könnte die Aufrechnung als schenkweiser Erlaß (§ 397 Abs. 1) der Gegenforderung ausgelegt werden, wenn eine entsprechende Erklärung des Gläubigers hinzugekommen ist. Der Erlaß könnte gem. § 516 wirksam sein. Die Abgrenzung zwischen § 516 und der Erfüllung eines formnichtigen Schenkungsversprechens sollte § 518 Abs. 2 jedoch gerade überflüssig machen. Daher wird das Schenkungsversprechen durch eine Aufrechnung seitens des Schenkers geheilt.[153]

Auch eine formnichtige Bürgschaft wird durch die Aufrechnung seitens des Bürgen geheilt.[154] Der durch die Aufrechnung gewährleistete Schutz des Bürgen ist demjenigen vergleichbar, der bei einer anderen Erfüllungshandlung besteht: Überlegungsfrist und bewußtes Vermögensopfer sind gegeben.

f) Wirksamkeit nachträglicher Rechtsgrundabreden

Die Heilungsvorschriften betreffen den Fall, daß die Erfüllung dem formnichtigen Verpflichtungsgeschäft nachfolgt. Denkbar ist aber auch, daß die Regelung der schuldrechtlichen Beziehungen erst nach Erbringung der Leistungen erfolgt.

Das Reichsgericht hatte zu § 15 GmbHG einen solchen Fall zu entscheiden.[155] Der schuldrechtliche Vertrag über die Abtretung von GmbH-Anteilen war unwirksam, da die Mitgesellschafter des Gesellschafters, der den Vertrag auch in ihrem Namen geschlossen hatte, ihre Genehmigung verweigerten (§ 177 Abs. 1). Jedoch hatte der als Vertreter handelnde Gesellschafter seinen Anteil bereits abgetreten. Später schlossen alle Gesellschafter einen neuen, schriftlichen Verpflichtungsvertrag. Diesen legte das Reichsgericht dahin aus, daß er eine Pflicht zur Abtretung der GmbH-Anteile nur noch für die Gesellschafter begründe, die noch nicht abgetreten hatten. Den Formfehler sah es als durch die anschließend erfolgten Abtretungen geheilt an.

Für den Gesellschafter, der bereits abgetreten hatte, habe der spätere Vertrag die Abrede enthalten, daß die Käuferin den abgetretenen Anteil auf Grund der neuen Abrede behalten solle. Eine solche Abrede sei formfrei möglich, da sie keine Pflicht zur künftigen Abtretung begründe.[156] Und selbst wenn die Par-

---

153 Ebenso Esch, S. 22.

154 Staudinger/Horn § 766 Rn. 29; MK/Pecher § 766 Rn. 21; Esch, S. 22.

155 RGZ 88, 61 ff.

156 RGZ 88, 61, 65.

teien in dem späteren Vertrag eine Verpflichtung zur Abtretung des abgetretenen Anteils begründet hätten, so sei diese zwar nach § 15 Abs. 4 S. 1 GmbHG formnichtig, aber gemäß § 140 umzudeuten in eine formfreie „Regelung der obligatorischen Beziehungen".[157]

Dem ist zuzustimmen.[158] Bereits nach dem Wortlaut des § 15 Abs. 4 S. 1 GmbHG ist eine bloße Rechtsgrundabrede, die nach der Abtretung getroffen wird, nicht formbedürftig. Auch erfordern Sinn und Zweck des Formzwanges keine Anwendung des § 15 Abs. 4 S. 1 GmbHG. Die Vorschrift soll verhindern, daß GmbH-Anteile durch formlose Veräußerung wie Aktien umlaufen. Aus § 15 Abs. 4 S. 2 GmbHG ergibt sich, daß der Gesetzgeber es zur Erreichung dieses Zwecks als ausreichend ansah, wenn der schuldrechtliche Vertrag bis zur dinglichen Abtretung nichtig ist. Ist die förmliche Abtretung erfolgt, so ist es für die Erreichung des Formzwecks ohne Bedeutung, ob das formlose Verpflichtungsgeschäft vor oder nach der Abtretung zustandegekommen ist.

Auch für §§ 313, 518, 766 gilt, daß ihr Wortlaut nachträgliche Rechtsgrundabreden nicht erfaßt und diese daher nicht formbedürftig sind.[159] Sinn und Zweck der Form —hier primär der Übereilungsschutz— erfordern ebenfalls keine Analogie. Wie sich aus den Heilungsnormen ergibt, endet der Schutz der Parteien jeweils mit der Leistungserbringung. Dann ist es unerheblich, ob die formlose Abrede vorher oder nachher getroffen wurde.

Einen Sonderfall hatte der BGH zu § 313 zu entscheiden.[160] Der ursprüngliche Grundstückskaufvertrag war wegen Fristablaufs unwirksam, die Auflassung war erfolgt und später war in einer neuen, formlosen Vereinbarung die Pflicht zur Grundstücksübereignung (möglicherweise) erneut festgeschrieben worden. Der BGH meint, der formnichtige neue Vertrag sei nicht durch die spätere Eintragung geheilt, weil die Auflassung dem Vertragsschluß vorausgegangen sei. Sie könne deshalb nicht —wie § 313 S. 2 voraussetze— in Erfüllung des Kaufvertrages erfolgt sein.[161]

---

[157] RGZ 88, 61, 65 f.

[158] So auch Scholz/Winter § 15 Rn. 74.

[159] Ebenso —für § 313— Korte, 11. Kapitel, Rn. 138.

[160] BGH NJW 1983, 1543 ff.; bei § 313 sind nachträgliche Rechtsgrundabreden trotz § 925 a denkbar, wenn ein notarieller Kaufvertrag zwar existiert, aber aus bei der Auflassung nicht erkennbaren Gründen unwirksam ist.

[161] BGH NJW 1983, 1543, 1545; allerdings handelt es sich hier um eine Hilfsbegründung. Auch eine Bejahung der Heilung hätte im Ergebnis keinen Unterschied gemacht, weil es darum ging, ob die Vormerkung für den möglicherweise geheilten Anspruch schon vor Eintragung des Eigentumsübergangs, also vor der Heilung wirksam war. Das hat der BGH zutreffend verneint.

Zunächst beruht das Urteil auf der vom BGH nicht problematisierten Voraussetzung, daß ein nach Auflassung und vor Eintragung abgeschlossener Grundstückskaufvertrag formbedürftig ist. Das ist nach dem Wortlaut des § 313 S. 1 der Fall, weil nach der Auflassung noch eine Grundstücksübereignungspflicht begründet wurde. Sie ist allein durch die Auflassung noch nicht erfüllt.

Weiter liegt der Entscheidung die Prämisse zugrunde, § 313 S. 2 beruhe auf dem Gedanken, daß durch die Auflassung die Formzwecke erreicht seien. Das ist, wie ausgeführt,[162] nicht der Fall. Vielmehr sollen mit dem Übergang des Grundeigentums Formfehler nicht mehr zur Rückabwicklung führen können. Muß die Auflassung aber die durch den formlosen Vertrag verfehlten Formzwecke nicht nachträglich wahren, so ist unerheblich, ob sie vor oder nach dem schuldrechtlichen Geschäft vorgenommen wurde.

Sinn und Zweck des § 313 S. 2 erfordern es vielmehr, die Heilung auch solcher Verpflichtungsgeschäfte eintreten zu lassen, die erst nach der Auflassung zustandegekommen sind. Es handelt sich bei § 313 S. 2 nicht um einen „gestreckten" Heilungstatbestand, der nur eingreift, wenn von Anfang an eine formlose Verpflichtung vorliegt. Vielmehr nennt § 313 S. 2 Auflassung und Eintragung als zwei Voraussetzungen, die kumulativ vorliegen müssen, um die Rückforderung eines Grundstücks wegen Formmangels der causa auszuschließen. Daß die schuldrechtliche Verpflichtung erst nach teilweiser Erfüllung (Auflassung) zustandegekommen ist, ist im Hinblick auf den Zweck des § 313 S. 2, die Rechtssicherheit im Immobilienverkehr zu erhöhen, unerheblich.[163]

II. Subjektive Voraussetzungen

1. Fortbestehendes Einigsein der Parteien über den Inhalt des formnichtigen Vertrages

Nach einhelliger Auffassung setzt die Heilung voraus, daß die Parteien sich zu einem bestimmten Zeitpunkt des Erfüllungsgeschäfts noch über den Inhalt des Kausalgeschäfts einig sind.[164] Hinsichtlich des maßgeblichen Zeitpunkts ist zu differenzieren zwischen gestreckten Erfüllungstatbeständen (stets bei § 313 S. 2, häufig bei §§ 518 Abs. 2, 766 S. 2), unten b) und c), und einaktigen Erfüllungshandlungen (regelmäßig bei § 15 Abs. 4 S. 2 GmbHG), unten d).

---

[162] S.o. 2. Teil C. III. 3. b) und D. III. 2. a) aa).

[163] Zu Vertragsänderungen nach Auflassung s. unten II. 1. b) bb) (2) und cc) (2).

[164] S. die Nachweise sogleich.

a) Terminologische Klarstellung

Die Formulierung der h.M., bei den Parteien müsse noch Willensübereinstimmung über den Inhalt der schuldrechtlichen Vereinbarung bestehen, könnte dahin mißverstanden werden, daß der wirkliche Wille der Parteien maßgeblich sei.[165] Das ist jedoch nicht der Fall; maßgeblich ist der erklärte Wille.[166]

Eine vor der Vornahme des Erfüllungsgeschäfts eingetretene Willensänderung einer Partei (etwa hinsichtlich des Umfangs der von ihr zu erbringenden Gegenleistung) bleibt unbeachtlich, wenn sie gegenüber dem Vertragspartner nicht geäußert wird. Zwar sind die Parteien bis zur Heilung an den Vertrag nicht gebunden und können die tatsächlich getroffene Einigung widerrufen[167]; das heißt aber nicht, daß das ohne Erklärung nach außen geschehen kann. Denn die Heilung erfaßt den ursprünglichen Vertrag. Sie setzt nur voraus, daß keine der Parteien sich von der ursprünglichen, tatsächlichen Einigung gelöst hat.

Äußert der „Wankelmütige" seinen Willenswandel, so wird es, wenn der Partner darauf einzugehen nicht bereit ist, zur Erfüllung nicht kommen. Der Vertrag wird nicht ausgeführt. Geht der Partner auf die Willensänderung ein und akzeptiert etwa eine Änderung des ursprünglich auf die Verschaffung eines unbefristeten Vorkaufsrechts gerichteten Vertrages in eine Pflicht zur Verschaffung eines befristeten Vorkaufsrechts[168] oder eine Neufestsetzung des Kaufpreises, so liegt je nach dem Umfang des Formerfordernisses eine ebenfalls formnichtige Änderung des nichtigen Vertrages vor. Das Erfüllungsgeschäft heilt dann den geänderten Vertrag.

In Fällen, in denen unklar ist, ob sich die Gegenseite auf eine Änderung des Vertrages eingelassen hat, ist nach allgemeinen Auslegungsgrundsätzen zu ermitteln, welcher Inhalt des schuldrechtlichen Vertrages wirksam geworden ist.

b) § 313 S. 2 BGB

aa) Umfang der erforderlichen Willensübereinstimmung

Nach § 313 S. 1 ist der gesamte Grundstücksveräußerungs- oder -erwerbsvertrag mit allen Vereinbarungen formbedürftig, aus denen sich nach dem Willen

---

[165] Mißverständlich insbesondere RGZ 109, 351, 354; BGHZ 82, 398, 406; BGH WM 1966, 180 (Willensübereinstimmung müsse fortbestehen).

[166] So auch Larenz, Schuldrecht I, § 5, S. 74.

[167] Dazu näher unten b) cc); OLG Hamm NJW 1986, 136; RGZ 54, 107, 109.

[168] So im Fall BGH WM 1963, 935, 936.

der Parteien das schuldrechtliche Veräußerungsgeschäft zusammensetzt.[169] Gemäß § 313 S. 2 wird der Vertrag seinem ganzen Inhalte nach wirksam. Die Einigung muß sich deshalb auf den gesamten formbedürftigen Inhalt des schuldrechtlichen Vertrages erstrecken. Sind einzelne Abreden des ursprünglichen Vertrages widerrufen worden, so entscheidet der Parteiwille darüber, ob der Vertrag mit dem verkürzten Inhalt zustandekommt. Geheilt werden also nur die Abreden, über die noch Einigkeit besteht.[170]

Von diesem Grundsatz hat der BGH in folgendem Fall eine Ausnahme gemacht.[171] Ein Maklervertrag war wegen einer erfolgsunabhängigen Provisionszahlungspflicht, die einen mittelbaren Zwang zum Grundstückserwerb ausübte,[172] analog § 313 S. 1 formbedürftig. Das Grundstück wurde dem Vertrag entsprechend vom Veräußerer an den Maklerkunden aufgelassen; dieser wurde eingetragen. Er machte geltend, im Zeitpunkt der Eigentumsumschreibung habe zwischen ihm und dem Makler keine Einigkeit mehr über die Provisionszahlungspflicht bestanden. Der BGH stützte seine Entscheidung, nach der die Provision zu zahlen war, auf zwei Gründe. Zum einen sei nicht der Zeitpunkt der Eigentumsumschreibung, sondern der der Auflassung für die Einigung maßgeblich. Zum anderen komme es —unabhängig hiervon— nicht darauf an, ob hinsichtlich der Provision überhaupt noch Einigkeit zwischen dem Makler und seinem Kunden bestanden habe. Die Willensübereinstimmung müsse sich nur auf den Erwerb des Grundstücks, nicht auf den sonstigen Inhalt des Maklervertrages beziehen.[173] Denn nur die Grundstückserwerbsverpflichtung sei Grund des Formbedürfnisses; der mit der Form bezweckte Schutz sei erreicht, wenn noch Willensübereinstimmung hinsichtlich des Grundstückserwerbs bestehe. Die nichtige Provisionsabrede werde mit der Eintragung geheilt.

Nach diesem Urteil kommt es bei analoger Anwendung des § 313 S. 2 auf formnichtige Maklerverträge also nur darauf an, daß die Parteien an der Grundstücksübereignungspflicht festhalten wollen. Der BGH hat hier anders entschieden als bei direkter Anwendung des § 313. Anders als bei § 313 direkt deckt sich der Umfang der Formnichtigkeit nicht mit dem Umfang der Willensübereinstimmung. Grund dafür könnte sein, daß es um die Heilung eines

---

169 Palandt/Heinrichs § 313 Rn. 25.

170 BGH WM 1963, 943 f.; 1967, 935, 936; RGZ 82, 413, 416; 65, 390, 392; 52, 1, 4 f.

171 BGH NJW 1981, 2293.

172 Zum Formzwang bei mittelbaren Grundstückserwerbs- und -veräußerungspflichten vgl. Hagen, Aktuelle Probleme, S. 24 f.

173 Zustimmend Reinicke/Tiedtke, NJW 1982, 1430, 1433.

Vorvertrages ging, der nicht mit dem Partner des Hauptvertrages, sondern mit einem Dritten, dem Makler, geschlossen worden war. Deshalb soll dieses Problem im Zusammenhang mit der Heilung formnichtiger Vorverträge erörtert werden.[174]

bb) Übereinstimmende Änderung des Inhalts des ursprünglichen Vertrages

Für die folgenden Untersuchungen wird unterstellt, daß die nachträgliche Vertragsänderung nach ihrem sachlichen Gehalt formbedürftig ist;[175] erst dann stellt sich die Frage nach ihrer Heilbarkeit.

(1) Vor der Auflassung

Bei § 313 S. 2 soll nach ständiger Rechtsprechung der Zeitpunkt der Auflassung für die fortbestehende schuldrechtliche Einigung maßgeblich sein.[176] Die Literatur folgt dem zum Teil.[177] Vor der Auflassung erfolgte Vertragsänderungen sind danach stets beachtlich und werden im Zeitpunkt der Eintragung wirksam.

(2) Zwischen Auflassung und Eintragung

(a) Keine Heilung

Die Rechtsprechung hat die Frage nach der Wirksamkeit von in diesem Zeitraum vereinbarten Vertragsänderungen zum Teil dahingehend beantwortet, daß die Heilung solche Abreden nicht erfasse.[178] Der dem § 313 S. 2 zugrundeliegende Gedanke, der Schutz der Form sei durch die Auflassung gewahrt, verbiete die Bejahung der Heilung. Die Auflassung könne diesen Schutz nicht mehr bieten, da sie nicht den modifizierten Vertrag decke.[179] Auch habe im Zeitpunkt der Auflassung das zu heilende Rechtsgeschäft —der geänderte Vertrag— noch nicht existiert. Was nicht existiere, könne auch nicht geheilt werden.

---

[174] S.u. C. II. 1. c) ee).

[175] Dazu näher MK/Kanzleiter § 313 Rn. 47 ff.

[176] BGH NJW 1981, 2293; 1978, 1577 f.; BGH WM 1980, 166, 167; 1969, 163, 165 und 1358, 1360; 1967, 935, 936; 1963, 943 f.; RGZ 109, 351, 354; 104, 102, 105; 52, 1, 4 f.

[177] RGRK/Ballhaus § 313 Rn. 122; Korte, 11. Kapitel, Rn. 117.

[178] BGH NJW 1988, 2237; OGH BrZ 1, 290, 291 f.; RG JW 1911, 320.

[179] OGH BrZ 1, 290, 292.

Beide Argumente überzeugen nicht. Dem ersten liegt die hier bereits abgelehnte[180] Auffassung zugrunde, die Heilung beruhe darauf, daß der Veräußerer durch die Auflassung ebenso geschützt wird wie durch die Form des schuldrechtlichen Vertrages. Das zweite Argument, zum Zeitpunkt der Auflassung existiere das zu heilende Rechtsgeschäft noch nicht, greift deshalb nicht, weil erst im Zeitpunkt der Eintragung die Heilung sich vollendet. Erst in diesem Augenblick muß eine tatsächliche Einigung vorliegen, die wirksam werden kann. Die Heilung ist kein mehraktiger Vorgang, der bereits mit der Auflassung beginnt, sondern ein Erfolg, der mit Vorliegen aller Heilungsvoraussetzungen eintritt.

(b) Kein Formbedürfnis

In der Mehrzahl der Entscheidungen geht die Rechtsprechung auf die Heilungsproblematik nicht mehr ein, sondern verneint bereits im Grundsatz die Formbedürftigkeit von Vertragsänderungen nach Auflassung, unabhängig von der sonst bei § 313 S. 1 verwandten Formel, daß solche Abreden formbedürftig sind, aus denen sich nach dem Willen der Parteien das schuldrechtliche Geschäft zusammensetzt.[181]

Sie führt zur Begründung an, bereits mit der Auflassung erlösche die Grundstücksübertragungs- und -erwerbspflicht.[182] Der Veräußerer habe den Vertrag erfüllt, da die Auflassungserklärung nach § 873 Abs. 2 bindend geworden sei.[183] Es entfalle daher der gesetzgeberische Grund des § 313 S. 1, den Veräußerer vor übereilten Entschließungen zu bewahren und ihm die Bedeutung des Rechtsgeschäfts zum Bewußtsein zu bringen.[184] Die Literatur folgt der Rechtsprechung überwiegend.[185]

---

[180] 2. Teil C. III. 3. b) aa) und D. III. 2. a).

[181] BGH NJW 1985, 266; BGH MDR 1971, 737; BGH WM 1973, 576; BGH DB 1975, 1983; BayOblG BB 1987, 711, 712; auch schon RG SeuffArch 94 (1940), 128, 129 f.; RG HRR 1933, Nr. 1410; RG JW 1932, 1354, 1355 f.; Ausnahme: wenn nach der Auflassung eine Rückkaufspflicht des Veräußerers vereinbart wird. Dann bejaht der BGH die Formbedürftigkeit, verneint aber mit der oben unter (a) genannten Begründung die Heilung, BGH NJW 1988, 2237.

[182] BGH MDR 1971, 737; BGH WM 1973, 576; BGH NJW 1985, 266; RG WarnRspr 1911, Nr. 226, S. 248 f.; RG HRR 1933, Nr. 1410.

[183] RG SeuffArch 94 (1940), 128, 129 f.

[184] BGH DNotZ 1971, 541, 542.

[185] RGRK/Ballhaus § 313 Rn. 88; Erman/Battes § 313 Rn. 54; Palandt/Heinrichs § 313 Rn. 44; Haegele, DNotZ 1958, 17, 19.

Dieser Ansicht ist nicht zu folgen. Nach § 362 Abs. 1 erlischt die Übereignungspflicht erst mit Eintritt des Leistungserfolges,[186] also mit der den Eigentumsübergang herbeiführenden Eintragung.[187] Nimmt man die Rechtsprechung beim Wort, so wäre einerseits die Grundstücksübereignungspflicht erloschen, andererseits aber der schuldrechtliche Vertrag wegen der fehlenden Eintragung noch nicht wirksam geworden.

Etwas anders formuliert der BGH in einer Entscheidung aus dem Jahre 1975.[188] Vertragsänderungen nach Auflassung seien deshalb nicht formbedürftig, „weil mit der Auflassung diejenige Erfüllungshandlung, vor deren übereilter Vornahme das Formgebot schützen will, bereits vollzogen ist und dadurch der Schutzzweck der Norm nicht mehr in Betracht kommt".

Methodisch handelt es sich bei dieser Argumentation um eine teleologische Reduktion des § 313 S. 1. Denn nach ihrem Wortlaut erfaßt diese Vorschrift auch Vertragsänderungen nach Auflassung und vor Eintragung: Formbedürftig ist ein Vertrag, durch den sich ein Teil verpflichtet, das Eigentum an einem Grundstück zu veräußern oder zu übertragen. Der ursprüngliche Vertrag bleibt auch nach erklärter Auflassung noch ein solcher Vertrag, da die Verpflichtung, das Eigentum zu übertragen oder zu erwerben, noch immer besteht. Da § 313 S. 1 den ganzen Vertrag für formbedürftig erklärt, gilt dies grundsätzlich auch für Vertragsänderungen.

Wenn der BGH nun meint, nach der Auflassung komme „der Schutzzweck der Norm nicht mehr in Betracht", so bedeutet das nichts anderes, als daß nach seiner Ansicht § 313 S. 1 nach seinem Sinn und Zweck nicht eingreifen soll.

Der BGH geht davon aus, Sinn und Zweck des § 313 S. 1 sei es, vor der übereilten Erklärung der Auflassung zu schützen —wer geschützt werden soll, bleibt offen. Hiermit verkürzt der BGH den durch § 313 S. 1 nach dem Willen des Gesetzgebers gegebenen Schutz zweifach.

Stellt man auf den Schutz des Veräußerers ab, so besteht dieser nicht, wie der BGH meint, in dem Schutz vor übereilter Auflassung. Der Veräußerer sollte davor geschützt werden, sich übereilt zur Übereignung seines Grundstücks zu

---

[186] Palandt/Heinrichs § 362 Rn. 1.

[187] So auch Kanzleiter, DNotZ 1985, 285, 286 (Anm. zu BGH DNotZ 1985, 284 f.). Von der nach § 433 Abs. 1 S. 1, 1. Alt. BGB regelmäßig noch bestehenden Pflicht zur Übergabe des Grundstücks kann hier abgesehen werden, da ihre Erfüllung zur Heilung nicht erforderlich ist.

[188] DB 1975, 1983.

verpflichten. Dieser Schutz ist vom Gesetz so ausgestaltet, daß er bis zur Vollendung des Eigentumsüberganges fortbesteht; bis dahin ist der schuldrechtliche Vertrag nichtig und die Auflassung kondizierbar. Der Schutz endet also nicht in dem Moment, in dem die Auflassung erklärt wird. § 313 S. 1 greift daher von seinem Schutzzweck her noch ein.

Auch im Hinblick auf den mit § 313 S. 1 bezweckten Erwerberschutz ist der Zweck des § 313 S. 1 mit der Auflassung noch nicht erreicht. Der Erwerber wird nicht primär wegen seiner Eigentumserwerbsverpflichtung, sondern wegen seiner Pflicht zur Erbringung der Gegenleistung geschützt.[189] Auch dieser Schutz endet nicht mit der Auflassung, sondern erst mit dem Eigentumsübergang, weil dann der schuldrechtliche Vertrag auch für den Erwerber verbindlich wird. Auch insofern greift § 313 S.1 nach seinem Schutzzweck noch ein. Eine teleologische Reduktion der Formvorschrift, wie sie der BGH vornimmt, ist daher abzulehnen.

Gegen die Annahme, Vertragsänderungen nach der Auflassung seien formlos wirksam, spricht auch, daß die damit erzielten Ergebnisse nicht sachgerecht sind. Zum einen würde sie dazu führen, daß die Vertragsänderungen wirksam wären, auch wenn noch vor Eintragung die Auflassung kondiziert würde. Da die Bindung an die Änderungsvereinbarungen in aller Regel für den Fall, daß der urspüngliche Vertrag nicht durchgeführt wurde, nicht gewollt ist, müßte man im Wege der Auslegung oder über die Grundsätze des Wegfalls der Geschäftsgrundlage dazu kommen, daß die Änderungs- oder Ergänzungsvereinbarungen nicht verbindlich sind bzw. daß ein Rücktrittsrecht besteht.

Außerdem kommt die h.M. in Schwierigkeiten, wenn zeitlich nach der Auflassung noch andere Handlungen des Veräußerers erforderlich sind, um den Eigentumsübergang herbeizuführen. Ist etwa die Auflassung schon erklärt, aber vereinbart, daß der Notar die Eigentumsumschreibung erst dann beantragen darf, wenn der Veräußerer ihm die Zahlung des gesamten Kaufpreises bestätigt,[190] so hat der Veräußerer erst mit der Bestätigung alles getan, um den Eigentumsübergang herbeizuführen. Insofern ist auch die These des BGH, § 313 S. 1 solle den Veräußerer vor der übereilten Auflassung des Grundstücks schützen, verkürzend. Selbst wenn man den BGH so versteht, daß § 313 S. 1 vor der übereilten Vornahme der für die Vollendung des dinglichen Geschäfts erforderlichen Handlungen schützen soll, so könnte man diesen Schutz sicher

[189] MK/Kanzleiter § 313 Rn. 48.

[190] So im Fall BGH DNotZ 1985, 284 f.

nicht auf die Auflassung begrenzen, sondern müßte ihn auch auf die zusätzlich erforderlichen Erfüllungshandlungen erstrecken.[191]

(c) Heilung

In der Literatur wird die Ansicht vertreten, Änderungen des Vertrages nach der Auflassung seien formbedürftig, würden aber durch die Eintragung geheilt.[192]

Für diese Ansicht spricht zum einen der Wortlaut des § 313 S. 1, der, wie bereits dargelegt, Änderungen und Ergänzungen des Vertrages nach der Auflassung erfaßt. Auch Sinn und Zweck des § 313 S. 1 sprechen für dieses Ergebnis. Die Parteien sollen danach bis zur Eintragung geschützt werden. § 313 S. 2 läßt nicht den Schluß zu, der Schutz der Parteien ende mit der Auflassung. Die Heilungsnorm beruht entgegen der Ansicht der h.M. nicht auf dem Gedanken, daß die Formzwecke mit der Auflassung erreicht sind. Im Interesse an der Rechtssicherheit des Immobilienverkehrs hat der Gesetzgeber vielmehr entschieden, daß mit der Vollendung des Eigentumserwerbs —und nicht früher— der Schutz der Parteien zurücktreten muß. § 313 S. 2 spricht daher nicht dafür, daß Vertragsänderungen nach der Auflassung formlos gültig sein müssen. § 313 S. 2 begrenzt den Schutz der Parteien vielmehr auf die Zeit vor der Eintragung; eine weitergehende Vorverlagerung des Zeitpunktes, in dem ihr Schutzbedürfnis endet, ist § 313 nicht zu entnehmen.

Auch die Ergebnisse, zu denen man mit der Mindermeinung in der Literatur kommt, sind sachgerecht. Ist der ursprüngliche Vertrag formnichtig, so ist es sinnvoll, diesen und nachträgliche Ergänzungen und Abreden erst mit der Eintragung wirksam werden zu lassen. Ist der ursprüngliche Vertrag wirksam, so ist es ebenfalls sinnvoll, den Schutz der Parteien hinsichtlich formlos getroffener nachträglicher Abreden in der Weise zu gewährleisten, daß solche Abreden zunächst nichtig sind. Die Parteien haben dann noch bis zur Eintragung die Möglichkeit, übereilt eingegangene Änderungsvereinbarungen rückgängig zu machen.[193]

---

[191] Kanzleiter, DNotZ 1985, 285, 286 f. (Anm. zu BGH DNotZ 1985, 284 f.)

[192] MK/Kanzleiter § 313 Rn. 48; Kanzleiter, DNotZ 1985, 285, 287 (Anm. zu BGH DNotZ 1985, 284 f.); Staudinger/Wufka § 313 Rn. 157 und 191 ff., 196; Soergel/Wolf § 313 Rn. 85 und 107.

[193] Wird nach Auflassung eine Rückkaufspflicht des Veräußerers vereinbart (so in BGH NJW 1988, 2237), so wird diese zwar nicht durch die Eintragung geheilt; das liegt jedoch nicht daran, daß das Grundstück *vor* der Vereinbarung der Rückkaufspflicht aufgelassen wurde, sondern wäre nach der hier vertretenen Auffassung auch bei *nachfolgender* Auflassung der Fall, weil die Rück-

cc) Einseitiges Abgehen vom Vertrag

(1) Vor der Auflassung

Wie das einseitige Abgehen eines Vertragspartners von der nichtigen, aber tatsächlich vorhandenen schuldrechtlichen Einigung in diesem Stadium zu beurteilen ist, ergibt sich bereits aus dem oben Gesagten.[194] Die Parteien können sich durch einseitige Erklärung gegenüber dem anderen Teil von der tatsächlichen Einigung lösen.[195]

(2) Zwischen Auflassung und Eintragung

In diesem Zeitraum ist der nichtige Vertrag noch nicht geheilt. Hieraus müßte folgen, daß jede Partei sich noch von der tatsächlich vorhandenen Abrede mit der Folge distanzieren kann, daß der Vertrag nichtig bleibt, weil im Zeitpunkt der Heilung keine tatsächliche Vereinbarung als Heilungsobjekt mehr existiert.

Die Rechtsprechung läßt, wenn mit der Auflassung wie im Regelfall[196] die Voraussetzungen des § 873 Abs. 2 vorliegen, keinen einseitigen Widerruf des schuldrechtlichen Vertrages und der Auflassungserklärung mehr zu; wird der Käufer eingetragen, so wird trotz des Widerrufs der ursprüngliche Vertrag gemäß § 313 S. 2 geheilt.[197] Die Rechtsprechung billigt dem Veräußerer jedoch das Recht zu, die Auflassungserklärung zu kondizieren.[198] Dieser Bereicherungsanspruch soll im Wege der einstweiligen Verfügung durch den Erlaß eines Erwerbsverbots analog §§ 135, 136 gesichert werden können.[199] Wird der Käufer trotz des Erwerbsverbots eingetragen, soll der Erwerb gegenüber

---

kaufpflicht selbständig nach § 313 S. 1 formbedürftig ist und noch nicht erfüllt wurde, s.o. I. 2. a) bb).

[194] Unter a).

[195] RGZ 54, 107, 109.

[196] Zwar setzt die Wirksamkeit der Auflassung keine notarielle Beurkundung voraus, aber das formelle Grundbuchrecht verlangt sie, § 29 GBO, so daß praktisch die Auflassung regelmäßig beurkundet wird (vgl. Fuchs-Wissemann, RPfleger 1977, 9, 10 ff.).

[197] BGH NJW 1981, 2293; 1978, 1577 f.; BGH WM 1980, 166, 167; RGZ 109, 351, 354; 111, 98, 100 f.

[198] BGHZ 54, 56, 65; OLG Hamm DNotZ 1970, 661 ff.; OLG München OLGZ 1969, 196, 198 ff.; RGZ 120, 118, 119; 117, 287, 293; 111, 98, 100 f.; 109, 351, 354; 108, 329, 331 ff.; der Kondiktion kann § 815, 1. Alt. entgegenstehen, wenn beide Parteien die Formnichtigkeit und deren Heilbarkeit kannten, OLG München, NJW-RR 1986, 13, 14.

[199] OLG Hamm DNotZ 1970, 661 ff.; OLG München OLGZ 1969, 196, 198 ff.; RGZ 120, 118, 119; 117, 287, 293.

dem Verkäufer relativ unwirksam sein mit der Folge, daß der Kaufvertrag nicht geheilt wird und der Verkäufer gemäß § 894 Grundbuchberichtigung oder analog § 888 Abs. 2 Zustimmung zu seiner Eintragung verlangen kann.[200]

In der Literatur wendet Habscheid[201] ein, die Annahme relativer Unwirksamkeit des Eigentumserwerbs und die deshalb fortbestehende Nichtigkeit des obligatorischen Vertrages verstoße gegen § 313 S. 2, wonach allein Auflassung und Eintragung Heilungsvoraussetzung seien. Auch Flume[202] argumentiert mit § 313 S. 2. Ein Erwerbsverbot sei unzulässig, weil nach § 313 S. 2 die Heilung möglich sein solle.

Larenz[203] hält es nicht für geboten, dem Verkäufer, der alles ihm Obliegende getan habe, um dem Käufer das Eigentum zu verschaffen, noch die Möglichkeit zu geben, Eigentumserwerb und Heilung zu verhindern, nur weil er anderen Sinnes geworden sei. Medicus[204] stimmt ihm zu. In den Fällen, in denen es nicht nur um „die Wünsche eines anderen Sinnes gewordenen Schwarzkäufers" gehe, scheitert seiner Ansicht nach das Erwerbsverbot außerdem daran, daß es keine der Verfügungsbefugnis entsprechende Erwerbsbefugnis gebe.

Wacke[205] und Reinicke[206] lehnen die Ansicht der Rechtsprechung mit der Begründung ab, der den §§ 878, 892 zugrundeliegenden Wertung lasse sich entnehmen, daß dem Erwerber zumindest nach der Stellung des Eintragungsantrages „nichts mehr passieren können" soll. Reinicke[207] meint zudem, es verstoße gegen das Verbot des „venire contra factum proprium", wenn der Veräußerer die Auflassung kondiziere.

(a) Einfacher Widerruf oder zusätzlich Kondiktion der Auflassung

(aa) § 873 Abs. 2 BGB

§ 873 Abs. 2 soll nach der Rechtsprechung einem einfachen Widerruf des nichtigen Vertrages entgegenstehen. Es sei nicht anzunehmen, daß das Gesetz

---

[200] RGZ 117, 287, 294.

[201] FS für Schiedermair, 245, 248 f.

[202] AT 2, § 17, 6 e, S. 362.

[203] AT § 23 IV, S. 475 f.

[204] AT, Rn. 665.

[205] MK/Wacke § 888 Rn. 24.

[206] Rechtsfolgen, S. 16.

[207] Rechtsfolgen, S. 16.

den Widerruf nach der dinglichen Seite habe ausschließen wollen, ihn aber nach der schuldrechtlichen Seite habe gestatten wollen.[208] Mit der Auflassung hätten beide Parteien bindend ihren Willen erklärt, daß die Übereignung des Grundstücks erfolgen und der schuldrechtliche Vertrag erfüllt werden solle.[209]

Eine Kondiktion der Auflassung soll aber möglich sein. Auch sie soll die Heilung des Kaufvertrages aber nur hindern, wenn sie dazu geführt hat, daß die Auflassung rechtskräftig rückgängig gemacht wurde, in der Weise, daß der Klage der einen Partei auf die Einwilligung der anderen in die Aufhebung der Auflassung rechtskräftig stattgegeben wurde.[210]

Die Rechtsprechung verlangt also von demjenigen, der sich von dem nichtigen Vertrag lösen will, daß er nicht nur dessen weitere Erfüllung verweigert, sondern daß er aktiv die bisherigen Erfüllungshandlungen rückgängig macht. Denn nur dann sei die Bindung gemäß § 873 Abs. 2 entfallen.

Aus dem Wortlaut des § 873 Abs. 2 ergibt sich nicht, daß die dort normierte Bindung Konsequenzen für die Art und Weise der Geltendmachung von Mängeln des Kausalgeschäftes hat. Es könnte sich jedoch aus Sinn und Zweck des § 873 Abs. 2 ergeben, daß die Parteien die Nichtigkeit des schuldrechtlichen Geschäfts nicht einfach durch Widerruf ausnutzen können, sondern die Auflassung kondizieren müssen. Nach § 873 Abs. 2 sind die Parteien an die dingliche Einigung gebunden, wenn die Erklärungen notariell beurkundet, vor dem Grundbuchamt abgegeben oder bei ihm eingereicht sind oder wenn der Berechtigte dem anderen Teil eine den Vorschriften der GBO entsprechende Eintragungsbewilligung ausgehändigt hat.

Die Kommissionen wählten mit § 873 Abs. 2 den Mittelweg zwischen der Ansicht, nach der die Bindung erst mit der Eintragung eintreten sollte und der Auffassung, die die Parteien schon vom Zeitpunkt der dinglichen Einigung an binden wollte. Die frühe Bindung wurde abgelehnt, weil die Verfügung über Eigentum und andere Rechte an Grundstücken zu sehr erleichtert werde.[211] Dagegen beeinträchtige eine willkürliche Widerruflichkeit bis zur Eintragung die Rechtssicherheit zu sehr; das Grundbuchamt dürfe in seinen Operationen

---

[208] BGH WM 1973, 612, 613; RGZ 109, 351, 354.

[209] RGZ 111, 98, 100 f.

[210] RGZ 111, 98, 101; 108, 329, 336.

[211] Wegen Außerachtlassung der schuldrechtlichen Verpflichtung und der damit gegebenen Einklagbarkeit der dinglichen Einigung hält Hagen (in: Erman § 873 Rn. 15) § 873 Abs. 2 hinsichtlich des Veräußererschutzes für verfehlt; dagegen MK/Wacke § 873 Rn. 40.

nicht mehr durch einen einseitigen Widerruf eines der Vertragsschließenden gestört werden. Auch widerspreche es Treu und Glauben, wenn die Einigung bis zur Eintragung widerruflich sei.[212] Man wollte also einen einseitigen, willkürlichen Widerruf ausschließen[213], und zwar von dem Zeitpunkt an, in dem ein grundbuchrechtliches Verfahren entweder schon eingeleitet war oder zumindest eingeleitet werden konnte.

Es fragt sich, ob aus dieser Regelung zu schließen ist, daß auch ein Widerruf des noch bis zur Eintragung nichtigen Kausalgeschäfts nicht mehr erfolgen kann. Es ist keineswegs zwingend, daß ein Auschluß des Widerrufs „nach der dinglichen Seite" auch den Widerruf „nach der schuldrechtlichen Seite" ausschließt. Könnte eine Partei des Kaufvertrages die tatsächliche Einigung durch Widerruf beseitigen, so wäre die Folge, daß der Kaufvertrag durch die Eintragung nicht wirksam würde. Dies stünde mit § 873 Abs. 2 nicht im Widerspruch. Die dort vorgesehene Bindung soll verhindern, daß während eines Grundbuchverfahrens die wirksame, dingliche Einigung noch entfallen kann. Die entfallene Einigung würde nämlich dazu führen, daß sich kein Eigentumserwerb vollziehen kann. Hätte das Grundbuchverfahren bereits zur Eintragung des Erwerbers geführt, so würde das Grundbuch falsch. Das soll im Interesse der Rechtssicherheit verhindert werden.

Dieser Regelungszweck des § 873 Abs. 2 wird nicht vereitelt, wenn man den einseitigen Widerruf der schuldrechtlichen Abrede zuläßt. Der Erwerber würde mit der Eintragung Eigentümer. Lediglich der schuldrechtliche Vertrag bliebe formnichtig. Damit wäre das Grundstückseigentum kondizierbar. Eine solche Kondiktion soll § 873 Abs. 2 aber nicht ausschließen; die Vorschrift betrifft nicht die Bindung an die schuldrechtliche Abrede und ebensowenig die Bindung an eine Erklärung, den nichtigen Vertrag erfüllen zu wollen.[214] Mithin folgt aus § 873 Abs. 2 nicht, daß der Widerruf des formnichtigen, obligatorischen Geschäfts ausgeschlossen ist.

(bb) § 313 S. 2 BGB

Dies könnte sich aber aus § 313 S. 2 ergeben. Sinn und Zweck dieser Vorschrift ist es, im Interesse der Rechtssicherheit nach erfolgtem Eigentumsüber-

---

212 Mot. III 175 f.; Prot. bei Mugdan III 527 ff.

213 Vgl. BGH LM § 2271 Nr. 15, Bl. 597r; RGZ 115, 35, 38 f.; Bassenge, RPfleger 1977, 8; MK/Wacke § 873 Rn. 42; Soergel/Stürner § 873 Rn. 30.

214 So aber RGZ 111, 98, 100 f.

gang die Rückabwicklung des Kaufvertrages wegen eines Formfehlers zu verhindern. Andererseits ist aber bis zu diesem Zeitpunkt der Vertrag nichtig; die Parteien sind an ihn nicht gebunden und insofern noch geschützt.

Trotzdem könnte es der Aspekt der Rechtssicherheit sein, der die Rechtsprechung veranlaßt, nach der Auflassung von den Parteien für einen Widerruf mehr zu verlangen als eine einseitige Erklärung. Ist die Auflassung erklärt, so kann regelmäßig jede Partei, § 13 Abs. 2 GBO, die Eintragung beantragen und damit den Eigentumserwerb herbeiführen. Deshalb kann es trotz des Widerrufs der schuldrechtlichen Abrede zum Eigentumserwerb kommen. Damit könnte es, wenn man den einfachen Widerruf des schuldrechtlichen Vertrages zuließe, zu der Situation kommen, die § 313 S. 2 verhindern soll: ein durch wirksame Übereignung vollzogener Grundstückskaufvertrag könnte wegen eines Formfehlers rückabgewickelt werden. Dies wäre für den Immobilienverkehr insbesondere wegen der zu erwartenden Rechtsstreitigkeiten darüber, ob und wann ein Widerruf erfolgt ist, belastend.

Demgegenüber muß das Interesse der Parteien, sich durch einfachen Widerruf vom Vertrag lösen zu können, zurücktreten. Denn es bleibt ihnen unbenommen, die Vorteile der Nichtigkeit durch Kondiktion der Auflassung auszunutzen; sie können die Heilung weiterhin verhindern, nur der Weg ist erschwert.

(b) Sicherung durch Erwerbsverbot

Folgt man der oben erörterten Ansicht, daß die Kondiktion der Auflassung bis zur Eintragung möglich ist, so fragt sich, ob der Kondiktionsanspruch auch im Eilverfahren gesichert werden kann. Denn im Regelfall dauert ein Hauptsacheverfahren zu lange, um die Parteien vor der Gefahr der Heilung des Kausalgeschäfts zu schützen; im Verlaufe des Verfahrens könnte die erfüllungsbereite Partei die Eigentumsumschreibung beantragen und erreichen und damit der Kondiktion der Gegenseite die Grundlage entziehen.

Die Rechtsprechung gewährt dem Veräußerer diesen Schutz durch die Anerkennung eines Erwerbsverbots. Dieses soll eine Grundbuchsperre bewirken[215] und einen dennoch eingetragenen Erwerb zwischen den Parteien des Kausalgeschäfts relativ unwirksam machen. Die relative Unwirksamkeit des Erwerbes läßt die Heilung des obligatorischen Geschäfts scheitern.[216]

---

[215] BayObLG RPfleger 1978, 306.

[216] RGZ 117, 287, 294; s.o. I. 1. a) cc).

Im übrigen ist auch denkbar, daß der Erwerber die Heilung des Kaufvertrages verhindern will. Denn der Veräußerer kann die Eintragung gemäß § 13 Abs. 2 GBO selbst herbeiführen, wenn die Auflassung in der Form des § 873 Abs. 2 erklärt wurde. Um die Heilung zu verhindern, muß der Erwerber die Auflassung kondizieren. Diesen Kondiktionsanspruch kann er gemäß §§ 135, 136 durch ein Veräußerungsverbot sichern lassen. Nicht erforderlich wäre allerdings ein Verbot jeglicher Veräußerung; ausreichend wäre es vielmehr, dem Veräußerer die Übereignung an den Erwerber zu untersagen. Ein Verfügungsverbot dieses Inhalts wäre eintragungsfähig. Wird nun der Käufer eingetragen, so ist der Erwerb im Verhältnis zwischen dem Veräußerer und dem Käufer unwirksam. Hieran scheitert die Heilung des Kaufvertrages.

Die Zulässigkeit eines Erwerbsverbots wird insbesondere unter Hinweis darauf verneint, daß das BGB keine der Verfügungsbefugnis entsprechende Erwerbsmacht kenne.[217] Meines Erachtens muß man ein Erwerbsverbot zulassen, wenn man die Kondiktion der Auflassung bis zur Eintragung für möglich hält.[218] Denn andernfalls wäre der Bereicherungsanspruch für den Anspruchsteller in aller Regel wertlos. Sein Vertragspartner könnte die Heilung herbeiführen, bevor der Prozeß beendet wäre. Tatsächlich ist der Bereicherungsanspruch nur im Wege des einstweiligen Rechtsschutzes durchsetzbar.

(c) Konflikt mit §§ 878, 892 Abs. 2 BGB

Möglicherweise widerspricht es der in §§ 878, 892 Abs. 2 getroffenen Wertung, wenn man Mängeln des Grundgeschäfts mit Hilfe des Erwerbsverbots die Wirkung beilegt, den Eigentumserwerb relativ unwirksam zu machen.[219] Die genannten Vorschriften verhindern, daß nach Antragstellung beim Grundbuchamt der Erwerb durch Verfügungsbeschränkungen verhindert werden kann. Ist aber das Erwerbsverbot das Spiegelbild einer Verfügungsbeschränkung, so könnte man an eine analoge Anwendung der §§ 878, 892 Abs. 2 denken.

Die Interessenlage ist jedoch nicht vergleichbar. Das Erwerbsverbot dient der Geltendmachung von Einwendungen aus dem Kausalgeschäft. Das Vertrauen des Erwerbers in die Gültigkeit dieses Geschäfts ist nicht schutzwürdig. Anders verhält es sich mit dem Schutz vor Verfügungsbeschränkungen des Veräußerers aus Beziehungen zu Dritten.

---

[217] Medicus AT Rn. 665; Habscheid, FS für Schiedermair, 245, 250 f.

[218] Umfassend ist die Zulässigkeit eines Erwerbsverbots erörtert bei Foerste, S. 114 ff.

[219] So D. Reinicke, Rechtsfolgen, S. 16; MK/Wacke § 888 Rn. 24.

(d) Verstoß gegen § 242 BGB — venire contra factum proprium

Denkbar ist, daß die Kondiktion der Auflassung gegen das Verbot des venire contra factum proprium verstößt.[220] Von den Kritikern an der Rechtsprechung zum Erwerbsverbot wird geltend gemacht, die Rechtsprechung gestatte es einem Schwarzverkäufer ausdrücklich, sich unter Verstoß gegen § 242 mit seinem gegebenen Wort in Widerspruch zu setzen.[221] Auch Reinicke geht unter der Prämisse, daß die Auflassung ein mittelbares Bekenntnis zum Vertrag beinhalte,[222] davon aus, daß die Kondiktion der Auflassung dem Verkäufer nicht gestattet werden dürfe.[223]

Bereits oben wurde festgestellt, daß die Rückforderung einer Leistung keineswegs immer einen Verstoß gegen das Verbot widersprüchlichen Verhaltens beinhalten muß.[224] Selbst wenn man mit dem BGH und dem Reichsgericht in der Auflassung ein „mittelbares Bekenntnis" zu dem schuldrechtlichen Vertrag sieht, bedeutet das nicht, daß die Kondiktion der Auflassung stets gemäß § 242 als widersprüchliches Verhalten ausgeschlossen wäre. Solange dieses mittelbare Bekenntnis keinerlei Aussage darüber enthält, wie der Leistende sich in Kenntnis der Formnichtigkeit verhält oder verhalten wird, ist der Auflassungsempfänger nicht schutzwürdig.

(e) Einseitiges Abgehen von Nebenabreden

Kann nach der Auflassung eine Partei einseitig von Nebenabreden des schuldrechtlichen Vertrages abgehen, zugleich aber an der Durchführung des Geschäfts festhalten? Der BGH[225] hatte über einen Fall zu entscheiden, in dem der Grundstückskäufer sich außerhalb des notariellen Vertrages schriftlich zur Zahlung von weiteren 10.000,- DM verpflichtet hatte. Im Zeitpunkt der Auflassung, aber nicht mehr im Zeitpunkt der Eintragung des Käufers waren die Parteien sich über die Pflicht zur Zahlung der weiteren 10.000,- DM einig gewesen. Denn zwischen Auflassung und Eintragung hatte der Käufer zu erkennen gegeben, daß er zur Zahlung der 10.000,- DM nicht mehr bereit sei.

---

[220] So Reinicke, Rechtsfolgen, S. 16.

[221] MK/Wacke § 888 Rn. 24.

[222] So auch BGHZ 54, 56, 63 f.; RGZ 115, 6, 12; 109, 351, 354.

[223] Rechtsfolgen, S. 16.

[224] 2. Teil C. IV. 2.

[225] BGH WM 1963, 943.

Hiermit war der Verkäufer nicht einverstanden. Es war zu entscheiden, mit welchem Inhalt der schuldrechtliche Vertrag wirksam geworden war.

Nach Ansicht des BGH muß die Willensübereinstimmung über die nicht formgerechten Abreden nur bis zur Auflassung fortbestehen. Entfalle nach der Auflassung die Willensübereinstimmung, so stehe dies der Heilung der ursprünglichen Abrede nicht entgegen.[226] Danach war die Verpflichtung zur Zahlung der 10.000,- DM wirksam geworden.[227] Mithin hat nach der Rechtsprechung keine Partei mehr die Möglichkeit, sich nach der Auflassung von Nebenabreden zu lösen — obwohl der Vertrag noch nichtig ist.

Auf den ersten Blick könnte diese Rechtsprechung mit derjenigen im Widerspruch stehen, die den Parteien bis zur Eintragung die Kondiktion der Auflassung ermöglicht. Es muß, könnte man argumentieren, erst recht möglich sein, von Nebenabreden abzugehen, wenn es möglich ist, sich vom gesamten Vertrag zu lösen. Auch sind, wie festgestellt,[228] übereinstimmende Änderungen des Vertrages bis zur Eintragung möglich.

Stellt man beim einseitigen Abgehen von Nebenabreden jedoch auf den Zeitpunkt der Eintragung ab, so könnte jede Seite den Vertrag durch einseitigen Widerruf einzelner ihrer Willenserklärungen bis dahin aushöhlen. In dem vom BGH entschiedenen Fall wäre der Vertrag ohne die Abrede über die 10.000,- DM wirksam geworden. Zwischen den Parteien begänne ein Wettlauf darum, sich bis zur Eintragung von nachteiligen Abreden zu lösen.

Die Gegenseite könnte die Heilung des zu ihren Ungunsten geänderten Vertrages nur verhindern, indem sie die Auflassung kondiziert. Nicht die Partei, die aus der Nichtigkeit Vorteile ziehen will, wäre zur Kondiktion gezwungen, sondern die Gegenseite. Es liegt auf der Hand, daß eine solche Lösung unbillig wäre.

Ob die Parteien tatsächlich so weit geschützt werden, daß sie sich vom Vertrag auch punktuell lösen können, ist indes zweifelhaft. § 313 S. 1 schützt Veräußerer und Erwerber vor übereilter Eingehung von Veräußerungs- und Erwerbspflicht. Durch § 125 S. 1 i.V.m. § 313 S. 2 wird dieser Schutz bis zur Eintragung verlängert: auch die Rückforderung der erbrachten Leistungen soll möglich sein, solange der Vertrag noch niocht geheilt ist. Nach der Heilung hat

---

[226] BGH WM 1963, 943, 944.

[227] Die Revision des Käufers war jedoch aus einem anderen Gesichtspunkt begründet.

[228] b) bb) (2).

der Gesetzgeber dem Interesse an Rechtssicherheit den Vorrang gegenüber dem Schutzbedürfnis der Parteien zuerkannt. Die bis dahin bestehende Nichtigkeit soll den Parteien nicht ermöglichen, den übereilt eingegangenen Vertrag für sich günstiger zu gestalten, sondern sich von der übereilt eingegangenen Verpflichtung ganz zu lösen. Sinn und Zweck der Formnichtigkeit bestehen nicht darin, jeder Partei zu ermöglichen, sich „die Rosinen aus dem Vertrag zu picken".

Dieser Schutz ist auch ausreichend. Jede Partei muß abwägen, ob die ihr durch den Vertrag auferlegten Pflichten so schwer wiegen, daß sie lieber von dem gesamten Geschäft Abstand nimmt, oder ob sie auch bei erneutem Überdenken der Vereinbarung an ihr festhalten will.

Der Rechtsprechung ist daher in diesem Punkt zu folgen. Nach der Auflassung ist ein einseitiger Widerruf von Nebenabreden unter Festhalten an der Grundstücksveräußerung nicht möglich. Vor der Auflassung stellt sich das Problem nicht. Hätte der Käufer im oben genannten Fall bereits vor der Auflassung geäußert, die 10.000,- DM nicht zahlen zu wollen, wäre es nicht zur Auflassung gekommen.

(3) Nach Eintragung und vor Eintritt sonstiger Wirksamkeitsvorausstzungen

Ist die Auflassung zwar formgerecht erklärt worden, fehlt aber eine für ihre Wirksamkeit erforderliche Voraussetzung —etwa eine Genehmigung—, so besteht noch keine schuldrechtliche Bindung. Der nichtige Vertrag ist mangels wirksamer Auflassung noch nicht geheilt. Unzutreffend ist es daher, wenn es heißt, die Parteien seien gehalten, auf eine positive Beendigung des Schwebezustandes hinzuwirken.[229] Eine Handlungspflicht dieses Inhalts ergibt sich weder aus dem nichtigen Vertrag noch aus der nicht schuldrechtlich wirkenden dinglichen Einigung.[230]

Daher können die Parteien bis zum Wirksamwerden des Eigentumserwerbes die Rückabwicklung des schuldrechtlichen Vertrages betreiben, indem sie die Auflassung kondizieren.[231] Hierfür sprechen auch Sinn und Zweck des § 313 S. 2. Danach soll ein dinglich vollzogener Grunderwerb nicht wegen eines

[229] So aber OLG Stuttgart NJW 1960, 724, 725.

[230] RGZ 115, 35, 37 ff.

[231] RG JW 1927, 1416, 1417.

Formfehlers rückabgewickelt werden können. Das gilt noch nicht, wenn der Grunderwerb noch nicht vollendet ist.

(dd) Ergebnis

Vor der Auflassung können Veräußerer und Erwerber den schuldrechtlichen Vertrag übereinstimmend ändern oder ihre Willenserklärungen einseitig widerrufen.

Nach der Auflassung ist eine übereinstimmende Änderung des Vertrages grundsätzlich formbedürftig.[232] Sie wird, wenn sie formlos erfolgt ist, durch die Eintragung geheilt. Ein einseitiger Widerruf ist nach der Auflassung nicht ausreichend, um die Heilung der ursprünglichen Vereinbarung zu verhindern. Der Widerrufende muß vielmehr den Eigentumserwerb und die damit eintretende Heilung verhindern, indem er die Auflassung kondiziert und den Bereicherungsanspruch durch ein Erwerbsverbot oder ein Verfügungsverbot sichert. Das Erwerbsverbot bewirkt eine Grundbuchsperre und im Falle der verbotswidrigen Eintragung die relative Unwirksamkeit des Erwerbs. Das Verfügungsverbot bewirkt keine Grundbuchsperre, aber die relative Unwirksamkeit des Eigentumserwerbs. In beiden Fällen scheitert daran die Heilung.

Nach der Auflassung ist der einseitige Widerruf von Nebenabreden ohne gleichzeitige Verhinderung des Eigentumsübergangs trotz der noch bestehenden Nichtigkeit des schuldrechtlichen Vertrages nicht mehr möglich; er widerspricht Sinn und Zweck der Formnichtigkeit.

Für den Zeitraum nach Auflassung und Eintragung und vor dem Eintritt sonstiger Wirksamkeitsvoraussetzungen des dinglichen Geschäfts gilt dasselbe wie zwischen Auflassung und Eintragung.

c) §§ 518 Abs. 2, 766 S. 2 BGB

Im Grundsatz gilt hier dasselbe wie bei § 313: Solange die Heilungswirkung —also der Leistungserfolg— noch nicht eingetreten ist, können die Parteien den formnichtigen Vertrag übereinstimmend ändern oder sich einseitig, also ohne Einverständnis des anderen Teils, von der tatsächlich vorhandenen, aber nicht bindenden Vereinbarung lösen.

---

[232] Sie ist ausnahmsweise formlos gültig, wenn sie —nach der allgemeinen Regel zum Umfang des Formzwangs bei § 313 S. 1— nicht zu den Abreden gehört, aus denen sich nach dem Willen der Parteien das schuldrechtliche Geschäft zusamensetzt.

Allerdings sind auch bei §§ 518, 766 gestreckte Erwerbstatbestände möglich, so etwa bei der Übereignung beweglicher Sachen die Einigung und Übergabe gemäß § 929 S. 1.[233] Auch gibt es Fälle, in denen die Wirksamkeit des Erwerbs der versprochenen Sache noch von anderen Voraussetzungen abhängt, wie etwa einer Genehmigung. Es fragt sich, ob und wie in dem Zeitraum zwischen dinglicher Einigung und sachenrechtlichem Publizitätsakt der ursprüngliche Vertrag einverständlich geändert oder einseitig gelöst werden kann.

Nachträgliche Vertragsänderungen sind möglich und werden mit Eintritt des Leistungserfolges wirksam. Anders als nach h.M. bei § 313 S. 2 wird hier zu recht nicht verlangt, daß die Erfüllungshandlungen „in Erfüllung" des zu heilenden Vertrages vorgenommen werden. Bei §§ 518 Abs. 2, 766 S. 2 ist die Heilung ebensowenig wie bei § 313 mit dem Gedanken erklärbar, durch die Vornahme der dinglichen Erfüllungshandlungen werde der Übereilungsschutz erreicht. Es ist dehalb nicht erforderlich, daß die Erfüllungshandlungen in Kenntnis aller schuldrechtlichen Vereinbarungen erfolgen, die durch die Erfüllung geheilt werden.

Auch einseitiges Abgehen vom Vertrag ist in dem genannten Zeitraum —anders als bei § 313 S. 2— möglich. Da der sachenrechtliche Publizitätsakt noch eine Handlung der Vertragsparteien erfordert, besteht nicht wie bei § 313 S. 2 die Gefahr, daß sich trotz Wegfalls der schuldrechtlichen Abreden der Eigentumserwerb vollzieht. Grundsätzlich wird in dem Abgehen vom schuldrechtlichen Vertrag auch ein konkludenter Widerruf der dinglichen Einigung liegen, der nach h.M.[234] zulässig ist.

d) § 15 Abs. 4 S. 2 GmbHG

Hier tauchen die oben erörterten Probleme nicht auf, da kein gestreckter Erfüllungstatbestand existiert. Die Heilung setzt nur die Abtretung voraus. Änderungsvorschläge hinsichtlich des Verpflichtungsgeschäfts werden von der Heilung erfaßt, wenn sie vor der Abtretung vereinbart werden.[235] Bis dahin ist auch ein einseitiger Widerruf der schuldrechtlichen Willenserklärungen möglich. Fallen Abtretungsangebot und Annahme auseinander, so können in der Zwi-

---

[233] Unproblematisch ist die Verschaffung einer Forderung, da sie keinen mehraktigen Erwerbstatbestand voraussetzt.

[234] BGH NJW 1977, 696, 697; RGZ 83, 223, 230; Soergel/Mühl § 929 Rn. 20: MK/Wacke § 929 Rn. 99; Medicus, Bürgerliches Recht, Rn. 36; Baur §§ 5 III 1 b und 51 II 2; a.A. Westermann § 38, 4, S. 258 f.; Heck § 55, 7, S. 233; Schödermeier/Woopen, JA 1985, 622 ff.

[235] BGH WM 1979, 1258, 1259 f.

schenzeit beide Parteien Vertragsänderungen vorschlagen. Besteht Einigkeit über die Änderungen, so heilt die Annahme des Abtretungsangebots den geänderten Vertrag.[236] Widerruft in der Zwischenzeit derjenige, der die Abtretung schon erklärt hat, den schuldrechtlichen Vertrag, so wird darin regelmäßig ein Widerruf des dinglichen Angebots liegen. Dieser ist auch erforderlich, weil andernfalls der Vertragspartner durch seine Annahme die Wirksamkeit der Abtretung herbeiführen könnte.

2. *Freiwilligkeit der Erfüllung*

Eine Frage, die die Rechtsprechung bisher nur am Rande beschäftigt hat,[237] ist das in der Literatur insbesondere für § 518 Abs. 2 postulierte Erfordernis der Freiwilligkeit der Erfüllung. Heilende Wirkung komme der Erfüllung dann nicht zu, wenn sie durch Drohung oder List, durch Aufrechnung seitens des Gläubigers (nur bei §§ 518, 766 möglich) oder im Wege der Zwangsvollstreckung herbeigeführt worden sei.[238] An der Freiwilligkeit soll es unter Umständen auch dann fehlen, wenn in der irrigen Annahme geleistet wurde, zu der Leistung verpflichtet zu sein.[239] Der dogmatische Standort dieser „Heilungshindernisse" bleibt meist unerörtert.

a) Erfüllungsbegriff als Standort des Problems

Seibert[240] siedelt das Problem bei den Erfüllungstheorien an. Der Theorie der finalen Leistungsbewirkung[241] folgend zerlegt er den Erfüllungstatbestand in (a) die objektive Bewirkung der geschuldeten Leistung und (b) die subjektive Zuordnung der Leistung zu einem bestimmten Schuldverhältnis. Letztere sei im Falle der Drohung oder Täuschung gemäß § 123 anfechtbar. Mit der Anfechtung werde die Heilung ex nunc aufgehoben. An einer willkürlichen Zuordnung der Leistung fehle es auch im Falle der Zwangsvollstreckung.[242]

---

[236] RGZ 105, 382, 384 f.

[237] RG GruchBeitr 33, 484 f.

[238] Staudinger/Reuss § 518 Rn. 8; RGRK/Mezger § 518 Rn. 3; Erman/Seiler § 518 Rn. 5; Seibert, JZ 1981, 380, 383 f.

[239] Staudinger/Horn § 766 Rn. 29.

[240] JZ 1981, 380, 383 f.

[241] S. die Nachweise bei Seibert a.a.O., Fußnote 38 und bei MK/Heinrichs § 362 Rn. 6 d, Fußnote 14.

[242] JZ 1981, 380, 384.

Es gibt jedoch gute Gründe, die für die Erfüllungslehre der h.M. sprechen, wonach für die Erfüllung die tatsächliche Leistungsbewirkung allein ausreicht.[243] In aller Regel ergibt sich die Zuordnung einer Leistung zu einem bestimmten Schuldverhältnis nämlich aus dem Inhalt der Leistung. Außerdem erfordern die oben genannten Fälle kein Abgehen von der h.M., weil auch auf ihrer Grundlage eine dogmatische Erklärung der „Heilungshindernisse" möglich ist.

b) Anfechtung des dinglichen Geschäfts und teleologische Reduktion der Heilungsvorschriften

Eine durch List oder Drohung herbeigeführte dingliche Einigung (Übereignung, Abtretung, Auflassung) kann angefochten werden. Die Heilung entfällt dann rückwirkend, da die dingliche Einigung und damit der Leistungserfolg rückwirkend gemäß § 142 Abs. 1 wegfallen. Es bedarf mithin nicht der Konstruktion einer anfechtbaren, gewillkürten Zuordnung der Leistung zu einem bestimmten Schuldverhältnis.

Die Aufrechnung seitens des Gläubigers kann schon deshalb nicht zur Heilung führen, weil mit einer nicht entstandenen Forderung nicht aufgerechnet werden kann (vgl. auch § 390 S. 1).[244]

In den Fällen der Zwangsvollstreckung und der Leistung in der irrigen Annahme, verpflichtet zu sein, ist jeweils nach Sinn und Zweck der Heilungsnormen zu entscheiden, ob sie auch im Falle der auf diese Weise eingetretenen Erfüllung zur Heilung führen.

aa) § 313 S. 2 BGB

Hier kommt eine Herbeiführung der Erfüllung des formnichtigen Kaufvertrages im Wege der Zwangsvollstreckung nur in Betracht, wenn der Kaufvertrag wegen Unvollständigkeit formnichtig ist und keine Partei dies im Prozeß vorträgt, denn andernfalls —also im Falle des gänzlichen Fehlens eines notariellen Vertrages— würde der Veräußerer nicht zur Auflassung verurteilt.

Sinn und Zweck des § 313 S. 2 ist es, aus Gründen der Rechtssicherheit die Rückabwicklung einer Grundstücksübereignung wegen eines Formfehlers des schuldrechtlichen Geschäftes auszuschließen. Es kommt also nicht darauf an, ob

---

[243] S. die Nachweise bei MK/Heinrichs § 362 Rn. 6 c, Fußnote 13.

[244] Brox, AS Rn. 183; zur Aufrechnung durch den Schuldner s.o. I. 2. e) bb).

der Übereilungsschutz der Parteien durch den Prozeß und die Möglichkeit, dort die Formnichtigkeit geltend zu machen, gleichermaßen erreicht wird wie durch die nicht gerichtlich durchgesetzte Auflassung. Danach darf es keinen Unterschied machen, ob die Auflassungserklärung einer Partei gemäß § 894 ZPO fingiert oder freiwillig erklärt wurde.

Aus demselben Grunde scheitert die Heilung nicht daran, daß die Parteien sich bei der Auflassung irrig für verpflichtet hielten, den formnichtigen Vertrag zu erfüllen.

Bei § 313 S. 2 wird ein formnichtiger Vertrag also auch dann geheilt, wenn die Auflassung gerichtlich erzwungen[245] oder in der irrigen Annahme einer Leistungspflicht erklärt wurde.

bb) § 518 Abs. 2 BGB

Auch hier ist eine Verurteilung des Schenkers trotz der Formnichtigkeit des Vertrages nur denkbar, wenn der Vertrag unvollständig ist und keine Partei dies geltend macht. Wird der Schenkungsvertrag in einem solchen Falle durch die erzwungene Leistungsbewirkung wirksam?

§ 518 Abs. 2 soll der Rechtssicherheit dadurch dienen, daß § 516 und § 518 harmonisiert werden. Bei vollzogenen Schenkungen soll nicht mehr in einem Rückforderungsstreit gefragt werden, ob sie animo donandi oder animo solvendi erfolgt sind. Aus dieser Zwecksetzung ergibt sich, daß § 518 Abs. 2 teleologisch insoweit zu reduzieren ist, daß die Heilung nur dort eintritt, wo überhaupt eine Leistung causa donandi denkbar wäre. Das ist jedoch nicht der Fall, wenn der Beschenkte sich den Schenkungsgegenstand durch Zwangsvollstreckung beschafft hat. Es fehlt dann an einer Handlung des Schenkers, die eine Handschenkung darstellen könnte. Die Rückabwicklung wäre also, wenn der Formfehler nachträglich bekannt wird, möglich, ohne daß gefragt werden müßte, ob der Schenker in Kenntnis der Formnichtigkeit, also animo donandi geleistet hat.

Es ist daher im Ergebnis der herrschenden Lehre[246] zu folgen, wonach eine durch Vollstreckung erzwungene Leistung bei § 518 Abs. 2 nicht zur Heilung führt. Grund dafür ist aber nicht, daß eine unfreiwillige Leistung den Übereilungsschutz nicht wahrt, sondern die soeben dargelegte teleologische Reduktion des § 518 Abs. 2.

---

245 Ebenso Staub, S. 31 f.

246 S. die Nachweise oben vor a).

Wurde die Leistung in der irrigen Annahme bewirkt, hierzu verpflichtet zu sein, so tritt nach Sinn und Zweck des § 518 Abs. 2 Heilung ein. Denn diese Vorschrift sollte die Frage danach, ob der Schenker sich für verpflichtet hielt, gerade überflüssig machen.

cc) § 766 S. 2 BGB

§ 766 S. 2 beruht auf dem Gedanken, daß der Übereilungsschutz mit der „freiwilligen" Erfüllung erreicht sei.[247] Zwar hat der Gesetzgeber die Freiwilligkeit nicht als Tatbestandsmerkmal in das Gesetz aufgenommen; dennoch beruht § 766 S. 2 auf der Vorstellung, daß die Heilung nur eintreten soll, wenn der Bürge die Freiheit zur Leistungsverweigerung hatte. Diese Freiheit hatte er nicht, wenn er aufgrund eines falschen Urteils leistet.

Anders verhält es sich bei der Leistung in der irrigen Annahme einer bestehenden Leistungspflicht. Nähme man an, der Gesetzgeber habe dieser bei § 766 S. 2 keine heilende Wirkung beimessen wollen, so hinge die Kondizierbarkeit der Leistung von einer Differenzierung ab, die der Gesetzgeber bei der Schenkung wegen Unpraktikabilität ablehnte. Daher kann das Ergebnis bei § 766 S. 2 kein anderes sein: auch die Leistung in irriger Annahme einer bestehenden Pflicht führt zur Heilung.[248]

dd) § 15 Abs. 4 S. 2 GmbHG

Die Vorschrift dient der Rechtssicherheit: eine vollzogene Abtretung soll nicht wegen Formnichtigkeit des Kausalgeschäfts rückabgewickelt werden. Da der Schutz der Parteien nicht Sinn der Form ist, spricht nichts dagegen, die Heilung auch durch eine gemäß § 894 ZPO fingierte Abtretungserklärung eintreten zu lassen. Dafür läßt sich gerade auch die mit § 15 Abs. 4 S. 2 GmbHG bezweckte Rechtssicherheit ins Feld führen. Ist der Abtretende zur Leistung verurteilt worden, so muß dies aufgrund eines unerkannt unvollständigen notariellen Vertrages geschehen sein. Könnte nach Rechtskraft des Urteils auf Rückabtretung des Anteils geklagt werden, so müßten Formfragen erörtert werden, die der Gesetzgeber nach einer formgerechten Anteilsabtretung als unerheblich bewertet hat. Dasselbe gilt für eine Abtretung in der irrigen Annahme, verpflichtet zu sein.

---

[247] Kommissionsbericht bei Mugdan II 1295.

[248] Anders Staudinger/Horn § 766 Rn. 29 für den Fall, daß „der rechtsunkundige Bürge nur wegen der vermeintlichen Verpflichtung und Befürchtung drohenden Rechtszwangs leistete".

ee) Ergebnis

Die Freiwilligkeit der Erfüllung ist nicht Tatbestandsvoraussetzung der Heilungsnormen. Sind die zur Heilung erforderlichen Handlungen durch Täuschung oder Drohung herbeigeführt worden, so kann das dingliche Geschäft angefochten werden. Damit entfällt auch die Heilung rückwirkend. Die Aufrechnung mit einer formnichtigen Forderung ist ohnehin nicht möglich. Bei § 15 Abs. 4 S. 2 GmbHG und § 313 S. 2 tritt die Heilung auch ein, wenn die Leistung gerichtlich erzwungen wurde, nicht dagegen bei §§ 518 Abs. 2, 766 S. 2. Dagegen führt bei allen Heilungsvorschriften die Leistung in der irrigen Annahme, verpflichtet zu sein, zur Heilung.

3. Kenntnis von der Formnichtigkeit — Fehlender Rechtsfolgewille?

Ist beiden Parteien die Formnichtigkeit des Vertrages bewußt, so könnte nach allgemeiner Rechtsgeschäftslehre die Heilbarkeit des schuldrechtlichen Vertrages schon deshalb ausgeschlossen sein, weil die Voraussetzungen für ein Rechtsgeschäft nicht vorliegen: Ein Rechtsgeschäft setzt einen Rechtsfolgewillen voraus. Kennen beide Parteien die Formnichtigkeit, so ist ihr Wille möglicherweise nicht auf den Abschluß eines verbindlichen Vertrages gerichtet.

a) Rechtsprechung

Mit dieser Begründung verneint die Rechtsprechung in Sachverhalten, in denen eine Klausel eines Vertrages eine nach § 313 S. 1 formbedürftige Verpflichtung enthält, die Anwendbarkeit des § 139. Kennen die Vertragspartner die Nichtigkeit der Klausel, so bestehe insofern kein Rechtsfolgewille; die Klausel sei kein Rechtsgeschäft. Der Vertrag setze sich nur aus den übrigen Klauseln zusammen.[249] Allerdings soll dann zu prüfen sein, ob der Rest des Vertrages auch allein gewollt war.[250] Sei dies nicht der Fall, so sei ein auf den Vertragsrest beschränktes Rechtsgeschäft nicht zustandegekommen.[251]

In zwei anderen Sachverhalten hat der BGH die Problematik des fehlenden Rechtsfolgewillens nicht erörtert, obwohl das nahe gelegen hätte. Die Parteien hatten jeweils gewußt, daß der Vertrag formnichtig war. Nun ging es darum, ob

---

[249] BGHZ 45, 376, 377 ff.; RGZ 122, 138, 140 f.; 79, 303, 304 f.; 434, 437 f.

[250] BGHZ 45, 376, 380.

[251] BGH a.a.O.

gemäß § 242 einer Partei die Berufung auf die Formnichtigkeit versagt war, was der BGH in dem einen Fall bejahte[252] und in dem anderen verneinte.[253] Hätte der BGH die Argumentation mit dem Rechtsfolgewillen hierher übertragen, so hätte in beiden Fällen die Erfüllungsklage abgewiesen werden müssen, da es an einem Rechtsgeschäft fehlte.

Später hat sich der BGH mit knapper Begründung mit den zu § 139 ergangenen Entscheidungen auseinandergesetzt.[254] Es kam für das Urteil darauf an, ob trotz Kenntnis der Parteien von der Nichtigkeit —und bei laut Tatbestand nur „wahrscheinlicher" Kenntnis von der Heilbarkeit— Auflassung und Eintragung zur Heilung geführt hatten. Der BGH entschied, bei heilbarer Nichtigkeit schließe das Bewußtsein von der Formnichtigkeit nicht notwendig den Rechtsfolgewillen aus. Da § 313 S. 2 nicht auf die (Un-)Kenntnis von der Nichtigkeit abstelle, sei es sachgerecht, den tatsächlichen Verpflichtungswillen genügen zu lassen. Ein tatsächlicher Verpflichtungswille lag vor, da beide Parteien lediglich aus steuerlichen Gründen von der Beurkundung abgesehen hatten. Diese Entscheidung hat der BGH in einem jüngeren Urteil ohne erneute Begründungsversuche bestätigt.[255]

b) Stellungnahme

Zunächst sind die Fälle als unproblematisch auszuscheiden, in denen die Parteien sowohl die Nichtigkeit als auch deren Heilbarkeit kennen und den Vertrag erfüllen wollen. Hier ist ihr Wille darauf gerichtet, die vertraglich vereinbarten Rechtsfolgen vom Zeitpunkt der Heilung an eintreten zu lassen.

War ihnen die Nichtigkeit des Vertrages, nicht aber die Heilbarkeit des Formfehlers bekannt, so ist zu unterscheiden.

Wollen die Parteien mit dem Vertrag und auch später bei seiner Erfüllung bewußt keinerlei Bindung eingehen, sondern sich die Rückforderung der (gegenseitigen) Leistungen offenhalten,[256] so fehlt der Rechtsfolgewille. Unabhängig von der Heilung des Formfehlers ist der Vertrag nach allgemeinen rechtsgeschäftlichen Regeln unverbindlich.

---

[252] BGHZ 48, 396 ff.

[253] BGH NJW 1969, 1167 ff. mit Anm. D. Reinicke.

[254] BGH NJW 1975, 205.

[255] BGH NJW 1985, 2423.

[256] Ein theoretischer Fall, der kaum einmal praktisch werden wird.

Wollen die Parteien den Vertrag jedoch so durchführen, als hafte ihm kein Formmangel an, so liegt ein „tatsächlicher Verpflichtungswille" im Sinne der Rechtsprechung vor. Der Rechtsprechung ist darin zu folgen, daß in diesen Fällen der Vertrag geheilt werden kann. Ein erklärter Rechtsfolgewille liegt nur deshalb nicht vor, weil die Parteien irrig meinen, die gewollte Bindung niemals herbeiführen zu können. Es ist daher im Rahmen der ergänzenden Vertragsauslegung zu fragen, was die Parteien gewollt hätten, wäre ihnen die Heilungsmöglichkeit bekannt gewesen. Denn die Vereinbarungen sind insofern lückenhaft. Hätten die Parteien für diesen Fall eine Bindung vom Zeitpunkt der Heilung an gewollt, so wäre ein Rechtsfolgewille gegeben. Man muß daher gar keine Ausnahme von dem Erfordernis des Rechtsfolgewillens machen und auf einen tatsächlichen Verpflichtungswillen abstellen, sondern man kommt im Wege der ergänzenden Vertragsauslegung dazu, daß ein Rechtsfolgewille vorliegt. Man könnte diesen zur Abgrenzung gegenüber dem ausdrücklich erklärten Rechtsfolgewillen als „hypothetischen Rechtsfolgewillen" bezeichnen.

B. Rechtsfolgen der Heilung

I. Umfang der Heilung

Die Heilung umfaßt grundsätzlich alle Abreden des formnichtigen Geschäfts, die wegen ihres Zusammenhanges mit der Abrede, die das Formerfordernis eingreifen ließ, dem Formzwang unterlagen. Zu klären sind noch folgende Fälle, in denen das Rechtsgeschäft an weiteren Mängeln leidet:

1. Andere Nichtigkeitsgründe

Allen Heilungsnormen ist gemeinsam, daß sie nur die Formnichtigkeit eines Vertrages überwinden; liegen weitere Nichtigkeitsgründe vor, so tritt keine Heilung ein.[1] Dies gilt z.B. für die Nichtigkeit gemäß §§ 105, 134, 138 und für die Unwirksamkeit wegen Fehlens öffentlich-rechtlicher Genehmigungen.[2]

2. Weiterer Formfehler als zusätzlicher Nichtigkeitsgrund

Weniger klar ist die Linie der Rechtsprechung beim Vorliegen mehrerer Formfehler.

---

[1] BGH WM 1969, 163; RGZ 71, 399, 403; Erman/Brox § 125 Rn. 20; Haan, S. 11; Esch, S. 27.

[2] Zu letzterem BGH WM 1969, 163 ff.; OGH BrZ AcP 150 (1949), 545, 548.

a) Rechtsprechung und Literatur

Der BGH hatte folgenden Fall zu entscheiden:[3] Ein notarieller Grundstückskaufvertrag war durch die mündliche Abrede ergänzt, als Gegenleistung für die Übertragung des Grundstücks sei neben Kaufpreis und Wohnrecht eine Leibrente zu gewähren. Damit war der Vertrag mangels vollständiger Beurkundung gemäß §§ 313 S. 1, 125 S. 1 formnichtig und das Leibrentenversprechen war außerdem formnichtig gemäß §§ 761, 125 S. 1. Auflassung und Eintragung der Erwerberin erfolgten. Für die Entscheidung über die Klage aus dem Leibrentenversprechen stellte sich die Frage, ob auch dieses gemäß § 313 S. 2 wirksam geworden war.

Der BGH bejahte das. Nach dem Wortlaut des § 313 S. 2 werde der Vertrag seinem ganzen Inhalte nach gültig. Das gelte auch für einzelne, einer geringeren Form bedürfenden Abreden, wenn der Schutzzweck der minderen Formvorschrift von demjenigen des § 313 S. 2 umfaßt werde. Das sei bei § 761, der wie § 313 S. 1 in erster Linie dem Schutz vor Übereilung diene und keine über § 313 S. 1 hinausgehenden Ziele verfolge, der Fall. Der zum Teil auch durch die Rechtsprechung ausgestaltete weite Anwendungsbereich des § 313 S. 2 rechtfertige sich durch das Ziel der Aufrechterhaltung sachenrechtlich abgeschlossener Verhältnisse.[4]

Auch das Reichsgericht hat in zwei Entscheidungen auf die Zwecke der einschlägigen Formvorschriften abgestellt. Die Verträge, über deren Wirksamkeit zu entscheiden war, erforderten neben der Form des § 313 S. 1 gemäß § 88 Abs. 4 Nr. 7 der preussischen Landgemeindeordnung[5] bzw. gemäß § 56 Nr. 8 der preussischen Städeteordnung[6] wegen der von der Gemeinde/Stadt übernommenen Verpflichtungen eine bestimmte Form. Bei Verletzung sowohl des § 313 S. 1 als auch der öffentlich-rechtlichen Formvorschrift erstrecke sich die Heilungswirkung des § 313 S. 2 nicht auf den Formfehler nach der Gemeinde/-Städteordnung.[7] Denn der mit deren Formvorschriften verfolgte Zweck sei ein anderer als bei § 313. Jene Vorschriften sollten, anders als § 313 S. 2, die Gewähr dafür bieten, daß die Erklärung auch wirklich im Namen der Gemeinde abgegeben sei.

---

[3] BGH NJW 1978, 1577 f.

[4] BGH NJW 1978, 1577 f.

[5] Vom 3. Juli 1891 (GS S. 233).

[6] Vom 30. Mai 1853 (GS S. 281).

[7] RGZ 73, 205, 208; RG JW 1916, 677 ff.

In anderen Entscheidungen verneinte das Reichsgericht ohne nähere Bgründung die Erstreckung der Heilungswirkung auf weitere Formfehler. In einem Fall[8] war im Zusammenhang mit einem privatschriftlichen Grundstückskaufvertrag schenkweise eine Löschungsbewilligung versprochen worden. Auflassung und Eintragung, nicht aber das Schenkungsversprechen waren vollzogen worden. Nach nicht näher begründeter Ansicht des Reichsgerichts heilen Auflassung und Eintragung nur den Formmangel aus § 313, nicht aber denjenigen aus § 518 Abs. 2.

In zwei weiteren Fällen[9] war ein Vertrag wegen einer Verpflichtung zur Übertragung des gesamten Vermögens nach § 311 formbedürftig und, da namentlich ein bestimmtes Grundstück übertragen werden sollte, auch gemäß § 313 S. 1. Auflassung und Eintragung waren erfolgt. Das Reichsgericht verneinte die Heilung des gesamten Vertrages, weil § 313 S. 2 nicht den Formfehler aus § 311 geheilt habe.

Auch das OLG Zweibrücken[10] begrenzt den Heilungserfolg auf den Formfehler der zur Heilungsnorm gehörigen Formvorschrift, wenn die Zwecke der verletzten Formvorschriften verschieden sind. Im Zusammenhang mit einem Grundstückskaufvertrag war auch ein Kaufvertrag über GmbH-Anteile geschlossen worden. Die Form des § 313 S. 1 und des § 15 Abs. 4 S. 1 GmbHG war nicht gewahrt. Auflassung und Eintragung des Grundstücks, nicht aber die Abtretung der Anteile war erfolgt. Der formnichtige Abtretungsvertrag sei, so das OLG, nicht durch den Vollzug des Grundstückskaufs geheilt, da die mit dem Formzwang gemäß § 15 Abs. 4 S. 1 GmbHG verfolgten Zwecke andere seien als die dem § 313 S. 1 zugrundeliegenden: Ausschluß des leichten und spekulativen Handels mit GmbH-Anteilen einerseits, Übereilungsschutz andererseits.

Die Literatur wendet sich zum Teil —meist ohne Begründung— gegen die eingangs geschilderte Entscheidung[11] des BGH.[12] Andere wollen die Heilung

[8] RG JW 1911, 37 f.

[9] RGZ 61, 284 ff.; 137, 324, 350.

[10] OLGZ 1985, 45, 47.

[11] BGH NJW 1988, 1577.

[12] Erman/Seiler § 761 Rn. 2 (unter Berufung auf RGZ 67, 204, 208; dort lag aber kein Grundstückskaufvertrag mit Leibrentenversprechen vor, sondern nur ein Leibrentenversprechen. Das Reichsgericht hat dort nur die analoge Anwendung des § 313 S. 2 abgelehnt); Erman/Battes § 313 Rn. 79.

auch auf andere Formfehler erstrecken;[13] so soll etwa eine in einem mündlichen GmbH-Anteilskaufvertrag übernommene Bürgschaft mit der Abtretung des Anteils wirksam werden.[14]

b) Stellungnahme

Der BGH argumentiert in seiner Entscheidung zu §§ 761, 313 zum einen mit den Zwecken der Formvorschriften, zum anderen mit den Zwecken der Heilungsnorm. Da die Zwecke des § 313 S. 1 diejenigen des § 761 umfaßten und da der mit § 313 S. 2 verfolgte Zweck, sachenrechtlich abgewickelte Verträge nicht rückabzuwickeln, für das Wirksamwerden auch der Leibrentenzusage spreche, müsse die Heilung gemäß § 313 S. 2 eintreten.

Ohne es ausdrücklich zu sagen, kommt der BGH zu dem Ergebnis, daß die Formvorschrift des § 313 S. 1 mit ihrer Heilungsmöglichkeit den § 761 verdrängt. Einen verdrängenden Effekt kann eine Formvorschrift jedoch nur haben, wenn sie in Voraussetzungen und Rechtsfolgen strenger ist als eine andere Formvorschrift. Zutreffend ist, daß § 313 S. 1 eine strengere Form anordnet als § 761, daß außerdem das Formerfordernis umfangreicher ist (der gesamte Vertrag ist formbedürftig) und daß der Formzweck des § 761 —Übereilungsschutz— in § 313 S. 1 enthalten ist. In seinen Rechtsfolgen ist aber § 761 strenger, da der Formmangel unheilbar ist. Läßt man mit dem BGH § 761 hinter § 313 zurücktreten, so würde diese gesetzgeberische Entscheidung umgangen.

Selbst wenn § 761 eine Heilungsnorm enthielte, wäre das Leibrentenversprechen nicht schon mit Auflassung und Eintragung geheilt. Die Heilung des Leibrentenversprechens müßte an dessen (Teil-)Erfüllung anknüpfen und hinge dann davon ab, ob das Leibrentenversprechen erfüllt wäre.

Soweit der BGH sein Ergebnis mit dem Wortlaut des § 313 S. 2 begründet, verkennt er den engen Zusammenhang zwischen Form- und Heilungsvorschrift. Die Formulierung, daß der Vertrag „seinem ganzen Inhalte nach" wirksam wird, bezieht sich auf den nach § 313 S. 1 formbedürftigen Vertragsinhalt. Sind Nebenabreden nur wegen ihres Zusammenhanges mit dem Grundstückskauf formbedürftig, so werden sie nach § 313 S. 2 wirksam.[15] Begründen die Ne-

---

[13] Für die Heilung im vom BGH entschiedenen Fall: Esch, S. 29; RGRK/v. Gamm § 761 Rn. 4.

[14] Scholz/Winter § 15 Rn. 76; Hachenburg/Zutt § 15 Rn. 68; anders OLG Kiel SchlHAnz 1912, 267.

[15] Vgl. etwa BGH NJW 1974, 136; BGH NJW 1984, 973; Backhaus, JuS 1985, 512, 513.

benvereinbarungen aber selbständig einen Formzwang, so muß die Heilung dieser Abreden auch selbständig beurteilt werden.[16]

Dasselbe gilt für das in der Literatur erörterte Beispiel, daß eine Bürgschaft, die in einem mündlichen Verpflichtungsvertrag zur Abtretung von GmbH-Anteilen enthalten ist, mit Abtretung der Anteile wirksam werden soll. Zwar sieht auch § 766 die Heilung vor, knüpft sie aber an andere Voraussetzungen. Auch hier verdrängt § 15 Abs. 4 S. 1 GmbHG nicht § 766 S. 1.

Der BGH kann seine Lösung auch nicht mit dem Hinweis auf Sinn und Zweck des § 313 S. 2 begründen. Da § 313 S. 2 für das Leibrentenversprechen nicht gilt, kann das von dieser Vorschrift angestrebte Ziel, den Kaufvertrag gegen Rückabwicklung zu sichern, nicht gegen die ausdrückliche Regelung in §§ 761, 125 zur Heilung führen. Eine andere Frage ist, ob die Interessenlage vergleichbar und damit eine Analogie zu § 313 S. 2 möglich ist.[17]

Gegen die Ansicht des BGH spricht weiter, daß sie im Widerspruch steht zu Entscheidungen, die andere Fälle mehrfacher Formbedürftigkeit betreffen. Sind etwa mehrere Parzellen veräußert, so tritt die Heilung nicht schon mit Auflassung und Eintragung einer Parzelle ein, sondern, weil die Übereignungsverpflichtung für jede einzelne Parzelle selbständig nach § 313 S. 1 formbedürftig und nach § 313 S. 2 heilbar ist, erst mit Vollzug aller Auflassungen und Eintragungen.[18]

Für das Leibrentenversprechen in dem vom BGH entschiedenen Fall bedeutet das, daß es nicht gemäß § 313 S. 2 wirksam geworden ist. Es ist vielmehr unabhängig von § 313 S. 2 zu untersuchen, ob Auflassung und Eintragung zur Heilung des Leibrentenversprechens führen können. Denkbar wäre es, § 313 S. 2 entsprechend anzuwenden. Jedenfalls ist es nicht mit dem begrenzten Anwendungsbereich einer Heilungsvorschrift zu vereinbaren, diese ohne weiteres auf Abreden des Vertrages anzuwenden, die aus anderen Gründen formbedürftig sind.

3. Zusammenfassung

Alle Heilungsvorschriften heilen nur die Formnichtigkeit, die sich aus der Formvorschrift ergibt, auf die sie sich beziehen. Die Nichtigkeit aus anderen

---

[16] So auch Soergel/Wolf § 313 Rn. 107; Erman/Battes § 313 Rn. 79; Backhaus, JuS 1985, 512, 513 f.

[17] Dazu unten C. II. 2.

[18] S.o. A. I. 2. a), (Teilerfüllung).

Gründen wird nicht geheilt. Das gilt auch für die auf anderen Formvorschriften beruhende Formnichtigkeit. Bei mehrfacher Formbedürftigkeit nach verschiedenen Formvorschriften ist vorrangig das Konkurrenzverhältnis dieser Normen zu prüfen. Hierbei kann nur eine strengere Formvorschrift eine weniger strenge verdrängen. Eine Formvorschrift mit Heilungsnorm ist stets weniger streng als eine Formvorschrift ohne Heilungsnorm. Sie kann diese also nicht verdrängen.

II. Zeitpunkt der Heilung

1. Wirkung ex nunc oder ex tunc

Die Frage, ob die Heilung ex nunc oder ex tunc eintritt, hat sich der Rechtsprechung in verschiedenen Fallkonstellationen gestellt. Ab wann läuft die Verjährungsfrist?[19] Ab wann tritt Verzug ein?[20] Von welchem Zeitpunkt an ist Vertragsstrafe zu zahlen?[21] Die Beantwortung dieser Fragen hängt unter anderem[22] davon ab, ob die vertraglichen Verpflichtungen rückwirkend wirksam werden.

Nach § 313 S. 2 und nach § 15 Abs. 4 S. 2 GmbHG „wird" der formbedürftige Vertrag durch Auflassung und Eintragung bzw. Abtretung wirksam. Nach §§ 518 Abs. 2, 766 S. 2 „wird" der Formmangel durch Erfüllung geheilt. Daraus leitet man zum Teil her, daß die Heilung nur ex nunc wirke.[23] Aus dem Wort „wird" läßt sich dieser Schluß jedoch nicht ziehen. Denn auch bei ausdrücklicher Anordnung der Rückwirkung müßte es heißen: „Der Vertrag wird rückwirkend wirksam".

Schon eher könnte man aus dem Fehlen einer ausdrücklichen Rückwirkungsanordnung auf eine ex-nunc-Wirkung schließen. Denn der Gesetzgeber hat an anderen Stellen die Rückwirkung ausdrücklich vorgeschrieben, z.B. in §§ 184 Abs. 1, 110.[24]

Andere sehen ein Argument für die Rückwirkung bei § 313 S. 2 darin, daß der Vertrag „seinem ganzen Inhalte nach" wirksam wird, also die ursprünglich

---

[19] RGZ 134, 83, 87; 75, 114, 115 f.

[20] BGH WM 1979, 253, 254.

[21] BGHZ 82, 398 ff.

[22] S. näher unten, 2.

[23] BGHZ 54, 56, 63; bestätigt in BGHZ 82, 398, 406; RGZ 159, 33, 53; 75, 114, 115; Weimar, JR 1979, 446, 447; Serozan, S. 54.

[24] RGZ 75, 114, 115 f. argumentiert e contrario mit § 184 Abs. 1.

von den Parteien getroffene Vereinbarung und damit auch der ursprünglich konkludent zugrundegelegte oder ausdrücklich vereinbarte Wirksamkeitszeitpunkt maßgeblich sein soll.[25] Jedoch läßt der Wortlaut hier offen, ob mit dem Inhalt auch der Zeitpunkt des Wirksamwerdens gemeint ist.

Aufgrund des Wortlauts der Heilungsnormen läßt sich also nicht eindeutig entscheiden, ob die Heilung ex nunc oder ex tunc eintritt.

Esch[26] hält bei § 313 S. 2 die Rückwirkung der Heilung aufgrund der Interessenlage für geboten. Es sei sachgerecht, die Gefahrtragungsvorschrift des § 446 nicht erst vom Zeitpunkt der Eintragung an eingreifen zu lassen. § 313 S. 2 hat jedoch nicht den Sinn, vertragliche Ansprüche für den Zeitraum vor wirksamer Grundstücksübereignung zu begründen.

Lüke will aus den Zwecken der in § 313 S. 1 vorgeschriebenen Form schließen, daß die Heilung ex nunc wirken müsse. Übereilungsschutz und Beweissicherung könnten nur durch die notarielle Beurkundung, nicht aber durch die spätere Erfüllung des Vertrages erreicht werden. Daher wirke die Heilung nicht zurück.[27] Wo Lüke hier den Zusammenhang zwischen beiden Aussagen sieht, bleibt unklar.

Nicht die Formzwecke, sondern Sinn und Zweck der Heilungsnormen führen zu dem Ergebnis, daß die Heilung nur ex nunc eintreten kann. Alle Heilungsvorschriften durchbrechen den Grundsatz des § 125 S. 1 aus bestimmten Gründen. Da es sich der Sache nach um Ausnahmevorschriften handelt, ist bei ihrer Auslegung darauf zu achten, daß der Grundsatz —die Nichtigkeit nach § 125 S. 1— nicht in einem nach Sinn und Zweck der Ausnahmevorschrift nicht mehr erforderlichen Umfang durchbrochen wird.[28]

§ 313 S. 2 soll aus Gründen der Rechtssicherheit den geschaffenen dinglichen Zustand hinsichtlich des Grundeigentums aufrechterhalten. Hierzu genügt die Heilung ex nunc. Um den Grundsatz des § 125 nicht weiter zu durchbrechen als erforderlich, muß es für den Zeitraum bis zur Eintragung bei der Rechtsfolge des § 125 S. 1 bleiben.

---

[25] Lüke, JuS 1971, 341, 342, der im Ergebnis aber trotzdem zur Heilung ex nunc kommt; s. auch Larenz, Schuldrecht I, § 5 S. 74 f.

[26] S. 40.

[27] JuS 1971, 341, 342.

[28] S. Larenz, Methodenlehre, S. 355 f.

Dasselbe gilt für § 15 Abs. 4 S. 2 GmbHG, der aus Gründen der Rechtssicherheit das formnichtige Geschäft kondiktionsfest machen soll.

§ 518 Abs. 2 soll die Kondiktion ausschließen, um die Abgrenzung gegenüber § 516 überflüssig zu machen. Die Heilung muß nicht zurückwirken, damit dieser Zweck erreicht wird.

Ebensowenig erfordert bei § 766 S. 2 der Gedanke, daß der Bürge nicht mehr geschützt werden muß, wenn er das Geschäft wirtschaftlich abgewickelt hat, eine rückwirkende Bindung.

Demnach wirkt die Heilung bei allen Heilungsvorschriften nur ex nunc.

2. *§ 141 Abs. 2 BGB*

Die Rechtsprechung korrigiert dieses Ergebnis, indem sie „aus dem Rechtsgedanken des § 141 Abs. 2" die tatsächliche Vermutung herleitet, daß nach Eintritt der Heilung die Parteien einander das gewähren wollen, was sie bei Vertragsabschluß einander zu gewähren beabsichtigten.[29] Zum Teil wird etwas abweichend formuliert: Indem die Parteien sich durch Erfüllung zum Vertrag bekennen, wollen sie sich das ursprünglich Versprochene gewähren.[30] Die Literatur folgt der Rechtsprechung weitgehend.[31]

Diese Formeln scheinen auf den ersten Blick überflüssig. Da der ursprüngliche Vertrag wirksam geworden ist, sind die Parteien ohnehin verpflichtet, einander das ursprünglich Versprochene zu gewähren. Die Formel ist, wie sich aus dem Zusammenhang und insbesondere aus dem Hinweis auf § 141 Abs. 2 ergibt, auch anders gemeint. Sie bedeutet, daß der Wille der Parteien vermutet wird, einander zu gewähren, was sie einander gewährt haben würden, wenn der Vertrag von Anfang an gültig gewesen wäre.

Die Rechtsprechung begrenzt die von ihr aufgestellte tatsächliche Vermutung auf die vereinbarten Vertragsleistungen.[32] So soll z.B. für eine während der Nichtigkeit nicht erbrachte Leistung kein Verzugsschaden[33], aber eine verein-

---

[29] BGHZ 82, 398, 406; 32, 11, 12 f. (obiter dictum); BGH NJW 1986, 136; BGH WM 1979, 253, 254; RGZ 115, 6, 11 ff.; 134, 243, 245.

[30] BGHZ 54, 56, 63.

[31] RGRK/Ballhaus § 313 Rn. 123; Erman/Battes § 313 Rn. 77; Reinicke, Rechtsfolgen, S. 17; Hachenburg/Zutt § 15 Rn. 71; im Grundsatz ebenfalls Reinicke/Tiedtke, NJW 1982, 1430, 1433 ff.

[32] BGH WM 1979, 253, 254; OLG Hamm NJW 1986, 136.

[33] BGH WM 1979, 253, 254.

barte Vertragsstrafe zu zahlen sein.[34] Es fragt sich, ob dieser Rechtsprechung zuzustimmen ist. § 141 Abs. 2 gilt zunächst einmal nicht direkt.[35] Die Bestätigung eines formnichtigen Geschäfts setzt eine formgerechte Neuvornahme voraus.[36]

a) Analogie

§ 141 Abs. 2 könnte analog anwendbar sein. Das setzt neben einer planwidrigen Lücke im Gesetz die Vergleichbarkeit der Interessenlage voraus. Zweifelhaft ist bereits, ob die vorhandene Gesetzeslücke —für die Heilungsvorschriften existiert keine dem § 141 Abs. 2 vergleichbare Norm— planwidrig ist. Der Gesetzgeber wollte den Grundsatz des § 125 S. 1 nur begrenzt durchbrechen. Eine schuldrechtliche Rückwirkung der Heilung war, wie gezeigt,[37] weder gewollt noch zur Erreichung der mit der Heilung angestrebten Ziele erforderlich. In diesen Plan paßt das Fehlen einer dem § 141 Abs. 2 entsprechenden Vorschrift hinein.

Gegen eine Analogie spricht außerdem, daß die Interessenlage bei Bestätigung und Heilung nicht vergleichbar ist. Bei der Bestätigung handelt es sich um einen neuen schuldrechtlichen Vertrag. Für diesen gilt die Auslegungsregel des § 141 Abs. 2. Die Rechtfertigung, einen solchen Parteiwillen, wie § 141 Abs. 2 ihn unterstellt, als gesetzlichen Regelfall anzunehmen, ergibt sich aus den Voraussetzungen für eine wirksame Bestätigung. Sie setzt voraus, daß die Parteien die Nichtigkeit des Geschäfts zumindest für möglich halten und sich unter Vermeidung des Nichtigkeitsgrundes erneut zu den ursprünglich versprochenen Leistungen verpflichten. Liegt ein solcher Sachverhalt vor, so werden die Parteien tatsächlich häufig daran interessiert sein, ebenso gestellt zu werden, als sei der Vertrag von Anfang an wirksam geschlossen worden.

In den Heilungsfällen gibt es jedoch nach dem nichtigen Geschäft in aller Regel keine neuen schuldrechtlichen Abreden.[38] Bei der Erfüllung werden regelmäßig nur dingliche Rechtsgeschäfte getätigt. Hierin ungenau ein

---

[34] BGHZ 82, 398, 406.

[35] Unklar RGZ 75, 114, 115 f. (Heilung sei der Bestätigung „gleichzusetzen"); klarstellend RGZ 115, 6, 11 ff. (§ 141 Abs. 2 gilt nicht unmittelbar); s. dazu oben 2. Teil C. II. 4.

[36] S. nur BGH WM 1985, 1000.

[37] S.o. 1.

[38] Vgl. RGZ 130, 248, 253: „...die Auflassung...hat nicht die Wirkung, daß der schuldrechtliche Vertrag damit als von neuem abgeschlossen gilt."

„Bekenntnis" zum schuldrechtlichen Vertrag zu sehen, durch das die Parteien sich das ursprünglich Versprochene gewähren wollen, hilft nicht weiter. Entweder liegt eine neue schuldrechtliche Abrede vor, oder sie fehlt. Ein „Bekenntnis" ist keine rechtsgeschäftliche Figur. Der Vertrag wird also nicht wirksam, weil die Parteien es so wollen, sondern weil das Gesetz diese Wirkung auch gegen ihren Willen an die Erfüllung knüpft. Man kann daher nicht mit der gleichen Berechtigung wie bei der Bestätigung unterstellen, die Parteien wollten sich gegenseitig so stellen, als sei der Vertrag von Anfang an wirksam gewesen.

Bei einem dinglichen Geschäft, durch das die Parteien keine Verpflichtungen eingehen wollen, paßt die Auslegungsregel des § 141 Abs. 2, die einen bestimmten Verpflichtungswillen unterstellt, nicht. § 141 Abs. 2 ist daher nicht entsprechend anwendbar.

b) Tatsächliche Vermutung

Die Rechtsprechung wendet nun aber nicht § 141 Abs. 2 analog an, sondern stellt eine tatsächliche Vermutung für einen bestimmten Parteiwillen auf.

Tatsächliche Vermutungen sind im Gegensatz zu den gesetzlichen Vermutungen von der Rechtsprechung aufgestellte Beweiserleichterungen. Sie greifen ein bei Vorgängen, die so typisch und häufig sind, daß man dem ersten Anschein nach auf eine bestimmte Ursache oder Wirkung schließen darf.[39] Sie kommen nicht in Frage, wenn es um die Willensentschließung eines Menschen, insbesondere um die Auslegung einer Willenserklärung geht.[40]

Nach der Rechtsprechung soll nun aber eine tatsächliche Vermutung dafür sprechen, daß die Parteien einander das ursprünglich Gewollte so gewähren wollen, als sei der Vertrag von Anfang an wirksam gewesen. Die Rechtsprechung verläßt hiermit den Bereich, in dem richterliche Tatsachenvermutungen anerkannt sind. Schon deshalb ist sie abzulehnen.

Außerdem ist der unterstellte Parteiwille nicht einmal typisch. Bei der Vornahme des Erfüllungsgeschäfts haben die Parteien nämlich regelmäßig keinen Verpflichtungswillen und wollen somit auch nicht eine schuldrechtliche Rückwirkung vereinbaren.

---

[39] BGH NJW 1986, 2829, 2831 f.; 1987, 1944 f.; Schellhammer Rn. 518; Kollhosser, AcP 165 (1965), 46, 48.

[40] BGH NJW 1987, 1944 f.; Schellhammer Rn. 522.

Durch die schuldrechtliche Rückwirkung wird zudem in der Regel nur eine Partei benachteiligt. Diese wird mit der Rückwirkung typischerweise gerade nicht einverstanden sein. Geht es z.B. darum, ob die Verjährungsfrist des § 477 Abs. 1 S. 1 erst ab der Heilung oder schon im Zeitpunkt der Übergabe läuft,[41] so wäre eine Parteivereinbarung darüber zwar möglich, da § 477 Abs. 1 S. 2 die Verlängerung, § 225 S. 2 die Abkürzung der Verjährungsfrist erlaubt. Doch gibt es keinen Anhaltspunkt für die Annahme, die Parteien hätten den Lauf der Verjährungsfrist schon ab Übergabe gewollt. Der Käufer hätte sich hierauf nicht eingelassen. Umgekehrt hätte sich der Verkäufer nicht auf den Lauf der Verjährungsfrist erst ab Heilung eingelassen. Wegen der Nichtigkeit des Vertrages hätte sich der Käufer auch nicht auf einen Lauf der Verjährungsfrist schon mit der Übergabe einlassen müssen. Schon eher hätte sich der Verkäufer auf einen späteren Lauf der Frist einlassen müssen, da dies den Wertungen der §§ 125 S. 1, 313, die die Rechtsfolgenlosigkeit des Rechtsgeschäfts bis zur Heilung anordnen, eher entspricht.

Ein weiteres Beispiel für den Fall, daß der beiderseitige Wille, den Vertragspartner so zu stellen, als sei der Vertrag von Anfang an wirksam geworden, nicht typischerweise vorhanden ist, ist der Sachverhalt in BGHZ 82, 398 ff. Dort hatte sich ein Vertragspartner verpflichtet, Grundstücke an die vom anderen benannten Käufer zu veräußern. Der andere hatte sich zur Vermittlung der Käufer bis zu einem bestimmten Termin und zur Zahlung einer Vertragsstrafe bei Terminüberschreitung verpflichtet. Der Termin wurde überschritten, und der Vertrag wurde erst wirksam, nachdem für alle Grundstücke Käufer vermittelt worden waren. Der BGH vermutete nach der bekannten Formel, daß der Vermittler den Verkäufer so habe stellen wollen, als wenn der Vertrag von Anfang an wirksam gewesen wäre. Er vermutete also eine schuldrechtliche Vereinbarung des Inhalts, daß die Pflicht zur Zahlung der Vertragsstrafe (auch) dann vom Zeitpunkt der Fristüberschreitung an entstehen sollte, wenn der Vertrag zu diesem Zeitpunkt noch gar nicht wirksam war.

Eine Vereinbarung dieses Inhalts kann aber in der vorliegenden Konstellation nicht als typisch unterstellt werden. Warum soll der Schuldner sich verpflichten, eine Strafe für eine verspätete Leistung zu zahlen, wenn er zur Leistung wegen der Formnichtigkeit gar nicht verpflichtet ist und die Verpflichtung erst mit ihrer Erfüllung (bzw. hier sogar erst später, nämlich nicht bereits mit Benennung der Kaufinteressenten, sondern erst mit Abschluß der Kaufverträge mit

[41] RGZ 75, 114, 117 f.; 134, 83, 87.

ihnen) entsteht? Bis zur Erfüllung hat der Verpflichtete die Wahl, ob er den Vertrag überhaupt erfüllen will. Entscheidet er sich dafür, so muß von ihm nicht regelmäßig gewollt sein, so behandelt zu werden, als sei die Verpflichtung schon immer wirksam gewesen.

Daß die Vermutung der h.M. nicht den typischen Willen der Parteien trifft, wird besonders deutlich in den Fällen, in denen die Parteien die Nichtigkeit des Vertrages gar nicht kennen. Wie können sie dann im Zeitpunkt der Erfüllung den Willen haben, sich gegenseitig so zu stellen, als sei der Vertrag von Anfang an wirksam gewesen? Vielleicht würden sie sich, wenn sie die Nichtigkeit des Vertrages kennen würden, gerade anders entscheiden.

Demnach ist der von der h.M. für den Zeitpunkt der Erfüllung des formnichtigen Vertrages vermutete Wille der Parteien, eine § 141 Abs. 2 entsprechende schuldrechtliche Bindung einzugehen, nicht typisch.

Versteht man die Rechtsprechung so, daß die Vermutung für den Parteiwillen bei Abschluß des nichtigen schuldrechtlichen Vertrages gelten soll, so überzeugt sie ebensowenig. Ein Parteiwille, sich im Falle der Nichtigkeit des Vertrages das Versprochene so zu gewähren, als sei der Vertrag sofort wirksam geworden, kann ebenfalls nur dann existieren, wenn die Parteien die Nichtigkeit des Vertrages kennen oder zumindest für möglich halten. Das ist aber keineswegs typischerweise der Fall; man denke nur an die zahlreichen Fälle irrtümlich unvollständiger Beurkundungen.

Auch wenn man die Rechtsprechung so versteht, daß sie den hypothetischen Willen der Parteien vermutet, ist ihr nicht zu folgen. Denn prima-facie-Beweise sind auch bei der Ermittlung hypothetischen Verhaltens nicht zulässig, weil es in diesem Bereich gerade keine typischen Geschehensabläufe gibt.[42]

c) Begrenzung auf die vereinbarten Vertragsleistungen

Wie bereits angesprochen, will der BGH seine Vermutung auf die vereinbarten Vertragsleistungen begrenzen. Dieses Kriterium wurde nach Ansicht des BGH relevant in folgenden beiden Fällen: Im ersten Fall[43] ging es darum, daß nach dem nichtigen Vertrag der Kaufpreisanspruch zu einem bestimmten Zeitpunkt fällig wurde, der Vertrag aber erst später geheilt wurde. Der Verkäufer verlangte Ersatz des Verzugsschadens ab dem vereinbarten Fälligkeitszeitpunkt.

---

[42] BGH VersR 1975, 540.

[43] BGH WM 1979, 253, 254.

Der BGH meinte, die Vermutung greife hier nicht ein, weil es bei dem Verzug nicht um die vereinbarten Vertragsleistungen, sondern um gesetzliche Ansprüche gehe. Auf einen Verzugseintritt vor Anspruchsentstehung könne der Vertragswille vernünftigerweise nicht gerichtet sein, heißt es weiter.

Der letztgenannte Grund, der sich mit den soeben angestellten Überlegungen zu der Berechtigung der tatsächlichen Vermutung deckt, ist der allein tragende. Die Regelung des § 286 ist deshalb Gesetz, weil sie dem Willen der Parteien regelmäßig entspricht. Als Folge einer rechtsgeschäftlichen Willenserklärung gehört sie deshalb zu den vereinbarten Leistungen. Die Differenzierung danach, ob die Rechtsfolgen ausdrücklich Vertragsinhalt geworden sind oder nicht, ist willkürlich. Denn auch wenn die Parteien die Verzugsfolgen ausdrücklich in den Vertrag aufgenommen hätten, hätte das zweite Argument des BGH eingegriffen, daß der Wille der Parteien vernünftigerweise nicht darauf gerichtet sein kann, den Verzug vor Anspruchsentstehung eintreten zu lassen.[44]

In der zweiten, schon erwähnten Entscheidung[45] bejahte der BGH die Entstehung der Pflicht zur Zahlung der Vertragsstrafe für einen vor der Heilung liegenden Zeitpunkt. Denn bei der Vertragsstrafe handele es sich um eine vertraglich vereinbarte Leistung.[46] Aber auch hier war keineswegs klar, ob die Parteien, insbesondere der Vermittler, eine Rückwirkung wollten. Im Gegenteil ist eher unwahrscheinlich, daß die Parteien das Druckmittel der Vertragsstrafe vor Anspruchsentstehung eingreifen lassen wollten. Es hätte seine Druckfunktion nur begrenzt ausüben können, weil der Vermittler auch ganz vom Vertrag hätte Abstand nehmen können, ohne Sanktionen fürchten zu müssen.

Daher ist auch die Begrenzung der Vermutungswirkung auf die vertraglich vereinbarten Leistungen, wie sie der BGH vertritt, abzulehnen.

d) Vermutung nur für die im Synallagma stehenden Leistungen

Reinicke/Tiedtke folgen der Rechtsprechung darin, daß die dem § 141 Abs. 2 zugrundeliegende Wertung bei der Heilung zu beachten sei. § 141 Abs. 2 beruhe auf dem Gedanken, daß durch das Fehlen der Rückwirkung keine Störung der Äquivalenz eintreten dürfe. Für die Heilung gelte daher, daß der Wille zur schuldrechtlichen Rückwirkung dann vermutet werde, wenn andern-

---

[44] Reinicke/Tiedtke, NJW 1982, 1430, 1434.

[45] BGHZ 82, 398 ff.

[46] BGHZ 82, 398, 406.

falls das Synallagma gestört werde.[47] Als Beispiel nennen Reinicke/Tiedtke den Fall, daß nach der vertraglichen Regelung der gestundete Kaufpreis ab einem bestimmten, vor der Heilung liegenden Zeitpunkt verzinst werden sollte. In einem solchen Fall gelte die Verzinsungspflicht, wenn der Vertrag geheilt werde, vom vereinbarten Zeitpunkt an.[48]

Die Ansicht von Reinicke/Tiedtke unterscheidet sich in ihrer Begrenzung der tatsächlichen Vermutung auf im Synallagma stehende Verpflichtungen von der h.M.

Auf diesem Hintergrund meinen Reinicke/Tiedtke, daß die Vermutung für den Verzugseintritt nicht gelte, weil die Verpflichtung zum Ersatz des Verzugsschadens nicht diejenige Leistung sei, um deretwillen der Gläubiger seine Gegenleistung erbringe. Es handele sich nicht um eine der im Synallagma stehenden Leistungen.[49]

Man darf hier jedoch nicht darauf abstellen, daß die Schadensersatzpflicht nicht mit der Gegenleistung synallagmatisch verknüpft ist. Maßgeblich ist vielmehr der vereinbarte Zahlungszeitpunkt. Die Frage, wann eine bestimmte Leistung erbracht werden muß, ist durchaus für die Ausgewogenheit von Leistung und Gegenleistung von Bedeutung, man denke nur an mögliche Zinsgewinne oder, bei der Leistung von Sachen, an den Wert, den die Nutzung des Gegenstandes hat. Hier ist es im Synallagma von Bedeutung, wann eine bestimmte Leistung erbracht werden muß. Deshalb könnte man trotz der von Reinicke/Tiedtke vorgeschlagenen Einschränkung dazu kommen, daß die Vermutung auch den Anspruch auf Ersatz des Verzugsschadens erfaßt. Denn dieser Anspruch dient der Ausgewogenheit des Synallagmas, indem er die Nichteinhaltung des vereinbarten Leistungszeitpunkts auszugleichen sucht. Es macht keinen Unterschied, ob die Parteien —wie in dem von Reinicke/Tiedtke gebildeten Beispielsfall— der Gegenleistung durch Stundung und Verzinsungspflicht einen bestimmten Wert geben, oder ob sie dies durch Benennung eines bestimmten Zahlungszeitpunktes tun.

Daher hilft auch die Begrenzung der Vermutung auf die im Synallagma stehenden Gegenleistungen nicht weiter.

---

[47] NJW 1982, 1430, 1433 ff.

[48] NJW 1982, 1430, 1433.

[49] Reinicke/Tiedtke, NJW 1982, 1430, 1435.

e) Eigene Lösung

Wie sind nun die Fälle, in denen die Rechtsprechung in Anlehnung an § 141 Abs. 2 auf die tatsächliche Vermutung zurückgreift, zu lösen?

aa) Entscheidungserheblichkeit der tatsächlichen Vermutung

Zunächst ist in jedem Fall zu prüfen, ob es auf das Eingreifen der tatsächlichen Vermutung überhaupt ankommt. Das ist zum einen dann nicht der Fall, wenn die Rückwirkung nicht disponibel ist.

So war etwa in BGHZ 54, 56, 63 zu klären, ob eine für einen formnichtigen Anspruch bestellte Vormerkung zulasten Dritter wirkte. Selbst wenn die tatsächliche Vermutung, daß die Parteien die Rechtsfolgen des Vertrages rückbeziehen wollen, gegolten hätte, hätte allein dieser Parteiwille nicht zu einer dinglichen Benachteiligung Dritter führen können. Es kam allein darauf an, ob der formnichtige Anspruch vormerkbar war.

Aber auch, wenn die Rückwirkung disponibel ist, kommt es nicht immer auf das Eingreifen der Vermutung an. Sachgerechte Ergebnisse lassen sich häufig den Wertungen entnehmen, auf denen die einschlägigen gesetzlichen Vorschriften beruhen.

Einer dieser Fälle liegt der Entscheidung des OLG Hamm zugrunde.[50] Das OLG meint, die Klägerin habe ihre Gewährleistungsansprüche gemäß § 460 S. 1 verloren, da sie im Zeitpunkt der Heilung die Mängel schon kannte. Dieser Zeitpunkt sei entgegen dem Wortlaut des § 460 S. 1 maßgeblich, da die Klägerin sich bis zur Heilung vom Vertrag habe lösen können.

Das OLG prüfte auch, ob die tatsächliche Vermutung schuldrechtlicher Rückwirkung dazu führt, daß für den Verlust der Gewährleistungsansprüche die Kenntnis zum Zeitpunkt des Vertragsabschlusses maßgeblich ist. Es lehnte dies mit dem Hinweis auf die Begründung des BGH ab: es handele sich bei den Gewährleistungsansprüchen nicht um die vereinbarten Vertragsleistungen; nur für diese gelte aber die Vermutung.

Die Prüfung dieser Frage war nicht entscheidungserheblich.[51] Selbst wenn das OLG schuldrechtliche Rückwirkung bejaht hätte, wäre damit noch nicht entschieden gewesen, welcher Zeitpunkt bei § 460 S. 1 für die Kenntnis von

---

[50] NJW 1986, 136.

[51] So auch Kanzleiter, DNotZ 1986, 747.

Mängeln maßgeblich gewesen wäre. Das OLG stellt nämlich darauf ab, ob die Käuferin nach Vertragsabschluß noch die Möglichkeit hatte, vom Vertrag Abstand zu nehmen. Das hatte sie bis zur Heilung aber unabhängig davon, ob der Vertrag ex nunc oder ex tunc geheilt wurde.

Dagegen wäre es in zwei Entscheidungen des Reichsgerichts möglicherweise auf die Vermutung angekommen;[52] das Reichsgericht hat sie jedoch nicht erwähnt. Es ging jeweils darum, ob die Verjährungsfrist des § 477 Abs. 1 S. 1 erst im Zeitpunkt der Heilung oder schon im Zeitpunkt der Übergabe zu laufen begann. Das Reichsgericht entschied sich unter Hinweis auf die fehlende Rückwirkung für den Zeitpunkt der Heilung. Indessen wäre hier für einen anderslautenden Parteiwillen und damit für das Eingreifen der Vermutung durchaus Raum gewesen. § 477 Abs. 1 S. 2 erlaubt die Verlängerung, § 225 S. 2 die Abkürzung der Verjährungsfrist.

Entscheidend ist aber auch in diesem Fall das Eingreifen der Vermutung nicht. Das Ergebnis —Lauf der Verjährung erst ab Heilung— folgt aus Sinn und Zweck der Verjährung. Sie soll die Verfolgbarkeit von Ansprüchen zur Sicherung des Rechtsfriedens zeitlich begrenzen. Andererseits setzt sie, wie §§ 202, 203 zeigen, die Verfolgbarkeit des Anspruchs voraus. Ein „Anspruch" aus einem nichtigen Vertrag ist aber kein verfolgbarer Anspruch. Deshalb läuft die Verjährung erst ab Heilung. Dasselbe Ergebnis kann mit einer Analogie zu § 202 Abs. 1, 2. Fall begründet werden.[53]

In einem weiteren Fall, in dem es auf die Vermutung nicht ankam, stellte sich die Frage, ob für die Aufwertung einer Kaufpreissumme nach dem in der Inflationszeit geltenden Aufwertungsgesetz der Zeitpunkt des formnichtigen Vertragsabschlusses oder derjenige der Heilung maßgeblich war.[54] Das Gesetz knüpfte an den Zeitpunkt des Forderungserwerbes an; je früher die Forderung erworben war, desto höher war der Betrag, um den sie aufgewertet wurde.

Das Reichsgericht meinte, die Forderung sei erst im Zeitpunkt der Heilung im Sinne des Aufwertungsgesetzes erworben. Diese Regelung könne jedoch wirksam abbedungen werden; das könne hier wegen der Vermutung schuldrechtlicher Rückwirkung der Fall sein. Dann sei der Zeitpunkt des Vertragsabschlusses maßgeblich.

---

[52] RGZ 75, 114, 117 f.; 134, 83, 87.

[53] S. Reinicke, Rechtsfolgen, S. 17.

[54] RGZ 115, 6 ff.

Auch hier hätte es der Vermutung nicht bedurft. Was unter dem Forderungserwerb im Sinne des Aufwertungsgesetzes zu verstehen ist, ist im Wege der Auslegung zu ermitteln. Aus Sinn und Zweck des Gesetzes ergibt sich, daß der Zeitpunkt des Vertragsabschlusses maßgeblich sein muß. Das Aufwertungsgesetz sollte die durch die Inflation bedingten Störungen des Synallagmas abfangen. Leistung und Gegenleistung werden in ihrer Höhe von den Parteien aber bei Vertragsschluß, nicht aber im Heilungszeitpunkt austariert. Deshalb muß dieser Zeitpunkt der für die Aufwertung entscheidende sein.

bb) Lösung der verbleibenden Fälle

Kommt es auf die Frage, ob die Parteien sich so stellen wollen, als sei der Vertrag von Anfang an wirksam gewesen, einmal an, so ist zu prüfen, ob sich ein dahingehender tatsächlicher oder hypothetischer Parteiwille ermitteln läßt. Eine Vermutung greift bei dieser Frage aus den bereits genannten Gründen nicht ein. Das gilt unabhängig davon, ob die Rückwirkung für die vereinbarten oder die im Synallagma stehenden Leistungen entscheidungserheblich ist.

C. Analoge Anwendung der Heilungsvorschriften

I. Allgemeiner Heilungsgrundsatz

Das Bürgerliche Recht kennt nach Ansicht der Rechtsprechung[1] und der herrschenden Lehre[2] keinen Grundsatz des Inhalts, daß jeder formnichtige Schuldvertrag durch beiderseitige Erfüllung wirksam wird. Ein solcher Grundsatz liegt weder als ungeschriebener dem BGB zugrunde noch ergibt er sich aus einer Gesamtanalogie zu den Heilungsvorschriften.

1. Ungeschriebener Grundsatz

Aus der Existenz der Heilungsvorschriften kann man im Umkehrschluß entnehmen, daß im Regelfall keine Heilung eintreten soll. Früher wurde dagegen geltend gemacht, die Heilungsvorschriften stellten ihrerseits eine Steigerung des Grundsatzes dar, daß beiderseitig vollständige Erfüllung den Form-

---

[1] BGH NJW 1967, 1128, 1130 f.

[2] Flume AT 2, § 15 III 3 b), S. 269; Palandt/Heinrichs § 125 Rn. 11; Erman/Brox § 125 Rn. 21; Staudinger/Dilcher § 125 Rn. 35; Esch, S. 42 ff., 49; a.A. Reichel, AcP 104 (1909), 1, 33 ff.; Regelsperger, IherJb 58 (1911), 146, 171; Lange, AcP 144 (1938), 149, 159 ff; Martin, S. 28 ff., der aufgrund einer Interessenabwägung im Einzelfall dazu kommt, daß bei allen schuldrechtlichen Formvorschriften des BGB durch Erfüllung Heilung eintritt.

fehler heile.[3] Denn bei §§ 766, 518 habe bereits die Teilerfüllung heilende Wirkung, und bei § 313 führe gar die einseitige Erfüllung zur Wirksamkeit des Vertrages.[4]

Indessen ergibt sich aus den Materialien, daß der Gesetzgeber in bewußter Abkehr vom Preussischen Allgemeinen Landrecht der Erfüllung grundsätzlich keinen Einfluß auf die Formnichtigkeit zumessen wollte: „Ist...die Form durch Gesetz vorgeschrieben, so ändert die freiwillige Erfüllung an der Nichtigkeit des Vertrages und deren Folgen schlechterdings nichts."[5] Weiter heißt es ausdrücklich, daß derjenige, der auf einen formnichtigen Vertrag geleistet habe, diese Leistung zurückfordern könne und ihm nicht entgegengesetzt werden könne, die Berufung auf den Formmangel sei „unanständig".[6] Auch die XII. Kommission des Reichstages lehnte eine allgemeine Heilungsvorschrift für alle verpflichtenden Rechtsgeschäfte und auch eine solche für alle Verträge des Schuldrechts ab.[7]

2. Gesamtanalogie zu den Heilungsvorschriften

Auch eine Gesamtanalogie zu § 15 Abs. 4 S. 2 GmbHG, §§ 313 S. 2, 518 Abs. 2, 766 S. 2 des Inhalts, daß die Erfüllung eines formnichtigen Schuldvertrages stets zur Heilung führt, ist nicht möglich. Sie scheitert schon an dem Willen des Gesetzgebers, keinen allgemeinen Heilungsgrundsatz aufzustellen. Infolgedessen ist die vorhandene Gesetzeslücke nämlich nicht planwidrig. Es handelt sich vielmehr um ein sog. „beredtes Schweigen"[8] des Gesetzes.

Im übrigen setzt eine Gesamtanalogie voraus, daß die einzelnen Heilungsnormen Ausdruck desselben Prinzips sind, daß sie mithin auf eine gemeinsame ratio legis zurückzuführen sind.[9] Zwar könnte man sagen, daß § 15 Abs. 4 S. 2 GmbHG und §§ 313 S. 2, 518 Abs. 2 insofern auf derselben ratio legis beruhen, als sie die Rückforderung aus Gründen der Rechtssicherheit ausschließen. Andererseits beruht das Bedürfnis nach mehr Rechtssicherheit jeweils auf den nicht verallgemeinerungsfähigen Besonderheiten des Einzelfalls, so etwa

[3] Reichel, AcP 104 (1909), 1, 33 ff.

[4] Reichel, a.a.O., S. 34 f.

[5] Mot. bei Mugdan II 453.

[6] Prot. bei Mugdan II 1177.

[7] Jakobs/Schubert, Allgemeiner Teil 1, S. 683 ff.; zu alldem schon oben 2. Teil D. III. 1.

[8] Larenz, Methodenlehre, S. 370.

[9] Larenz, Methodenlehre, S. 383 f.

bei § 313 auf den Besonderheiten des Immobilienverkehrs.[10] Den Heilungsvorschriften läßt sich nicht als allgemeiner Gedanke entnehmen, die Rechtssicherheit erfordere oder rechtfertige bei Erfüllung eines formnichtigen Vertrages stets einen Rückforderungsausschluß.

Zudem sind die Regelungen im einzelnen zu unterschiedlich. §§ 518, 766 betreffen einseitig verpflichtende Verträge und lassen die Heilung eintreten, soweit erfüllt ist. § 15 Abs. 4 S. 2 GmbHG und § 313 betreffen synallagmatische Verträge und lassen die Heilung schon nach der Erfüllung durch einen Vertragsteil eintreten.

Demnach scheidet eine Gesamtanalogie zu den Heilungsnormen aus.

II. Einzelanalogie

Eine Analogie zu einer einzelnen Heilungsnorm kommt in Betracht, wenn die der Heilungsvorschrift zugehörige Formvorschrift direkt oder analog Anwendung findet (unter 1.) oder wenn einer Formvorschrift keine Heilungsnorm zugeordnet ist (unter 2.).

1. Direkte oder analoge Geltung der zugehörigen Formvorschrift

Es gibt Fälle, in denen trotz der Erfüllung des Vertrages der Tatbestand einer Heilungsnorm nach seinem Wortlaut nicht gegeben ist, obwohl die Formvorschrift, auf die er sich bezieht, direkt oder analog eingreift.

a) Besondere Vorschriften für die Erfüllung

Fraglich kann sein, ob die Heilung auch dann eintritt, wenn der schuldrechtliche Vertrag nach § 313 S. 1 oder § 15 Abs. 4 S. 1 GmbHG formbedürftig ist, das dingliche Erfüllungsgeschäft aber nach besonderen Vorschriften abgewickelt wird, wie etwa inländischen Sondergesetzen,[11] ausländischem Recht,[12] nach den Sonderregeln des Zwangversteigerungsverfahrens[13] oder nach den Vor-

---

[10] S.o. 2. Teil D. III. 2. und 4.

[11] RGZ 73, 272, 275; 82, 413, 415 f.

[12] BGHZ 52, 239, 243; 73, 391, 395 f.; OLG München NJW-RR 1989, 663, 665 f.; OLGZ 1974, 19, 21 f.; OLG Düsseldorf NJW 1981, 529 f; trotz der grundsätzlichen Geltung der lex rei sitae kann sich das schuldrechtliche Geschäft nach deutschem Recht beurteilen, z.B. wenn die Parteien dies vereinbart haben (so in den genannten Entscheidungen).

[13] BGHZ 85, 245, 250 f.; OLG Hamm 1974, 311.

schriften über den gutgläubigen Erwerb[14]. Bei §§ 518 Abs. 2, 766 S. 2 BGB ist das kein Problem, da schon nach dem Wortlaut der Heilungsnormen jede Art der Erfüllung/Leistungsbewirkung in Betracht kommt. Anders verhält es sich bei § 313 S. 2 BGB und § 15 Abs. 4 S. 2 GmbHG: beim Grundstückskauf ist nach dem Wortlaut des § 313 S. 2 BGB Auflassung und Eintragung erforderlich und § 15 Abs. 4 S. 2 GmbHG verlangt eine notariell beurkundete Abtretung.

aa) § 313 S. 2 BGB

Trotz des engen Wortlauts des § 313 S. 2 könnte die Heilung auch dann eintreten, wenn zur Grundstücksübereignung ausnahmsweise nur eine Einigung (schriftlich[15] oder notariell beglaubigt,[16]) ein amtliches Ersuchen,[17] Kaufvertrag und Übergabe[18] oder der Zuschlag nach § 90 ZVG[19] erforderlich ist.

Die Rechtsprechung kommt zu verschiedenen Ergebnissen, was allein daran liegt, daß den Urteilen verschiedene argumentative Ausgangspunkte zugrundeliegen. Abgestellt wird zwar einheitlich auf die dem § 313 S. 2 BGB zugrundeliegende Interessenlage; diese wird jedoch unterschiedlich gesehen. Zum Teil gehen die Gerichte davon aus, § 313 S. 2 BGB beruhe auf dem Gedanken, daß der Formzweck (Übereilungsschutz) durch die Auflassung erreicht sei. Sie prüfen dann, ob die besondere Art und Weise des Eigentumserwerbs einen der Auflassung ähnlichen Schutz bewirkt und verneinen[20] oder bejahen[21] je nach dem Ergebnis dieser Prüfung die Heilung.

Dieser Ansatz führt zu Rechtsunsicherheit. Je nachdem ob das ausländische Recht oder sonstige Spezialgesetze ein der Auflassung ähnliches Rechtsgeschäft vorsehen, soll der schuldrechtliche Vertrag wirksam werden. Die Unsicherheit liegt in der Wertungsfrage, ob das Erfüllungsgeschäft einen der Auflassung vergleichbaren Schutz bietet.

---

[14] BGHZ 47, 266, 270 f.

[15] OLG München OLGZ 1974, 1921 f.

[16] RGZ 73, 272, 275.

[17] RGZ 82, 413, 415 f.

[18] BGHZ 73, 391, 395; s. auch BGHZ 52, 239, 243 (Hinweis auf mögliche entsprechende Anwendbarkeit des § 313 S. 2 BGB).

[19] BGHZ 85, 245, 250 f.

[20] RGZ 82, 413, 415 f.; OLG Hamm MDR 1974, 311.

[21] BGHZ 85, 245, 250 f.

Andere Urteile stellen darauf ab, ob der dingliche Erwerb vollendet ist, weil der Gesetzgeber aus Gründen der Rechtssicherheit sachenrechtlich abgeschlossene Grundstückskäufe nicht wegen eines Formfehlers der causa der Kondiktion unterwerfen wollte.[22]

Letzterem ist zuzustimmen. Methodisch handelt es sich in den Fällen, in denen der Eigentumserwerb sich nicht durch Auflassung und Eintragung vollzieht, um eine analoge Anwendung des § 313 S. 2 BGB. Maßgeblich ist also das Vorliegen einer planwidrigen Lücke sowie die Vergleichbarkeit der Interessenlage. Eine planwidrige Lücke liegt vor, da der Gesetzgeber andere Formen des Eigentumserwerbs an Grundstücken nicht bewußt von der Heilung ausgeschlossen, sondern lediglich nicht bedacht hat. Die dem § 313 S. 2 BGB zugrundeliegende Interessenlage ist dadurch charakterisiert, daß abgewickelte Grundstücksgeschäfte zur Gewährleistung der Rechtssicherheit im Immobilienverkehr nicht mehr rückabgewickelt werden sollten. Dieses Interesse besteht unabhängig von der Art und Weise der Übereignung. § 313 S. 2 BGB ist daher analog anwendbar. Löste die Rechtsprechung alle Fälle auf diesem Wege, so wären die Ergebnisse kalkulierbarer.[23]

bb) § 15 Abs. 4 S. 2 GmbHG

Heilt eine im Ausland vollzogene Abtretung eines Anteils an einer deutschen GmbH das formnichtige Verpflichtungsgeschäft, wenn das ausländische Recht für die Abtretung von GmbH-Anteilen keine Form oder nur die Schriftform vorschreibt? Und wie ist zu entscheiden, wenn das ausländische Recht auch die notarielle Beurkundung verlangt, jedoch letztere technisch anders ausgestaltet ist und einen anderen Stellenwert hat als im deutschen Recht?

Nach § 15 Abs. 4 S. 2 GmbHG setzt die Heilung einen nach Maßgabe des § 15 Abs. 3 GmbHG geschlossenen Abtretungsvertrag voraus. § 15 Abs. 3 GmbHG verlangt zur Abtretung einen notariell beurkundeten Vertrag. Wie bereits erörtert, soll durch die Formvorschriften der §§ 15 Abs. 3, 4 S. 1 GmbHG der Handel mit GmbH-Anteilen erschwert werden. Die Heilung ordnete der Gesetzgeber an, um aus Gründen der Rechtssicherheit die Rückabwicklung eines vollzogenen Anteilskaufvertrages auszuschließen, obwohl der

---

[22] BGHZ 73, 391, 395 f.; ihm zustimmend OLG Düsseldorf NJW 1981, 529, 530, aber gegen die Ansicht des BGH, daß nach spanischem Recht schon Eigentum übergegangen sei (ebenso Löber, NJW 1980, 496); OLG München OLGZ 1974, 19, 21 f.

[23] Nur „zufällig" richtig BGHZ 85, 245, 250 f. (Übereilungsschutz sei durch das Zwangsversteigerungsverfahren erreicht).

Formzweck des § 15 Abs. 4 S. 1 GmbHG dadurch für den betreffenden Einzelfall nicht erreicht wird. Die Tatsache, daß die Abtretung ihrerseits formbedürftig ist, war nicht entscheidend. Daraus wird deutlich, daß es für die Heilung allein darauf ankommt, ob die Abtretung dinglich vollzogen ist.

Entscheidend für die Heilung ist also, ob die Abtretung wirksam ist. Bei einer im Ausland erfolgten Abtretung eines Anteils an einer deutschen GmbH stellt sich mithin die Frage, ob sich die Form der Abtretung nach § 15 Abs. 3 GmbHG oder nach ausländischem Recht richtet. Es ist umstritten, ob die Alternativanknüpfung des Art. 11 Abs. 1 EGBGB auch für die Abtretung von Gesellschaftsanteilen gilt. Diese Frage des Internationalen Gesellschaftsrechts soll hier offen bleiben.[24]

Griffe Art. 11 Abs. 1 EGBGB ein, so wäre die Abtretung auch wirksam, wenn sie nach ausländischem Recht formlos oder schriftlich möglich wäre (Ortsform, Art. 11 Abs. 1, 2. Fall EGBGB). Der Formmangel des schuldrechtlichen Geschäfts wäre damit geheilt.

Hält man dagegen das Gesellschaftsstatut für maßgeblich, so ist in einem zweiten Schritt zu prüfen, ob die durch die ausländische Abtretung gewahrte Form der in § 15 Abs. 3 GmbHG vorgeschriebenen Form gleichwertig ist.

Kriterium für die Beurteilung der Gleichwertigkeit sind die Formzwecke. Es ist also zu fragen, ob durch die ausländische Form die Formzwecke gleichermaßen gewahrt werden wie durch die notarielle Beurkundung. Zum Teil stellen die Gerichte bei § 15 Abs. 3 GmbHG darauf ab, ob Übereilungsschutz und Beweisfunktion gewahrt sind.[25] Da § 15 Abs. 3 GmbHG jedoch zum Ziel hat, den Anteilshandel zu erschweren und dem Erwerber den Nachweis seiner Rechtsposition zu ermöglichen, ist allein maßgeblich, ob die ausländische Form gleichermaßen erschwerend wirkt[26] und die Beweisfunktion erfüllen kann. Das ist bei der Schriftform nicht der Fall. Bei der notariellen Beurkundung hängt es davon ab, wie diese im einzelnen ausgestaltet ist. Im Regelfall werden durch eine ausländische notarielle Beurkundung die Formzwecke des § 15 Abs. 3 GmbHG erreicht. Liegt damit Gleichwertigkeit der Formen vor, so ist die Abtretung wirksam. Hiermit wird der schuldrechtliche Vertrag geheilt.

---

[24] Zum Meinungsstand s. BayObLG NJW 1978, 500 f.; Palandt/Heldrich Art. 11 EGBGB Rn. 13; Staudinger/Großfeld IntGesR Rn. 306 f.; Hachenburg/Zutt § 15 Rn. 59; Winkler, RPfleger 1978, 44 ff.

[25] OLG Frankfurt DNotZ 1982, 186, 187; BayObLG NJW 1978, 500, 501.

[26] So auch Staudinger/Großfeld IntGesR Rn. 311.

b) Aufhebung eines Anwartschaftsrechts am Grundstück

Nach der Rechtsprechung des BGH entsteht für den künftigen Erwerber eines Grundstücks ein Anwartschaftsrecht, wenn für ihn eine Auflassungsvormerkung eingetragen ist.[27] Eine auf Aufhebung des Grundstückskaufvertrages und des Anwartschaftsrechts gerichtete Verpflichtung ist analog § 313 S. 1 formbedürftig[28]. Es fragt sich, ob ein Formfehler analog § 313 S. 2 geheilt wird, wenn die Auflassungsvormerkung aufgrund der Bewilligung des Erwerbers gelöscht wird.

Dafür spricht zum einen, daß die analoge Anwendung des § 313 S. 1 nicht zu strengeren Ergebnissen führen darf als seine direkte Anwendung. Zum anderen ist die Interessenlage derjenigen bei § 313 S. 2 vergleichbar. § 313 S. 2 soll im Interesse der Rechtssicherheit des Immobilienverkehrs die Kondiktion dinglich vollzogener Grundstücksgeschäfte verhindern. Wird ein Anwartschaftsrecht an einem Grundstück durch Löschung der Vormerkung aufgehoben, so verändert sich ebenfalls die dingliche Rechtslage hinsichtlich des Grundstücks. Diese Veränderung rückgängig zu machen, ist ebenso schwierig wie bei einer vollzogenen Übereignung. Die Vormerkung kann nicht rückwirkend wieder eingetragen werden; nach ihrer Löschung bestellte Rechte gehen ihr vor. Da diese Schwierigkeiten im Bereicherungsausgleich auf den Besonderheiten des Immobilienverkehrs beruhen, ist § 313 S. 2, der gerade aus diesem Grund die Kondiktion ausschließt, analog anwendbar.[29]

c) Vorverträge

aa) Begriff

Ein „Vorvertrag"[30] ist ein Vertrag, in dem sich —mindestens— eine Partei verpflichtet, mit der anderen Partei einen schuldrechtlichen Vertrag, den Hauptvertrag, zu schließen.[31] Ob auch solche Verträge, in denen sich eine Partei verpflichtet, mit einem Dritten einen schuldrechtlichen Vertrag zu schließen,

---

[27] BGHZ 83, 395, 399.

[28] BGHZ 83, 395, 399 ff.

[29] So im Ergebnis auch OLG Düsseldorf DNotZ 1990, 370, 371 (ohne Begründung); OLG Hamm OLGZ 1991, 122, 123; Lehmann, DNotZ 1987, 142, 150 f.; gegen das Urteil des OLG Hamm jetzt: Tiedtke, DB 1991, 2273, 2274; Brambring, DNotZ 1991, 150 ff.

[30] Zu den Ursprüngen des Begriffs s. Thöl § 246, S. 777, Fn. 1.

[31] Ritzinger, NJW 1990, 1201.

unter diese Bezeichnung fallen, ist umstritten.[32] Dieser Frage kommt allein terminologische Bedeutung zu.[33] Hier werden auch die letztgenannten Fälle als Vorverträge bezeichnet.

bb) Formzwang

(1) Rechtsprechung und Literatur

Das Reichsgericht ging in mehreren Entscheidungen davon aus, daß ein Vorvertrag derselben Form bedürfe wie der Hauptvertrag.[34] In anderen Urteilen schränkte es diese Aussage ein. Ob ein Vorvertrag formbedürftig sei, richte sich nach Inhalt und Zweck der Formvorschrift für den Hauptvertrag.[35] Der BGH bejaht die Formbedürftigkeit eines Vorvertrages dann, wenn der für den Hauptvertrag bestehende Formzwang zumindest auch den Zweck hat, die Parteien vor einer übereilten Bindung zu schützen.[36]

Auch die Literatur lehnt die allgemeine Aussage, Vorverträge bedürften der Form des Hauptvertrages, ab. Auch sie macht die Antwort davon abhängig, welche Zwecke mit der Formvorschrift für den Hauptvertrag erreicht werden sollen.[37]

(2) Stellungnahme

Will man eine Formvorschrift auf einen von ihrem Wortlaut nicht erfaßten Vorvertrag anwenden, so handelt es sich methodisch um eine Analogie. Eine solche setzt neben der Feststellung einer planwidrigen Gesetzeslücke die Vergleichbarkeit der Interessenlage voraus.

Das Gesetz schreibt für Vorverträge keine Form vor. Der Gesetzgeber ließ „mangels zureichenden Bedürfnisses" den Vorvertrag und die Frage seiner Formbedürftigkeit ungeregelt.[38] Ob das Fehlen einer Formvorschrift eine plan-

---

[32] BGH NJW 1986, 1983, 1984.

[33] So auch BGH NJW 1986, 1983, 1984.

[34] RGZ 43, 136, 139; 76, 303, 304; 165, 185, 189 (schon einschränkend: „grundsätzlich").

[35] RGZ 86, 30, 32; 112, 199.

[36] BGHZ NJW 1989, 166, 167; 1973, 517 und 1839 f.; LM § 154 BGB Nr. 4; LM § 566 BGB Nr. 1.

[37] Henrich, § 11 I, S. 147 ff.; Erman/Hefermehl Vor § 145 Rn. 40; Staudinger/Dilcher Vorbem zu §§ 145 ff. Rn. 43; Soergel/Hefermehl § 125 Rn. 6; Ritzinger, NJW 1990, 1201, 1203; Heile, NJW 1991, 6, 8.

[38] Mot. bei Mugdan I 450.

widrige Lücke darstellt, richtet sich nach der Regelungsabsicht des Gesetzgebers. Hätten nach der den Formvorschriften zugrundeliegenden Regelungsabsicht auch Vorverträge von dem Formerfordernis für den Hauptvertrag erfaßt sein müssen, um die Formzwecke zu erreichen, so ist das Gesetz unvollständig. Eine planwidrige Lücke liegt dann vor.[39] Es kommt also darauf an, ob die vom Gesetzgeber mit der betreffenden Formvorschrift verfolgten Zwecke vereitelt würden, ließe man den Vorvertrag formlos wirksam sein.[40] Ist das der Fall, so ist zugleich die für eine Analogie erforderliche Vergleichbarkeit der Interessenlage zu bejahen.[41]

(a) Übereilungsschutz

Der Formzweck, die Parteien vor Übereilung zu schützen, würde verfehlt, wenn die Parteien sich formlos zum Abschluß des Hauptvertrages verpflichten könnten. Eine möglicherweise überstürzt eingegangene Verpflichtung —etwa zum Abschluß eines Grundstückskaufvertrages— wäre gerichtlich durchsetzbar. Die Vorvertragspartner hätten keine Möglichkeit mehr, ihre übereilte Entscheidung rückgängig zu machen. Das gilt umso mehr, als die Rechtsprechung es sogar zuläßt, daß aus einem Vorvertrag auf Abschluß des Hauptvertrages und zugleich auf dessen dinglichen Vollzug geklagt werden kann;[42] hier wird besonders deutlich, daß der Übereilungsschutz hinfällig würde. Ein wesentlicher mit § 313 S. 1 und den meisten anderen Formgeboten des Schuldrechts verfolgter Zweck würde damit zunichte gemacht. Damit ist das Fehlen einer Formvorschrift für den Vorvertrag in diesen Fällen mit dem Plan des Gesetzes nicht vereinbar. Eine planwidrige Lücke liegt vor.

Die Vorvertragspartner sind, wie sich aus dem Gesagten ergibt, ebenso schutzbedürftig wie diejenigen, die sofort einen Hauptvertrag schließen, so daß auch die Interessenlage vergleichbar ist.

Formvorschriften, die beide Parteien oder eine von ihnen vor Übereilung schützen sollen, gelten demnach analog für Vorverträge, die zum Abschluß des

---

[39] Larenz, Methodenlehre, S. 372 f.

[40] Ähnlich Larenz, Schuldrecht I, § 7 I, S. 88, der prüft, ob die Formzwecke dadurch erreicht werden können, daß nur der Hauptvertrag formgerecht geschlossen wird.

[41] Larenz, Methodenlehre, S. 401 weist darauf hin, daß die bei der Feststellung einer Lücke anzustellenden Erwägungen häufig schon zur Ausfüllung der Lücke führen. Denn ob nach dem Plan des Gesetzes auch der nicht geregelte Fall an sich hätte geregelt werden müssen, richtet sich gerade auch nach der Vergleichbarkeit der Interessenlage. Vgl. dazu auch Canaris § 64, S. 71 ff.

[42] BGH NJW 1986, 2820, 2821 unter Hinweis auf § 259 ZPO.

Hauptvertrages verpflichten.[43] Zweck der Form des Vorvertrages ist es dann, einen der Form des Hauptvertrages entsprechenden Übereilungsschutz zu gewährleisten.

(b) Beratung

Die notarielle Beurkundung soll die fachmännische Beratung der Parteien sicherstellen. Es gibt im Schuldrecht keine zu diesem Zweck aufgestellte Formvorschrift, die nicht zugleich die Parteien vor Übereilung schützen soll. Vorverträge mit diesem Zweck sind also bereits deshalb stets formbedürftig. Aber auch wenn nur die Beratung der Parteien bezweckt wäre, wären die Vorverträge förmlich abzuschließen. Denn oftmals wird im Vorvertrag der gesamte oder doch ein wesentlicher Teil des geplanten Inhalts des Hauptvertrages festgehalten. Dieser Inhalt soll nach dem Plan des Gesetzes nicht ohne Beratung verbindlich werden.

(c) Abschluß- und Inhaltsklarheit

Beide Ziele werden durch den Abschluß des formgerechten Hauptvertrages erreicht, selbst wenn der Abschluß des Hauptvertrages auf dem Klagewege erfochten wird.[44] Der Gesetzgeber wollte dafür sorgen, daß im Zeitpunkt der Vornahme des Rechtsgeschäfts die Parteien sich über Ob und Wie des Geschäftsabschlusses klar sind. Es verstößt nicht gegen seinen Plan, wenn hinsichtlich des Vorvertrages Abschluß- und Inhaltsklarheit nicht gleichermaßen gewährleistet sind. Zwar mag man es als sinnvoll ansehen, den Vorvertrag aus diesen Gründen ebenfalls der Form zu unterwerfen; das allein reicht für eine Analogie jedoch nicht aus.

(d) Beweissicherung

Sowohl die Beweissicherung im Parteiinteresse als auch diejenige im öffentlichen Interesse an der Vereinfachung von Prozessen wird allein durch den formgerechten Abschluß des Hauptvertrages erreicht. Der Gesetzgeber wollte

---

[43] So auch BGH NJW 1973, 1839; Henrich § 11 III S. 153.

[44] Anders Henrich § 11 III S. 153, der meint, wenn die Inhaltsklarheit zum Schutze des Schuldners erreicht werden sollte, sei bereits der Vorvertrag formbedürftig. Die Unterscheidung zwischen Inhaltsklarheit zum Schutz des Schuldners und Inhaltsklarheit zur Beweissicherung ist praktisch jedoch nicht durchzuführen. Im übrigen wird, wenn der Schuldner geschützt werden soll, stets auch sein Schutz vor Übereilung gewollt sein, so daß sich schon daraus die Formbedürftigkeit des Vorvertrages ergibt.

die Beweise für den Rechtsstreit um den Hauptvertrag sichern. Das Ziel wird erreicht, wenn der Hauptvertrag förmlich geschlossen ist, unabhängig davon, ob sein Abschluß aufgrund eines formlosen Vorvertrages erzwungen worden ist.

(e) Erkennbarkeit für Dritte

Ist Zweck der Form, den Vertragsabschluß für Dritte erkennbar sein zu lassen —wie etwa bei § 566—, so wird dieser Zweck durch den formgerechten Hauptvertrag allein erreicht.[45] So wird etwa bei § 566 das Interesse des Erwerbers an der Erkennbarkeit der ihn treffenden vertraglichen Bindungen durch den förmlichen Hauptvertrag gewahrt.[46] Der Vorvertrag bindet den Erwerber nicht;[47] er muß für ihn mithin auch nicht erkennbar sein.

(f) Überwachung

Soll die Form die behördliche Überwachung der betroffenen Verträge ermöglichen —wie § 34 GWB— so wird dieser Zweck durch einen formlos wirksamen Vorvertrag nicht vereitelt.[48] Das Interesse an der Überwachung setzt erst mit Abschluß des Hauptvertrages ein. Nur zu seiner Kontrolle und nicht zu derjenigen einer vorausgehenden Bindung ist die Form vorgeschrieben.

(g) Erschwerung des Handels im öffentlichen Interesse

Einziges Beispiel für eine solche Vorschrift ist § 15 Abs. 4 S. 1 GmbHG. Verhindert werden soll ein spekulativer Handel mit Ansprüchen auf Abtretung von GmbH-Anteilen. Könnte ein formlos gültiger Vorvertrag, der die Pflicht zum Abschluß eines Anteilskaufvertrages begründet, diesen Zweck vereiteln? Das ist der Fall, weil der Anspruch aus dem Vorvertrag als potentieller Gegenstand des Handels in Betracht kommt. Die Abtretung dieses Anspruchs kann an die Stelle der Abtretung des Anspruchs aus einem Anteilskaufvertrag treten. Der Vorvertrag ist also formbedürftig.[49]

---

[45] So auch Henrich § 11 III S. 153.

[46] So auch Henrich § 11 IV S. 153 ff.; Heile, NJW 1991, 6, 8 f., 11 f.; BGH LM § 566 BGB Nr. 1; zweifelnd Larenz, Schuldrecht II/1, § 48 I, S. 217; a.A. Weimar, MDR 1961, 289; die abweichende Meinung mißt dem § 566 auch Warnfunktion zu und bejaht deshalb die Formbedürftigkeit des Vorvertrages.

[47] Erman/Schopp § 571 Rn. 2.

[48] So auch Henrich § 11 III S. 153 und S. 157 f.; BGH NJW 1973, 1839 (zu § 11 BJagdG); anders BGH NJW 1975, 1170; Emmerich, NJW 1980, 1363, 1364 (beide zu § 34 GWB).

[49] Für die Formbedürftigkeit auch Lutter/Hommelhoff § 15 Rn. 12.

(h) Ergebnis

Vorverträge bedürfen derselben Form wie der Hauptvertrag, wenn diese Form die Parteien vor Übereilung schützen oder ihnen fachmännische Beratung sichern soll. Zweck der Form des Vorvertrages ist es dann, einen dem Hauptvertrag gleichwertigen Schutz und eine gleichwertige Beratung zu gewährleisten. Wird durch die Form der Handel im öffentlichen Interesse erschwert, so kommt es darauf an, ob dieses Ziel vereitelt würde, wenn man einen Vorvertrag formlos wirksam sein ließe.

Da die schuldrechtlichen Formvorschriften mit Ausnahme der §§ 15 Abs. 4 S. 1 GmbHG (wo sich das Formerfordernis für den Vorvertrag aus dem unter (g) Gesagten ergibt), 34 GWB und § 566 sämtlich den Schutz zumindest einer Partei vor Übereilung bezwecken, sind nahezu alle Vorverträge formbedürftig.

cc) Tatsächlicher Druck zum Abschluß des Hauptvertrages

In die Untersuchung sollen auch Verträge einbezogen werden, in denen zwar keine Verpflichtung zum Abschluß des Hauptvertrages begründet wird, in denen aber auf zumindest einen der Vertragspartner tatsächlicher Druck ausgeübt wird, der ihn zum Abschluß des Hauptvertrages bestimmen soll. Praktisch finden sich derartige Konstellationen häufig bei Maklerverträgen. Wird in diese für den Fall des Nichtzustandekommens eines Kaufvertrages eine Entschädigungspflicht des Kunden aufgenommen, die den Ersatz der dem Makler entstandenen Aufwendungen über gewisse Grenzen hinaus übersteigt, so kann der Kunde sich hierdurch zum Abschluß des Hauptvertrages gedrängt fühlen.

Die Rechtsprechung[50] unterwirft in Übereinstimmung mit der Literatur[51] derartige Verträge ebenfalls der für den Hauptvertrag erforderlichen Form, wenn diese die Partei vor Übereilung schützen soll.

Die Schutzbedürftigkeit einer Partei, die sich auf ein Vertragswerk einläßt, das durch seine Bestimmungen für den Fall des Nichtabschlusses des Hauptvertrages empfindliche Sanktionen vorsieht, kann tatsächlich der Schutzbedürftigkeit einer Partei entsprechen, die sich rechtlich verpflichtet.

Zwar deckt sich die Schutzrichtung des analog § 313 S. 1 angenommenen Formbedürfnisses in beiden Fällen nicht hundertprozentig. Im Falle eines

[50] BGH WM 1989, 918, 919; NJW 1987, 54 und 1628; 1986, 246; 1981, 2293; 1980, 1622 f.; 1979, 307, 308; einschränkend BGH NJW 1990, 390, 391.

[51] Palandt/Heinrichs § 313 Rn. 13; MK/Förschler § 125 Rn. 13; Soergel/Hefermehl § 125 Rn. 9.

Vorvertrages soll verhindert werden, daß aus dem formlosen Vertrag auf den Abschluß des Hauptvertrages geklagt werden kann. Im Falle eines bloß tatsächlichen Drucks kommt eine solche Klage jedoch nicht in Betracht; hier kann ohnehin nur auf Zahlung der Entschädigung, Vertragsstrafe etc. geklagt werden. Diese Klagemöglichkeit soll ausgeschlossen werden, damit der Verpflichtete sich nicht angesichts der drohenden Zahlungspflicht zum Abschluß des Hauptvertrages genötigt sieht.

Dieser Unterschied ist aber für die Frage nach der Heilbarkeit des dem Hauptvertrag vorausgehenden Vertrages ohne Bedeutung. Daher wird im Zusammenhang mit der Heilung formnichtiger Vorverträge auch die Heilung solcher Verträge behandelt, die tatsächlichen Druck zum Abschluß des Hauptvertrages ausüben.

dd) Heilung

(1) Rechtsprechung

Ist der Formfehler eines Vorvertrages heilbar und wenn ja: wodurch wird er geheilt? Die Rechtsprechung zu dieser Frage ist vorwiegend zu § 313 S. 2 ergangen.

Das Reichsgericht hat zunächst für die Heilung einer Verpflichtung zur Abgabe eines Grundstücksverkaufsangebots dem Wortlaut des § 313 S. 2 entsprechend Auflassung und Eintragung verlangt.[52] Allein die förmliche Abgabe des Angebots lasse die Verpflichtung nicht wirksam werden. Allerdings war diese Frage nicht entscheidungserheblich, weil das förmliche Angebot unvollständig und damit seinerseits formnichtig war.

Später hat das Reichsgericht unter ausdrücklicher Aufgabe seiner früheren Rechtsprechung entschieden, daß eine formnichtige Verpflichtung zur Abgabe eines Grundstücksverkaufsangebots durch die formgerechte Abgabe des Angebots geheilt werde.[53] Warnungs- und Beratungsfunktion des § 313 S. 1 würden durch das förmliche Angebot gewahrt. Die von § 313 S. 2 vorausgesetzte Auflassung und Eintragung sei nicht Voraussetzung der Heilung.

Der Bundesgerichtshof konnte in mehreren Entscheidungen offen lassen, ob mit dem Abschluß des Hauptvertrages der formnichtige Vorvertrag wirksam

[52] RG HRR 1934, 164, 2. Spalte.

[53] RGZ 169, 185, 189 f.

wird[54] und stellte unter Hinweis auf § 313 S. 2 fest, der Vorvertrag werde spätestens mit Auflassung und Eintragung wirksam.[55]

In Fällen, in denen der Zeitpunkt der Heilung des Vorvertrages entscheidungserheblich war, hat der BGH sowohl für Verträge, die eine rechtliche Verpflichtung zum Abschluß des Hauptvertrages begründen[56] als auch für Verträge, die lediglich dahingehenden tatsächlichen Druck ausüben,[57] entschieden, daß der Abschluß des Hauptvertrages den Vorvertrag „in sinngemäßer Anwendung des § 313 S. 2"[58] wirksam werden lasse. Es ging jeweils um Fälle, in denen der Hauptvertrag nicht mit dem Vertragspartner des vorhergehenden Vertrages, sondern mit einem Dritten zustande kommen sollte. Eine Begründung findet sich nur in der ersten Entscheidung:[59]

In dem zugrundeliegenden Fall hatte sich die Grundstücksverkäuferin zunächst gegenüber dem Vermittler formlos verpflichtet, ihre Grundstücke an die vom Vermittler benannten Käufer (an die dieser seinerseits Fertighäuser verkaufen wollte) zu veräußern. Später kamen formgerechte Grundstückskaufverträge zwischen der Verkäuferin und den Käufern zustande.

Der BGH argumentiert zunächst damit, § 313 S. 2 beruhe auf dem Gedanken, daß die Warn- und Beratungsfunktion der Form durch die Auflassung gewahrt sei. Das gelte auch für den Vorvertrag mit dem Vermittler: die Schutzfunktion der Form sei durch den formgerechten Abschluß der Kaufverträge erreicht. Allerdings sei die Schutzfunktion nur hinsichtlich der Grundstücksübereignungspflicht gewahrt, nicht aber hinsichtlich der anderen Abreden des Vorvertrages, die beim Abschluß der Kaufverträge nicht mehr zur Sprache kamen.

Der BGH stellt sein Ergebnis aber noch auf ein zweites Bein. Sinn und Zweck des § 313 S. 2 sei es, sachenrechtlich abgeschlossene Verhältnisse aufrechtzuerhalten. Mit Abschluß der Kaufverträge mit den Käufern sei die Verkäuferin zur Übereignung an diese verpflichtet. Dieser Verpflichtung könne sie sich nicht mehr entziehen, insbesondere nicht durch Geltendmachung der Nichtigkeit des Vorvertrages. Das mit § 313 S. 2 verfolgte Ziel der Aufrecht-

---

[54] BGH WM 1989, 918, 919; 1961, 353; NJW 1981, 2293.

[55] BGH WM 1989, 918, 919; NJW 1981, 2293.

[56] BGHZ 82, 398, 403 ff.; DNotZ 1990, 656, 657.

[57] BGH NJW 1987, 1628.

[58] BGHZ 82, 398, 403; NJW 1987, 1682 unter Hinweis auf BGHZ 82, 398.

[59] BGHZ 82, 398 ff.

erhaltung sachenrechtlich abgeschlossener Verhältnisse werde daher bereits mit Abschluß der Kaufverträge mit den Erwerbsinteressenten erreicht.[60]

(2) Kritik

Die Argumentation des BGH mit der Erreichung der Formzwecke beruht wiederum auf dem Irrtum, § 313 S. 2 ordne die Heilung aus diesem Grunde an. Das ist, wie bereits erörtert, nicht der Fall.[61] Außerdem hätte der BGH kein Problem darin sehen müssen, daß die Schutzfunktion der Form nur hinsichtlich der Grundstücksübereignungspflicht gewahrt ist, nicht aber hinsichtlich der anderen Abreden des Vorvertrages. Auch bei § 313 S. 2 in direkter Anwendung bleibt der Schutz, den die Auflassung bietet, hinter dem eines notariellen Kaufvertrages zurück. Auch die Auflassung bezieht sich nur auf die Grundstücksübereignungspflicht. Ein erneutes ausdrückliches Bekenntnis der Parteien zum sonstigen Inhalt des formnichtigen Vertrages setzt auch die Auflassung nicht voraus.

In ihrem Ausgangspunkt zutreffend ist dagegen die zweite Begründungsschiene, auf die der BGH sein Ergebnis stützt. Sinn und Zweck des § 313 S. 2 ist es in der Tat, durch die Aufrechterhaltung sachenrechtlich abgeschlossener Grundstücksübereignungen eine erhöhte Rechtssicherheit herbeizuführen.

Schwer nachvollziehbar ist aber, warum dieser Zweck bei einem Vorvertrag nach Abschluß des Hauptvertrages für die Heilung sprechen soll. Meint der BGH, die Heilung des Vorvertrages nach § 313 S. 2 müsse zur Aufrechterhaltung der gegenüber den Käufern bestehenden Bindung schon mit Abschluß der Hauptverträge eintreten?[62] So verstanden, wäre die Argumentation nicht überzeugend.[63] Ein formgerechter Kaufvertrag begründet kein sachenrechtliches Verhältnis. Außerdem wären die Kaufverträge auch ohne § 313 S. 2 unangreifbar, weil das rechtliche Schicksal des Vorvertrages, an dem die Käufer nicht beteiligt sind, die Kaufverträge unberührt läßt.[64] Unabhängig davon, ob es sich bei dem Vorvertrag um einen echten oder unechten Vertrag zugunsten Dritter handelt, findet die Rückabwicklung des nichtigen Vorvertrages nur im Verhältnis der Vorvertragsparteien statt. Sie kann nicht zur Kondiktion der

[60] BGHZ 82, 398, 405.

[61] 2. Teil D. III. 2. a) aa) und IV. 3.

[62] So verstehen Reinicke/Tiedtke, NJW 1982, 1430, 1431 den BGH.

[63] Dagegen auch Reinicke/Tiedtke, NJW 1982, 1430, 1431; Korte, 11. Kapitel, Rn. 7 und 31.

[64] Reinicke/Tiedtke, NJW 1982, 1430, 1431.

Verträge mit den Käufern führen. Also kann auch § 313 S. 2 seine kondiktionsausschließende Funktion nicht ausüben.

Der Hinweis des BGH auf Sinn und Zweck des § 313 S. 2 könnte aber auch anders gemeint sein. Der BGH hält möglicherweise eine Heilung schon mit Abschluß der Hauptverträge für sachgerecht, um die Bindung gegenüber dem Vorvertragspartner und dem Hauptvertragspartner parallel wirksam werden zu lassen. Denn abschließend heißt es, es sei nicht sinnvoll, wenn sich der Vermittler noch bis zur Auflassung und Eintragung vom Vorvertrag lösen könne, während die Verkäuferin an ihre Übereignungspflicht gebunden sei.
Derartige Erwägungen können mit § 313 S. 2 jedoch nicht begründet werden. § 313 S. 2 soll im Interesse an Rechtssicherheit im Immobilienverkehr einen grundsätzlich bestehenden Rückforderungsanspruch ausschließen. Nicht aber ist es Sinn des § 313 S. 2, einen Interessenkonflikt zu lösen, der entsteht, wenn eine Rückgängigmachung des Erfüllungsgeschäfts nicht möglich ist und der Bereicherungsausgleich möglicherweise zu unbilligen Ergebnissen führt. Es ist grundsätzlich davon auszugehen, daß das Bereicherungsrecht auch dann, wenn der Hauptvertrag selbst nicht kondiziert werden kann, für einen Ausgleich der Interessen der Vorvertragspartner sorgt.

(3) Literatur

Am weitesten gehen in der Literatur Reinicke/Tiedtke: jeder Vorvertrag werde unabhängig von der Existenz einer Heilungsnorm für den Hauptvertrag mit Abschluß des letzteren wirksam.[65] Ihnen folgend bejaht auch Korte[66] die Heilung, da die Formzwecke mit formgerechtem Abschluß des Hauptvertrages erreicht seien. Auch Kanzleiter bejaht die Heilung mit Abschluß des Hauptvertrages. Allerdings werde der Vorvertrag nur insofern wirksam, als er keine über den Inhalt des Hauptvertrages hinausgehenden Vereinbarungen zulasten des durch die Form geschützten Vertragsteiles enthalte.[67] Nach Henrich[68] wird ein Vorvertrag grundsätzlich nicht geheilt, wenn der Hauptvertrag zustandekommt. Die Heilung eines Vorvertrages trete nur ein, wenn der Tatbestand einer für den Hauptvertrag geltenden Heilungsnorm —etwa § 313 S. 2— erfüllt sei. Ausnahmsweise werde der Vorvertrag jedoch schon mit Abschluß des

---

[65] NJW 1982, 1430, 1431 f.; ähnlich Wolfsteiner, DNotZ 1982, 436, 437.

[66] 11. Kapitel, Rn. 26 ff. und 36.

[67] MK/Kanzleiter § 313 Rn. 65 a.

[68] § 11 VI 2, S. 168 ff.

Hauptvertrages wirksam, wenn letzterer in Kenntnis der Formnichtigkeit des Vorvertrages geschlossen worden sei. Denn dann könne der Hauptvertrag wegen § 814 nicht mehr kondiziert werden, so daß Auflassung und Eintragung nicht mehr verhindert werden könnten. Dann könne der Heilungszeitpunkt aber auch vorverlagert werden.

(4) Stellungnahme und eigene Lösung

Das Gesetz regelt die Heilung formnichtiger Vorverträge nicht; es ist hier lückenhaft. Die Lücke ist planwidrig, wenn die unheilbare Nichtigkeit des Vorvertrages mit anderen Regelungen des BGB in einem Wertungswiderspruch steht.

(a) Heilung mit Erfüllung des Tatbestandes einer Heilungsnorm

Ein solcher Widerspruch ergäbe sich eindeutig, wenn aufgrund eines formnichtigen Vorvertrages etwa ein durch Auflassung und Eintragung vollzogener Grundstückskaufvertrag rückabgewickelt werden müßte. Gerade das wollte der Gesetzgeber vermeiden. Ist die Rückabwicklung nach § 313 S. 2 bei einem nichtigen Kaufvertrag ausgeschlossen, so muß sie unabhängig davon ausgeschlossen sein, ob dem Kaufvertrag noch ein formnichtiger Vorvertrag voranging. Das gilt erst recht, wenn der Kaufvertrag sogar formgerecht zustandegekommen ist. In diesen Fällen liegt also eine planwidrige Lücke vor, die durch analoge Anwendung der Heilungsvorschrift zu schließen ist, da die Interessenlage dieselbe ist.

Diese Aussage trifft für alle Heilungsvorschriften zu. Existiert also eine Heilungsnorm, so wird ein formnichtiger Vorvertrag wirksam, wenn der Hauptvertrag soweit erfüllt ist, wie es die Heilungsnorm erfordert. Darauf, ob der Hauptvertrag formgerecht oder formlos geschlossen wurde, kommt es nicht an.

(b) Heilung mit Abschluß des Hauptvertrages

Stünde auch die Kondizierbarkeit eines formgerechten Hauptvertrages mit der Begründung, der Vorvertrag sei formnichtig, im Widerspruch zu den Wertungen des BGB?

(aa) Eingreifen der Zwecke der Heilungsnormen

Der BGH versucht dies mit Sinn und Zweck der für den Hauptvertrag geltenden Heilungsnorm zu begründen, indem er in der bereits erörterten Entscheidung sagt, das Ziel des § 313 S. 2, sachenrechtlich abgeschlossene Verhältnisse aufrechtzuerhalten, sei mit Abschluß des Hauptvertrages erreicht.[69]

Dies ist hier der falsche Ansatz. Zum einen knüpfen alle Heilungsnormen an eine Veränderung der dinglichen Rechtslage an; diese soll nicht wegen eines Formfehlers der causa rückabgewickelt werden können. Der Abschluß eines schuldrechtlichen Vertrages —des Hauptvertrages— bewirkt aber keine Veränderung der dinglichen Lage. Die Zwecke der Heilungsnormen passen also nicht auf diesen Fall.

Zum anderen treffen die Heilungsnormen eine Entscheidung darüber, welche Zwecke gegenüber den mit der Formvorschrift für den Hauptvertrag verfolgten Zwekken überwiegen. Auch letztere sind mit den Zwecken des Formzwanges für den Vorvertrag nicht immer völlig deckungsgleich.[70] Zweck des Formzwangs für den Vorvertrag ist es nur, Übereilungsschutz und Beratung in gleicher Weise zu sichern, wie es durch den Formzwang für den Hauptvertrag geschieht.[71] Den Zwecken der Heilungsvorschriften läßt sich mithin nicht entnehmen, daß ein Vorvertrag bereits mit Abschluß des Hauptvertrages wirksam werden muß.

(bb) Erreichung der Formzwecke

Die Heilung des Vorvertrages mit Abschluß des Hauptvertrages könnte sich damit erklären lassen, daß mit dem Abschluß des förmlichen Hauptvertrages die Formzwecke erreicht sind. So begründen etwa Reinicke/Tiedtke ihre Ansicht, jeder Vorvertrag werde, unabhängig von der Existenz einer Heilungsvorschrift für den Hauptvertrag, geheilt.[72] Die Aufgabe, die das Formerfordernis für den Vorvertrag habe, erschöpfe sich mit Abschluß des förmlichen Hauptvertrages. Denn seine Aufgabe bestehe nur darin, zu verhindern, daß der Schuldner zum Abschluß des Hauptvertrages gezwungen werden könne.

Letzteres ist ungenau. Die Aufgabe des Formerfordernisses für den Vorvertrag besteht vielmehr darin, denselben Übereilungsschutz und dieselbe Beratung zu gewährleisten wie die für den Hauptvertrag vorgeschriebene Form. Es gibt aber

---

[69] BGHZ 82, 398, 405.

[70] S.o. bb) (2).

[71] Bei § 15 Abs. 4 GmbHG hat die Vorvertragsform den Zweck, dieselbe Handelserschwernis zu bewirken wie die Hauptvertragsform.

[72] NJW 1982, 1430, 1432 und Reinicke, Rechtsfolgen, S. 27; mit derselben Begründung bejaht Korte, 11. Kapitel, Rn. 26 ff., bei § 313 die Heilung des Vorvertrages.

Hauptvertragsformen, die die Parteien auch noch nach Erbringung der Leistung auf den formnichtigen Vertrag schützen, indem im Falle eines Formfehlers die Rückforderung des Geleisteten möglich bleibt.

Ließe man mit Reinicke/Tiedtke z.B. einen formlosen Vorvertrag zum Abschluß eines Erbschaftskaufes mit formgerechtem Zustandekommen des letzteren wirksam werden, so bliebe der Schutz, den die Vorvertragsform gewährt, hinter dem der Hauptvertragsform zurück. Es ist möglich, daß der Hauptvertrag in der irrigen Annahme geschlossen wurde, der Vorvertrag sei bindend. In diesem Fall wirkt die formlose Vereinbarung noch fort. Der Zweck der Vorvertragsform, denselben Schutz wie die Hauptvertragsform zu gewährleisten, wäre nicht erreicht.

Reinicke[73] gesteht selbst zu, daß der Schuldner den Hauptvertrag möglicherweise nicht abgeschlossen hätte, wenn er die Nichtigkeit des Vorvertrages gekannt hätte. Aber davor sei er nicht einmal im Falle der Schenkung geschützt; bei einem Vorvertrag sei er daher erst recht nicht schutzwürdig. Das überzeugt nicht. Reinicke argumentiert mit einer Heilungsnorm, § 518 Abs. 2. Es werden aber gerade nicht alle schuldrechtlichen Formgebote durch eine solche ergänzt. Ebenso hätte Reinicke auf § 2371 verweisen können. Bei einem Erbschaftskauf wird der Schuldner sogar davor geschützt, an der Erfüllung eines irrig für verpflichtend gehaltenen Vertrages festgehalten zu werden.

Gegen die Begründung der Heilung mit der Erreichung der Formzwecke im Einzelfall spricht auch, daß diese allein für eine teleologische Reduktion des § 125 S. 1 nicht ausreicht. Die Formzwecke decken sich nicht mit den Zwecken der Formnichtigkeit. § 125 dient nicht nur der Erreichung der Formzwecke im Einzelfall, sondern soll auch generalpräventiv die Beachtung der Formvorschriften im Rechtsverkehr sicherstellen.[74]

(cc) Grenzen des Schutzes durch die Vorvertragsform

Die Heilung des Vorvertrages mit Abschluß des Hauptvertrages könnte sich aus den Grenzen des Schutzes ergeben, den die Vorvertragsform gewährleisten soll.

Formzwang und Formnichtigkeit des Vorvertrages sollen Übereilungsschutz und Beratung in gleichem Umfang gewährleisten wie dies durch den Form-

---

[73] Rechtsfolgen, S. 27.

[74] S. dazu schon oben, 1. Teil C. und 2. Teil C. III. 3.

zwang und die Formnichtigkeit des Hauptvertrages erreicht wird. Einen weitergehenden Schutz soll der Formzwang für den Vorvertrag nicht bewirken — und könnte es auch gar nicht. Denn das Formerfordernis wird aus einer Analogie zu der Formvorschrift für den Hauptvertrag hergeleitet. Eine solche Analogie kann aber nicht zu einem weitergehenden Formzwang führen, als die gesetzliche Vorschrift, die man analog anwendet, vorsieht.[75]

Zu berücksichtigen ist nun, daß nicht jede Formvorschrift für den Hauptvertrag die Parteien in gleichem Umfang schützt. Der durch die schuldrechtlichen Formvorschriften gewährte Übereilungsschutz ist auf zweierlei Weise ausgestaltet:

Bei den Formvorschriften ohne Heilungsnorm wird der Schuldner auch dann noch geschützt, wenn er seine Leistung schon erbracht hat. Er kann sie grundsätzlich zurückfordern.

Bei den Formvorschriften mit Heilungsnorm endet der Schutz mit Erbringung der Leistung. Das gilt auch dann, wenn in der irrigen Annahme erfüllt wurde, zur Leistung verpflichtet zu sein. Eine Rückforderung findet nicht statt. Der Schutz ist schwächer als bei den Formvorschriften ohne Heilungsnorm.[76]

Kann der Schutz der Vorvertragsform aber nicht weitergehen als derjenige der Hauptvertragsform, so muß man die Heilung des Vorvertrages mit Abschluß des formgerechten Hauptvertrages bejahen, wenn der Hauptvertrag seinerseits heilbar ist. Denn der Schuldner soll nicht mehr geschützt werden, wenn er erfüllt hat. Ein Vorvertrag zu einem Grundstückskaufvertrag z.B. würde danach mit Abschlusses des förmlichen Hauptvertrages wirksam. Würde man in einem solchen Fall die Heilung des Vorvertrages ablehnen, so würde die Vorvertragsform weitergehend schützen als § 313 S. 1, obwohl der Formzwang analog dieser Bestimmung begründet wurde. Damit würden die Grenzen der Analogie überschritten.[77]

Demnach wird ein Vorvertrag immer dann mit Abschluß des förmlichen Hauptvertrages wirksam, wenn der Hauptvertrag seinerseits heilbar ist. Das

---

[75] Hagen, Grundstückskauf, S. 132; Korte, 11. Kapitel, Rn. 2.

[76] Auf diesen Einfluß der Heilungsvorschriften auf den durch die Form garantierten Übereilungsschutz weist auch Lorenz, AcP 156 (1957), 381, 395 f., hin.

[77] Dieser Gedanke gilt für § 15 Abs. 4 S. 2 GmbHG entsprechend: der analog § 15 Abs. 4 S. 1 GmbHG begründete Formzwang kann den Handel nicht weitergehend erschweren als § 15 Abs. 4 S. 1 GmbHG direkt.

ergibt sich daraus, daß der Schutz der Vorvertragsform nicht weiter gehen kann als der Schutz, den die Hauptvertragsform gibt.

Dagegen tritt keine Heilung ein, wenn der Hauptvertrag seinerseits nicht heilbar ist. Denn hier schützt die Hauptvertragsform auch noch dann, wenn die Leistung erbracht ist: es bestehen Rückforderungsansprüche. Die Vorvertragsform muß dann denselben Schutz geben: der Hauptvertrag, der möglicherweise in der irrigen Annahme zustandekam, zu seinem Abschluß verpflichtet zu sein, ist kondizierbar.

(c) Vorverträge mit Dritten

Ob Vorverträge mit Dritten durch den Abschluß des Hauptvertrages geheilt werden, richtet sich nach den soeben dargestellten Grundsätzen. Auch hier kann der Schutz der Vorvertragsform nicht weiter gehen als derjenige der Hauptvertragsform. Ist der Hauptvertrag heilbar, so wird der Vorvertrag mit Abschluß des Hauptvertrages wirksam.

Fraglich könnte allenfalls sein, ob der Vorvertrag deshalb immer —also auch dann, wenn für den Hauptvertrag keine Heilungsnorm existiert— mit Abschluß des Hauptvertrages geheilt wird, weil der Hauptvertrag mit dem Dritten regelmäßig nicht kondizierbar ist. Dafür spricht, daß wegen der Bindung an den Hauptvertrag die Zwecke der Vorvertragsform endgültig unerreichbar geworden sind. Andererseits rechtfertigt allein die Tatsache, daß im Einzelfall die Formzwecke unerreichbar geworden sind, ebensowenig eine teleologische Reduktion des § 125 S. 1 wie die Erreichung der Formzwecke im Einzelfall. Die Zwecke der Formnichtigkeit gehen über den Einzelfall hinaus, da die Nichtigkeit auch die Beachtung der Form in der Zukunft sicherstellen soll.[78]

(d) Ergebnis

Ein formnichtiger Vorvertrag wird mit Abschluß des förmlichen Hauptvertrages wirksam, wenn der Hauptvertrag seinerseits durch Erfüllung heilbar ist.

ee) Fortbestehende Willensübereinstimmung

In der Rechtsprechung wird regelmäßig problematisiert, ob die Parteien des Vorvertrages sich im Zeitpunkt der Heilung noch über alle Bestimmungen des

---

[78] S.o. 2. Teil C. III. 3.

Vorvertrages einig waren.[79] Auch hier kann es nicht auf die tatsächliche, sondern nur auf die geäußerte Willensrichtung ankommen.

(1) Vorvertrag zwischen den Parteien des Hauptvertrages

Dieser Fall ist unproblematisch. Schließen die Parteien des Vorvertrages den Hauptvertrag, so werden sie regelmäßig an den Bestimmungen des Vorvertrages festgehalten haben oder diese einverständlich abgeändert haben; denn andernfalls wäre der Abschluß des Hauptvertrages gescheitert. Tatsächlich haben auch solche Fälle die Gerichte bisher nicht beschäftigt.

(2) Vorvertrag mit Drittem

Hier kann der Hauptvertrag auch dann zustandekommen, wenn zwischen den Parteien des Vorvertrages kein Einverständnis mehr besteht. Der Grundstückskäufer kann einen wirksamen Grundstückskaufvertrag schliessen, auch wenn er zuvor dem Makler, demgegenüber er sich zum Grundstückserwerb verpflichtet hatte, erklärt, er sehe sich an den formlosen Maklervertrag nicht gebunden.

(a) Rechtsprechung

Der BGH hat im Rahmen der Heilung eines Vorvertrages mit einem Dritten geprüft, ob die „erforderliche Willensübereinstimmung der Vertragspartner" —gemeint sind hier die Vorvertragspartner— zum Zeitpunkt des Abschlusses des Hauptvertrages noch bestand, ohne zu sagen, worauf diese Einigkeit sich beziehen mußte.[80] Darauf kam es allerdings auch nicht an, weil die Parteien sich über den Inhalt des Vorvertrages noch in vollem Umfang einig waren.

In einer anderen Entscheidung[81] hatten die Grundstückskäufer behauptet, es habe zum Zeitpunkt der Eigentumsumschreibung keine Einigkeit mehr zwischen ihnen und dem Makler über die Provisionszahlungspflicht bestanden. Der BGH entschied, weder sei der Zeitpunkt der Umschreibung maßgeblich, noch müsse sich die Willensübereinstimmung der Parteien auf die Provisionsvereinbarung beziehen. Lediglich die Einigung hinsichtlich der Pflicht, die die Formbedürftigkeit des Vertrages begründe, müsse fortbestehen.[82]

---

[79] BGHZ 82, 398, 406; NJW 1981, 2293.

[80] BGHZ 82, 398, 406.

[81] BGH NJW 1981, 2293.

[82] Zustimmend Reinicke/Tiedtke, NJW 1982, 1430, 1433.

(b) Stellungnahme

Die letztgenannte Entscheidung ist im Ergebnis überzeugend. Es kann nicht angehen, daß ein Maklerkunde das Grundstück, zu dessen Kauf er sich formnichtig verpflichtet hatte, vereinbarungsgemäß erwirbt und sich zuvor der Provisionszahlungspflicht entzieht mit dem Argument, der Vertrag sei wegen der Ankaufspflicht nichtig.

Doch die vom BGH gegebene Begründung überzeugt nicht.[83] Nach seiner Auffassung ist der Vorvertrag zunächst in vollem Umfang formnichtig. Mit Abschluß des Hauptvertrages wird er in vollem Umfang wirksam, auch wenn zu diesem Zeitpunkt eine tatsächliche Einigung über die dort getroffenen Abreden nicht mehr besteht. Die Heilung setzt aber eine tatsächliche Einigung voraus, denn welche Vereinbarung sollte andernfalls wirksam werden?

Die ursprüngliche, formnichtige Vereinbarung jedenfalls nicht, da sie nicht mehr existiert. Ließe man eine rückwirkende Heilung zu, um an die frühere tatsächliche Einigung anknüpfen zu können, so bedeutete das im Ergebnis, daß die Parteien aufschiebend bedingt durch den Abschluß des Hauptvertrages schon an den Vorvertrag gebunden wären. Das ist aber auch bei direkter Anwendung des § 313 (und der anderen Heilungsnormen) nicht der Fall.[84] Diese engere Bindung kann erst recht nicht bei der Heilung von Vorverträgen zu bejahen sein.

Man könnte eine Lösung über § 242 suchen[85] oder auf den Zweck der Formnichtigkeit abheben. Dieser besteht nämlich nicht darin, den Parteien die Lösung von Nebenabreden des Vorvertrages zu ermöglichen, die nicht mit dem Hauptvertrag zusammenhängen. Es fragt sich allerdings, ob man nicht schon vorher ansetzen kann und zwar beim Umfang des Formzwangs.

Der BGH wollte mit seiner Entscheidung erreichen, daß bestimmte Klauseln des Vorvertrages —insbesondere diejenigen, die nicht die Verpflichtung zum Abschluß des Hauptvertrages betreffen— schon vom Zeitpunkt des Abschlusses des Vorvertrages an bindend sind, so daß sich keine der Parteien mehr von ihnen lösen kann.

---

[83] Kritisch auch Korte, 11. Kapitel, Rn. 107.

[84] S.o. A. II. 1.

[85] So wohl Reinicke/Tiedtke, NJW 1982, 1430, 1433, die darauf hinweisen, der Schuldner könne nicht die Vorteile des Vertrages wahrnehmen wollen, ohne die Nachteile in Kauf zu nehmen; dieses „Rosinenpicken" sei ein Unterfall des widersprüchlichen Verhaltens, vgl. MK/Roth § 242 Rn. 314 ff., insbes. Rn. 325.

Zu diesem Ergebnis kann man kommen, indem man bereits das Formerfordernis, das analog § 313 S. 1 oder einer anderen schuldrechtlichen Formvorschrift besteht, einschränkt.

Die Form ist für den Vorvertrag nur erforderlich, um die Vereitelung des Übereilungsschutzes und der Beratung zu verhindern, die die Hauptvertragsform gewährleistet. Dieses Ziel ist erreicht, wenn alle Klauseln des Vorvertrages, die die Pflicht zum Abschluß des Hauptvertrages begründen und dessen Inhalt näher konkretisieren, förmlich abgegeben sind. Ein weitergehender Umfang des Formerfordernisses ist im Hinblick auf die begrenzten Zwecke der Vorvertragsform nicht erforderlich.

Formbedürftig sind daher nicht alle Abreden des Vorvertrages. Formbedürftig sind vielmehr nur die Klauseln, die die Verpflichtung zum Abschluß des Hauptvertrages betreffen und den Inhalt des Hauptvertrages schon festlegen.

Für diese Lösung findet sich auch in der Entscheidung des BGH[86] eine Stütze. Der BGH führt aus:„Die Willensübereinstimmung...muß sich auch bei einem Formmangel des Maklervertrages nicht auf dessen sonstigen Inhalt wie insbesondere die Provisionszahlungspflicht, sondern auf den Erwerb des...Grundstücks beziehen. Grund der Formbedürftigkeit des Maklervertrages wäre allein die in ihm unmittelbar oder mittelbar enthaltene Verpflichtung zum Grundstückserwerb. Wird hinsichtlich dieser Verpflichtung dem Schutzzweck des § 313 S. 1 Genüge getan, besteht also in bezug auf sie die notwendige Willensübereinstimmung der Parteien des Hauptvertrages fort, dann ist eine etwa vorher gegebene Nichtigkeit der maßgeblichen Bestimmungen des Maklervertrages und damit auch der Provisionszahlungsabsprache infolge Heilung unbeachtlich."

Auch der BGH ist also der Ansicht, daß dem Schutzzweck des § 313 S. 1 analog allein hinsichtlich der Verpflichtung zum Grundstückserwerb (genauer: hinsichtlich der Verpflichtung zum Abschluß eines Grundstückskaufvertrages) Genüge getan werden muß. Dann kann man aber auch das Formerfordernis von Anfang an auf diesen Teil des Vorvertrages begrenzen.

Die richtige Begründung für den vom BGH[87] entschiedenen Fall hätte daher wie folgt auszusehen: Es kommt nicht darauf an, ob sich die Parteien im Zeitpunkt des Abschlusses des Hauptvertrages noch über die Provisionszah-

---

[86] NJW 1981, 2293.

[87] NJW 1981, 2293.

lungspflicht einig waren. Diese Abrede war nicht formbedürftig, weil das Formerfordernis für den Vorvertrag nur besteht, um die Parteien vor der übereilten Eingehung einer Pflicht zum Abschluß eines Grundstückskaufvertrages zu schützen. Dieser Schutz wird erreicht, wenn nur diese Pflicht förmlich begründet wird. War demnach nur diese Verpflichtung formbedürftig und nichtig, so richtet sich die Wirksamkeit des restlichen Vertrages nach § 139. Es ist anzunehmen, daß die Parteien den Maklervertrag auch ohne die Verpflichtung zum Abschluß des Grundstückskaufvertrages geschlossen hätten. Der Maklerkunde war unabhängig von der Erwerbspflicht an den Vermittlungsdiensten des Maklers interessiert. Er wäre ohne Erwerbspflicht weniger belastet gewesen. Der Makler war jedenfalls an der Provision interessiert; für ihn war ein Vertrag ohne Grundstückserwerbspflicht des Kunden, aber mit Provisionszahlungspflicht besser als gar kein Vertrag.

Dieses Ergebnis soll an einem weiteren vom BGH entschiedenen Fall überprüft werden. In dem schon erwähnten Urteil BGHZ 82, 398 hatte V sich formlos gegenüber D verpflichtet, ihre Grundstücke an von D vermittelte Käufer zu verkaufen. D war verpflichtet, dafür zu sorgen, daß die Kaufverträge bis zu einem bestimmten Termin geschlossen werden konnten. Sollte D die Frist überschreiten, war er zur Zahlung einer Vertragsstrafe verpflichtet. Das Interesse des D an dem Geschäft bestand darin, daß er an die Käufer Fertighäuser verkaufen wollte.

Nach der Begründung des BGH kam es darauf an, ob zwischen V und D in dem Zeitpunkt, in dem der letzte Kaufvertrag zwischen V und den Käufern zustandekam, noch die für die Heilung erforderliche Willensübereinstimmung bestand. Worauf sich diese beziehen mußte, ließ der BGH offen.

Nach der hier vertretenen Ansicht wäre allein die Veräußerungspflicht formbedürftig und damit nichtig gewesen. Die Wirksamkeit des restlichen Vertrages (Vermittlungspflicht des D und Vertragsstrafeanspruch der V) richtete sich nach § 139. Danach war der gesamte Vertrag nichtig, da nicht anzunehmen ist, daß D sich zur Vermittlung der Käufer und Zahlung einer Vertragsstrafe verpflichtet hätte, wenn V keine Veräußerungspflicht auf sich genommen hätte. Also waren hier beide Abreden gemäß § 139 nichtig, so daß über sie im Zeitpunkt der Heilung Einigkeit bestehen mußte, wenn sie wirksam werden sollten.

(3) Ergebnis

Im Zeitpunkt der Heilung müssen sich die Parteien über alle formnichtigen Abreden des Vorvertrages noch einig sein. Formbedürftig sind nur die Abreden, die die Verpflichtung zum Abschluß des Hauptvertrages begründen und den Inhalt des Hauptvertrages schon festlegen. Die danach formlos gültigen Abreden sind bereits im Zeitpunkt des Abschlusses des Vorvertrages bindend, wenn nicht § 139 zu einem abweichenden Ergebnis führt. Über sie muß im Zeitpunkt der Heilung keine Einigkeit mehr bestehen.

2. *Formvorschriften ohne Heilungsnorm*

Die überwiegende Anzahl der schuldrechtlichen Formvorschriften des BGB sieht keine Heilung durch Erfüllung oder anderes Parteiverhalten vor, so etwa §§ 311, 312 Abs. 2, 761, 2371. Für diese Formvorschriften soll untersucht werden, ob die Heilungsvorschriften analog angewendet werden können.

a) Rechtsprechung

Die Rechtsprechung hat die Heilung durch Erfüllung bei §§ 2371, 311 und 761 bisher stets verneint.[88] Begründet wird dies unter anderem damit, daß die heilende Wirkung der Erfüllung in der geltenden Privatrechtsordnung nicht zu einem allgemeinen Grundsatz erhoben worden sei.[89] Auch das argumentum e contrario aus den Heilungsnormen wird angeführt.[90] Die Heilungsvorschriften seien im übrigen stets durch eine besondere Fallgestaltung bedingt, was ihrer analogen Anwendung entgegenstehe.[91] In anderen Fällen wird die Möglichkeit einer Analogie erst gar nicht erörtert,[92] oder ohne Begründung abgelehnt[93].

Allerdings führte diese Rechtsprechung im Ergebnis nur in drei Fällen dazu, daß die Nichtigkeit des Verpflichtungsgeschäfts bejaht wurde[94] und nur in einem dieser Fälle dazu, daß die Rückabwicklung des Geschäfts erfolgen mußte[95]. Dieses Ergebnis wurde sonst durch die Umdeutung des Erbschafts-

[88] BGH WM 1970, 1319, 1320; 1960, 551, 553; NJW 1967, 1128, 1130 f.; RGZ 137, 171, 175; 129, 122, 123; HRR 1934 Nr. 1035 (alle zu formnichtigen Kaufverträgen über einen Erbanteil); RGZ 76, 1, 3 (zu § 311); RGZ 91, 6, 7 ff.; 67, 204, 208 (zu § 761).

[89] BGH NJW 1967, 1128, 1131.

[90] RGZ 137, 171, 175; 129, 123; 76, 3; 67, 204, 208; HRR 1934 Nr. 1035; WarnRspr 1942 Nr. 92.

[91] BGH NJW 1967, 1128, 1131.

[92] BGH WM 1960, 551, 553; RGZ 91, 6, 8; 76, 1, 3; 67, 204, 208.

[93] BGH WM 1970, 1319, 1320; RGZ 137, 171, 175; 129, 122, 123; HRR 1934 Nr. 1035.

[94] BGH WM 1970, 1319 f.; NJW 1967, 1128 ff.; RGZ 137, 171 ff.

[95] RGZ 137, 171 ff.

kaufs in eine Erbauseinandersetzung[96] oder des Vermögensübernahmevertrages in den Verkauf der einzelnen Vermögensgegenstände[97] vermieden. Dasselbe wurde bei § 761 durch eine enge Auslegung des Leibrentenbegriffs erreicht.[98] In einem anderen Fall scheiterte die Rückabwicklung in Form der Rückübertragung der verkauften Erbanteile daran, daß die Erbengemeinschaft inzwischen aufgelöst war.[99] In einer der hierzu ergangenen BGH-Entscheidungen[100] war die Frage der Heilung nicht entscheidungserheblich.[101]

b) Stellungnahme

Das erste Argument der Rechtsprechung gegen eine Heilung trifft zu. Das BGB kennt keinen allgemeinen Heilungsgrundsatz.[102] Gegen die Begründung, die Heilungsnormen seien stets durch eine besondere Fallgestaltung bedingt, bestehen jedoch methodische Bedenken. Sie besagt nichts anderes als: Ausnahmevorschriften sind nicht analogiefähig.

Diese These wird von der inzwischen herrschenden Lehre[103] als unzutreffend abgelehnt. Auch die Rechtsprechung fragt vereinzelt danach, ob die Ausnahmevorschrift einer erweiternden Auslegung zugänglich sei.[104]

Dem ist zuzustimmen. Erstens besagt die gesetzestechnische Ausgestaltung einer Vorschrift als Ausnahme noch nichts darüber, ob es sich auch der Sache nach um eine Ausnahme handelt.[105] Zweitens ist, selbst wenn es sich bei einer Vorschrift um eine Ausnahme der Sache nach handelt, durchaus nicht jegliche Analogie ausgeschlossen. Eine analoge Anwendung von Ausnahmebestimmungen darf nur nicht dazu führen, daß die Regelungsabsicht des Gesetzge-

---

[96] RGZ 129, 122 ff.

[97] RGZ 76, 1 ff.

[98] RGZ 67, 204, 207 ff.

[99] RG HRR 1934 Nr. 1035.

[100] BGH WM 1960, 551 ff.

[101] Schlüter, JuS 1969, 10, 13, ist der Ansicht, daß auch in BGH NJW 1967, 1128 ff. (formnichtiger Erbteilskaufvertrag) die Frage der Heilung nicht entscheidungserheblich gewesen sei.

[102] S.o. C. I.

[103] Heck, AcP 112 (1914), 1, 186 ff.; Canaris §§ 173 ff.; Bartholomeyczik, Gesetzesauslegung, S. 112 f.; Schlüter, JuS 1969, 10, 14 m.w.N.; ders., FS für Bartholomeyczik, 359, 363 f.; Habscheid, FamRZ 1968, 13 m.w.N.

[104] BGHZ 2, 300, 306.

[105] Larenz, Methodenlehre, S. 355; s. auch Habscheid, FamRZ 1968, 13.

bers in ihr Gegenteil verkehrt und der aufgestellte Grundsatz aufgehoben wird.[106] Es ist vielmehr zu prüfen, warum der Gesetzgeber bestimmte Fälle von der Geltung des Grundsatzes ausgenommen hat. Dann fragt sich, ob diese Gründe es gebieten, andere, nicht geregelte Fälle ebenfalls von dem Grundsatz auszunehmen.[107]

Der BGH hätte es also nicht dabei belassen dürfen, auf die besonderen Fallgestaltungen hinzuweisen, die den Heilungsnormen zugrundeliegen. Er hätte vielmehr prüfen müssen, ob eine durch Analogie zu schließende, planwidrige Gesetzeslücke vorliegt und ob bei der einschlägigen Formvorschrift —hier § 2371— nach der Erfüllung eine Interessenlage gegeben ist, die einer dieser besonderen Fallgestaltungen vergleichbar ist.

Nach diesen Vorgaben sollen im folgenden die genannten schuldrechtlichen Formvorschriften des BGB daraufhin überprüft werden, ob eine der Heilungsnormen auf sie analog angewendet werden kann.

c) Analogie in den einzelnen Fällen

Abstrakt betrachtet regeln die Heilungsnormen nur die Heilung durch Erfüllung, nicht durch anderes Parteiverhalten. Die §§ 518, 766 passen nur auf einseitige Leistungspflichten. § 15 Abs. 4 S. 2 GmbHG und § 313 S. 2 passen nur bei zweiseitigen Verträgen, die entweder wegen beider Leistungspflichten (§ 313 S. 2) oder wegen einer Leistungspflicht (§ 15 Abs. 4 S. 2 GmbHG) formbedürftig sind. Die Heilung kann bereits dadurch eintreten, daß eine Leistung erbracht wird, erst recht aber dadurch, daß beide Leistungen vollzogen werden.

Bei § 15 Abs. 4 GmbHG ist zu bedenken, daß die Form allein öffentlichen Interessen (Erschwernis des Handels mit GmbH-Anteilen) dient. Die Vorschrift kann daher nur in solchen Fällen Anwendung finden, in denen die Form ebenfalls allein öffentlichen Interessen dient. Das ist bei den genannten Formvorschriften des BGB nicht der Fall, so daß eine analoge Anwendung des § 15 Abs. 4 S. 2 GmbHG dort nicht in Betracht kommt.

Eine Analogie zu § 518 Abs. 2 setzt eine unentgeltliche Leistungspflicht voraus. Im folgenden wird daher unterschieden zwischen entgeltlichen und unentgeltlichen Verpflichtungen.

---

[106] Schlüter, JuS 1969, 10, 14; Larenz, Methodenlehre, S. 340.

[107] Larenz, Methodenlehre, S. 356; Schlüter, JuS 1969, 10, 14.

aa) Entgeltliche Verpflichtungen

(1) § 311 BGB

Über die Heilung hat sich der Gesetzgeber bei § 311 keine Gedanken gemacht.[108] § 311 dient dem Übereilungsschutz, der Beweissicherung und der Abschluß- und Inhaltsklarheit. Außerdem soll die Umgehung der Formvorschriften für Verfügungen von Todes wegen verhindert werden.

In Betracht kommt bei einem entgeltlichen Vermögensübernahmevertrag allein eine Analogie zu § 313 S. 2, der sich auch auf einen Vertrag mit gegenseitigen Leistungspflichten bezieht. Eine analoge Anwendung würde bedeuten, daß der Vertrag mit der Übertragung des Vermögens wirksam würde. Das Fehlen einer Heilungsnorm stellt bei einem entgeltlichen Vermögensübernahmevertrag jedoch keine planwidrige Lücke dar. § 313 S. 2 sollte auf dem Gebiet der Grundstücksveräußerungen mehr Rechtssicherheit herbeiführen. Man wollte die Schwierigkeiten vermeiden, die bei der Rückabwicklung von Grundstückskäufen auftreten. Dieser gesetzgeberische Plan gebot es nicht, auch bei der Veräußerung des gesamten Vemögens Heilung eintreten zu lassen, wenn eine förmliche Verpflichtung fehlt.

Erwägenswert ist allenfalls, ob für den Fall eine planwidrige Lücke vorliegt, daß zu dem Vermögen ein Grundstück gehört und Auflassung und Eintragung erfolgt sind. Verneint man in diesem Fall die Heilung, so tritt ein, was der Gesetzgeber vermeiden wollte: eine Grundstücksübereignung ist wegen eines Formfehlers rückzuabwickeln.

Trotzdem unterscheidet sich dieser Fall von dem in § 313 S. 2 geregelten zumindest dann, wenn außer dem Grundstück noch anderes Vermögen vorhanden ist. Die Form des § 311 soll den Verpflichteten vor der unüberlegten Eingehung unübersehbarer Verpflichtungen schützen. Hat er seine Verpflichtungen noch nicht ganz erfüllt, so ist § 313 S. 2 schon deshalb nicht analog anwendbar, weil nicht alle Verpflichtungen, deretwegen der Formzwang besteht, erfüllt sind. Hat er alle Vermögensbestandteile einschließlich des Grundstücks übertragen, so ist dennoch die Interessenlage derjenigen bei § 313 S. 2 nicht vergleichbar. Denn nur hinsichtlich der Grundstücksübereignung, nicht aber hinsichtlich der anderen Vollzugsgeschäfte sind Sinn und Zweck der Heilungsnorm übertragbar. Die Tatsache, daß der Gesetzgeber Grundstücksgeschäften

---

[108] S.o. 2. Teil D. III. 2. b) aa).

Bestand verleihen wollte, bedeutet gerade nicht, daß er auch Übereignungen beweglicher Sachen, Abtretungen von Forderungen etc. kondiktionsfest machen wollte. Deshalb fehlt es an einer planwidrigen Lücke.[109]

Gegen eine Analogie spricht außerdem, daß bei § 313 S. 2 Heilungszeitpunkt und -umfang klar bestimmbar sind. Anders ist dies bei § 311, wo sich aus dem Vertrag —definitionsgemäß— nicht ergibt, welche Vermögensgegenstände zu übertragen sind. Es wäre nur schwer feststellbar, wann die Heilung des gesamten Vertrages eintritt.[110] Die Bejahung einer Heilungswirkung würde deshalb, anders als bei § 313 S. 2, nicht zu mehr, sondern zu weniger Rechtssicherheit führen.

Eine Analogie kommt daher allenfalls in Betracht, wenn das Vermögen nur aus einem Grundstück besteht. In diesem Fall wird man jedoch regelmäßig im Wege der Umdeutung dazu kommen, daß eine Verpflichtung zur Grundstücksübereignung gewollt war.[111]

(2) § 761 BGB

Hier ist mit derselben Begründung wie bei § 311 eine planwidrige Lücke zu verneinen. Die allein vergleichbare Heilungsnorm des § 313 S. 2 beruht auf Besonderheiten des Immobiliarsachenrechts, die auf ein erfülltes Leibrentenversprechen nicht übertragbar sind.

Auch wenn Gegenleistung eines Leibrentenversprechens eine Verpflichtung zur Grundstücksübereignung ist, wird das Versprechen nicht mit Auflassung und Eintragung gemäß § 313 S. 2 wirksam.[112] Wie bereits oben[113] festgestellt, heilt § 313 S. 2 nur den Verstoß gegen § 313 S. 1.

(3) §§ 2371, 2385 BGB

Aus den Materialien ergibt sich nicht, ob die Kommissionen und der Gesetzgeber die Heilbarkeit von Formverstößen bei Verträgen über Erbschaften oder

---

[109] Gegen eine Analogie zu § 313 S. 2 im Rahmen von § 311 auch OLG Marienwerder OLGE 17 (1908), 376; OLG Frankfurt OLGE 8 (1904), 35 f.; Weldige-Cremer, S. 28 ff., 33.

[110] Habscheid, FamRZ 1968, 13, 15.

[111] Vgl. RGZ 76, 1, 3 f.

[112] So aber BGH NJW 1978, 1577.

[113] B. I. 2. b).

Erbteile erörtert haben.[114] Einer der normierten Heilungstatbestände ist analog anwendbar, wenn das Fehlen einer Heilungsnorm eine planwidrige Lücke darstellt und die Interessenlage vergleichbar ist. Da nicht feststellbar ist, daß der Gesetzgeber bewußt von der Einführung einer Heilungsnorm absah, ist zu fragen, ob es dem Plan des Gesetzes zuwiderliefe, die in §§ 2371, 2385 genannten Verträge auch nach ihrer Erfüllung als nichtig anzusehen. Das ist der Fall, wenn etwa der Vergleich von § 313 und § 2371 zeigt, daß beide geregelten Sachverhalte so gleichartig sind, daß sie gleich behandelt werden müssen. In diesem Fall führen die Erwägungen zur Feststellung der Lücke auch schon zur Ausfüllung der Lücke.[115]

Im einzelnen ist zu differenzieren zwischen dem Verkauf einer ganzen Erbschaft und dem Verkauf eines Erbteils.

(a) Verkauf einer Erbschaft

In Betracht kommt hier nur eine Analogie zu § 313 S. 2. Denn die §§ 518 Abs. 2, 766 S. 2 betreffen nur einseitige Verpflichtungen, und § 15 Abs. 4 S. 2 GmbHG paßt aus den bereits erörterten Gründen nicht.[116] Eine Analogie würde bedeuten, daß der Vertrag mit Übertragung aller Nachlaßgegenstände wirksam würde.

Nach heute einhelliger Ansicht in der Literatur —Rechtsprechung gibt es hierzu soweit ersichtlich nicht— ist eine solche Analogie nicht möglich.[117] Zur Begründung heißt es, daß die Heilung zu einer Vereitelung der Formzwekke führen würde.[118] Formzwecke bei § 2371 sind der Schutz des Verkäufers vor Übereilung und Übervorteilung durch gewerbsmäßige Ankäufer und die Klarstellung der Rechtsverhältnisse. Auch soll dem Käufer die Legitimation gegenüber Dritten ermöglicht werden.[119]

Der Übereilungsschutz, so wird eingewandt, sei nicht erreicht, weil der Verkäufer den Vertrag in der Regel durch formlose Übertragung der Nachlaßgegenstände (Ausnahme z.B.: Grundstücke) erfüllen könne. Auch sei der Zeitpunkt

---

[114] S.o. 2. Teil D. III. 2. b) dd).

[115] Larenz, Methodenlehre, S. 372 f. u. S. 401.

[116] S.o. vor aa).

[117] Staudinger/Ferid/Cieslar § 2371 Rn. 29; Schlüter, JuS 1969, 10, 15; MK/Musielak § 2371 Rn. 6; Soergel/Damrau § 2371 Rn. 23; Palandt/Edenhofer § 2371 Rn. 3.

[118] Staudinger/Ferid/Cieslar § 2371 Rn. 29; Schlüter, JuS 1969, 10, 15.

[119] S.o. 2. Teil D. III. 2. b) dd).

der Heilung nur schwer zu ermitteln, da unklar sein könne, welche Gegenstände noch zur Erbschaft gehören. Das Rechtsverhältnis zwischen den Vertragspartnern werde dadurch ebenso wie das Rechtsverhältnis des Käufers gegenüber Dritten mit Unsicherheiten belastet.[120]

Allein mit der Tatsache, daß die Formzwecke vereitelt werden könnten, läßt sich die Analogie nicht ablehnen. Der Gesetzgeber nahm auch bei § 313 in Kauf, daß die Formzwecke durch die Heilung teilweise unerreicht bleiben. Dafür konnte mit der Heilung eine größere Rechtssicherheit im Immobilienverkehr erreicht werden. Eine größere Rechtssicherheit ist bei § 2371 durch die Heilung aber wegen der möglichen Unklarheiten über den Heilungszeitpunkt nicht erzielbar. Auch ist das Interesse am Bestand des dinglichen Geschäfts hier regelmäßig geringer, da ein grundbuchrechtlicher Vertrauenstatbestand nur in dem Sonderfall, daß ein Grundstück in Erfüllung eines Erbschaftskaufes übereignet wird, vorliegt.

Das Fehlen einer Heilungsnorm ist daher mit dem Plan des Gesetzes vereinbar. Anderes könnte nur dann gelten, wenn einziger Erbschaftsgegenstand ein Grundstück ist. In diesem Fall wird aber regelmäßig eine Umdeutung des Erbschaftkaufes in einen Grundstückskauf möglich sein.

(b) Verkauf eines Erbteils

Anders könnte die Rechtslage beim Verkauf eines Erbteils sein. Er ist aufgrund der Verweisung in § 1922 Abs. 2 ebenfalls gemäß § 2371 formbedürftig.

(aa) Rechtsprechung

Nach der Rechtsprechung wird der formnichtige Erbteilskauf nicht dadurch geheilt, daß der Erbanteil abgetreten wird.[121] Zur Begründung führt sie an, es gebe keinen allgemeinen Heilungsgrundsatz; außerdem liege den Heilungsnormen stets eine besondere Fallgestaltung zugrunde, die einer Analogie entgegenstehe. Auch erbrechtliche Erwägungen[122] rechtfertigten keine Ausnahme von § 2371.[123]

---

[120] Schlüter a.a.O.; Staudinger/Ferid/Cieslar a.a.O.

[121] BGH NJW 1967, 1128, 1130 f.; WM 1970, 1319, 1320; OLG Schleswig SchlHAnz 1954, 54; RGZ 129, 122, 123; 137, 171, 175; HRR 1934 Nr. 1035.

[122] Zu diesen sogleich unter bb).

[123] BGH NJW 1967, 1128, 1131.

(bb) Literatur

Es mehren sich die Stimmen, die eine Heilung des Erbteilskaufes durch Abtretung des Anteils bejahen.[124] Andere folgen der Ansicht der Rechtsprechung.[125]

Die Befürworter der Heilung verweisen zunächst auf die Gesetzgebungsgeschichte. Sie zeige, daß der Gesetzgeber die Heilung beim Erbteilskauf nicht bewußt ausgeschlossen habe. Denn die Form für den Erbschaftskauf sei später als § 1922 Abs. 2 in den Gesetzentwurf aufgenommen worden und darüber hinaus im Schuldrecht geregelt gewesen. Das spreche dafür, daß der Gesetzgeber sich der Bedeutung der Verweisung in § 1922 Abs. 2 für den Erbschaftskauf nicht bewußt gewesen sei. Auch sei die Formvorschrift des § 2033 für die Erbteilsübertragung erst später in das Gesetz aufgenommen worden. Der Gesetzgeber habe sich also bei der Beratung der Formvorschrift für den Erbschaftskauf nicht die Frage stellen können, ob die förmliche Erbteilsübertragung den Formfehler des Grundgeschäfts heilen könne.[126]

Für die Heilung wird weiter angeführt, daß die Formzwecke durch sie nicht vereitelt würden. Denn die für die Erfüllung vorgeschriebene Form des § 2033 entspreche derjenigen, die für den schuldrechtlichen Vertrag verlangt werde. Hierdurch sei der Veräußerer hinreichend vor Übereilung und Übervorteilung geschützt.[127] Bei Erkennbarkeit des Formmangels sei der Notar zudem verpflichtet, auf die Nichtigkeit des schuldrechtlichen Geschäfts hinzuweisen.[128] Die Abtretungsurkunde stelle außerdem in gleichem Maße wie ein förmlicher schuldrechtlicher Vertrag die Rechtsverhältnisse klar, und sie ermögliche es dem Käufer des Erbteiles auch, sich gegenüber Dritten zu legitimieren.[129]

Auch heißt es, die Heilung liege im Interesse aller Beteiligten. Ein Interesse daran, nach erfolgter Erbteilsabtretung an dem schuldrechtlichen Vertrag nicht mehr festgehalten zu werden, könne nicht ins Gewicht fallen.[130]

---

[124] Staudinger/Ferid/Cieslar § 2371 Rn. 32 f.; Schlüter, JuS 1969, 10, 15 f.; Habscheid, FamRZ 1968, 13, 14 f.; Brox, Erbrecht, Rn. 765; Bartholomeyczik, Gesetzesauslegung, S. 123 ff.; Soergel/Damrau § 2371 Rn. 22; Weldige-Cremer, S. 36 ff.

[125] Palandt/Edenhofer § 2371 Rn. 3; MK/Musielak § 2371 Rn. 7.

[126] Schlüter, JuS 1969, 10, 15 f.; Habscheid, FamRZ 1968, 13, 15.

[127] Habscheid, FamRZ 1968, 13, 15.

[128] Schlüter, JuS 1969, 10, 15.

[129] Schlüter a.a.O.; Staudinger/Ferid/Cieslar § 2371 Rn. 32.

[130] Staudinger/Ferid/Cieslar § 2371 Rn. 32.

Die Nichtzulassung der Heilung führe außerdem zu Unzuträglichkeiten. Zum einen wird dabei auf die Schwierigkeiten einer bereicherungsrechtlichen Rückabwicklung verwiesen.[131] Zum anderen werden spezifisch erbrechtliche Gründe ins Feld geführt.

Erstens werde das Vorkaufsrecht der Miterben gemäß § 2034 ff. vereitelt, wenn der Kauf nicht wirksam werde, seine Rückabwicklung aber nicht verlangt werde oder nach § 814, 1. Fall ausgeschlossen sei. Das Vorkaufsrecht setze nämlich einen wirksamen Kaufvertrag voraus.[132] Hiergegen wird eingewandt, daß dieses Problem auch entstehe, wenn der Erbteilskauf aus anderen Gründen nichtig sei.[133]

Zweitens sei es nicht sachgerecht, wenn der Erwerber des Erbteils gegenüber den Nachlaßgläubigern nicht hafte. Die Haftung nach § 2382 setze einen wirksamen Erbteilskauf voraus.[134] Es reiche nicht aus, die Nachlaßgläubiger auf eine Pfändung des Bereicherungsanspruchs zu verweisen[135], weil ein solcher Anspruch nicht immer bestehe (z.B. wegen § 814).[136]

(cc) Stellungnahme

Schon zweifelhaft ist, ob der Analyse Schlüters zuzustimmen ist, daß der Gesetzgeber sich über die Heilbarkeit von Formverstößen beim Erbteilskauf keine Gedanken gemacht habe. Denn das Problem ist in den damaligen Stellungnahmen zum künftigen BGB durchaus erörtert worden.[137] Aber auch wenn man unterstellt, der Gesetzgeber habe das Problem tatsächlich übersehen, hilft dies bei der Frage nach einer Analogie zu § 313 S. 2 nicht entscheidend weiter, weil damit noch nicht feststeht, daß es sich um eine planwidrige Gesetzeslücke handelt. Eine solche setzt vielmehr weiter voraus, daß das Fehlen einer Heilungsnorm beim Erbteilskauf mit dem Plan des Gesetzes nicht vereinbar ist.

---

[131] Habscheid, FamRZ 1968, 13, 15.

[132] Bartholomeyczik, Gesetzesauslegung, S. 123 ff.; Schlüter, JuS 1969, 10, 16; Staudinger/Ferid/Cieslar § 2371 Rn. 33.

[133] So in der 11. Aufl. Staudinger/Ferid § 2371 Rn. 30.

[134] Bartholomeyczik, Gesetzesauslegung, S. 123 ff.; Schlüter, JuS 1969, 10, 16; Staudinger/Ferid/Cieslar § 2371 Rn. 33.

[135] So noch in der 11. Aufl. Staudinger/Ferid § 2371 Rn. 30.

[136] Schlüter, JuS 1965, 10, 16.

[137] S. Hachenburg, S. 97 (Vortrag von 1896/97).

Auch das Argument, die Formzwecke seien durch die förmliche Abtretung erreicht, überzeugt nicht. Die Formzwecke des § 2371 werden keineswegs immer durch die Abtretung erreicht.

Zwar reicht zur Legitimation des Käufers die förmliche Übertragung des Anteils aus. Aber schon bei der Klarstellungsfunktion ist dies fraglich. Der Gesetzgeber wollte die Klarstellung des schuldrechtlichen Rechtsverhältnisses erreichen. Dem ist nicht Genüge getan, wenn das dingliche Rechtsverhältnis beurkundet ist. Aber selbst, wenn man hierüber hinwegsieht, weil der Formzweck „Klarstellung der Rechtsverhältnisse" unscharf ist, bleibt der dritte Formzweck, der Schutz des Veräußerers vor Übereilung und Übervorteilung. Dieser wird durch die förmliche Erbteilsübertragung nicht vollständig erreicht.

Zwar ist zuzugeben, daß beim völligen Fehlen eines förmlichen Verpflichtungsgeschäfts der Notar die Parteien über dessen Nichtigkeit aufklären muß. Viel häufiger sind indessen die Fälle, in denen der Vertrag unvollständig beurkundet und deshalb unerkennbar formnichtig ist. Hinsichtlich der mündlich eingegangenen Abreden ist der Veräußerer nicht vor Übereilung und Übervorteilung geschützt. Diesen Schutz gibt ihm auch nicht die förmliche Übertragung des Erbteils. Hält er sich aufgrund der formnichtigen Abrede irrig für verpflichtet, den Anteil abzutreten, so würde sein Schutz hinfällig, wenn die Abtretung den schuldrechtlichen Vertrag heilt. Das Gesetz hat den Schutz des Veräußerers so ausgestaltet, daß er im Falle der Formnichtigkeit die Leistung zurückfordern kann, wenn er später von der Nichtigkeit erfährt. Deshalb läßt sich auch nicht behaupten, das Interesse daran, nicht am Vertrag festgehalten zu werden, falle nicht ins Gewicht.

Auch der allgemeine Hinweis Habscheids[138] auf bereicherungsrechtliche Probleme bei der Rückabwicklung vermag eine Analogie zu § 313 S. 2 nicht zu begründen. Denn dieses Argument trifft auf die Rückabwicklung anderer Verträge, z.B. gemäß § 311, gleichermaßen zu. Bei § 313 wollte der Gesetzgeber wegen der Besonderheiten des Grundstücksverkehrs die Rückforderung ausschließen. Auf § 2371 ist dies nicht übertragbar.

Als Hauptgründe für die Heilung werden die erbrechtlichen Unzuträglichkeiten angeführt, die sich für das Vorkaufsrecht der Miterben und die Haftung des Käufers gegenüber den Nachlaßgläubigern ergeben, wenn man die Heilung ablehnt.

---

[138] FamRZ 1968, 13, 15.

Diese als unbillig empfundenen Ergebnisse sind jedoch nicht im Fehlen einer Heilungsnorm begründet, sondern in den erbrechtlichen Bestimmungen angelegt. Vorkaufsrecht und Haftung scheitern in jedem Fall der Nichtigkeit des Kausalgeschäfts, sei es, daß diese auf §§ 134, 138 oder etwa auf dem Fehlen einer Genehmigung beruht. In allen diesen Fällen ist denkbar, daß der nichtige Vertrag wirksam erfüllt wird und die Rückforderung —etwa gemäß § 814, 1. Fall— ausgeschlossen ist. Selbst wenn man die Formnichtigkeit als weniger schwerwiegend bewertet als die Nichtigkeit nach §§ 134, 138, so kann das eine unterschiedliche Behandlung dieser Fälle nicht rechtfertigen. Denn für die Schutzbedürftigkeit der Miterben und der Nachlaßgläubiger macht es keinen Unterschied, warum der Vertrag nichtig ist. Dafür ist nur entscheidend, daß der Erbteil übertragen worden ist, dies nicht rückgängig gemacht werden kann und sie trotzdem ihre Rechte nicht ausüben können.

Da es um Wertungen aus dem Erbrecht geht, bietet sich eher als die Annahme der Heilung eine Korrektur der erbrechtlichen Vorschriften an. So könnte man erwägen, ob jede nicht kondizierbare, rechtsgrundlose Anteilsabtretung die Haftung des Käufers gegenüber den Nachlaßgläubigern auslöst. Ist die Abtretung kondizierbar, so können Nachlaßgläubiger den Kondiktionsanspruch pfänden.

Hinsichtlich des Vorkaufsrechts der Miterben wäre zu erwägen, ob es nicht an die Wirksamkeit des schuldrechtlichen Vertrages, sondern an die des dinglichen Geschäfts anknüpfen sollte. Dies wäre allerdings dann nicht sinnvoll, wenn die Übertragung noch kondizierbar wäre. Bereicherungsanspruch des Veräußerers und Vorkaufsrecht der Miterben dürften nicht nebeneinander bestehen. Ist aber die Kondiktion ausgeschlossen oder will der Veräußerer nicht kondizieren, so wäre es sinnvoll und der starken Ausgestaltung des Vorkaufsrechts der Miterben entsprechend, wenn in diesem Fall das Vorkaufsrecht entstünde.

Problematisch ist allerdings der Fall, daß der Veräußerer erklärt, nur vorläufig nicht kondizieren zu wollen. Da den Miterben auch nicht für vorübergehende Zeit ein unerwünschter Teilhaber aufgedrängt werden soll —das ist der Schutzzweck des Vorkaufsrechts— müßte man auch in diesem Fall das Vorkaufsrecht bejahen.

Diese erbrechtliche Lösung hätte auch den Vorteil, daß im Erbrecht Wertungswidersprüche vermieden werden. Alle Fälle der Nichtigkeit würden gleichbehandelt. Auch Erbteilskauf und Erbschaftskauf würden, was die Haftung des Käufers gegenüber den Nachlaßgläubigern betrifft, gleichbehandelt. Nimmt man mit der herrschenden Lehre an, daß nur beim Erbteilskauf Heilung eintritt und der Käufer gegenüber den Gläubigern haftet, so führte dies zu einem Wertungswiderspruch mit der Regelung beim Erbschaftskauf. Dort würde der Käufer auch nach vollständiger Übertragung der Erbschaftsgegenstände nicht haften. Anders als beim Erbteilskauf kann der Gläubiger auch nicht auf Anteile von Miterben zurückgreifen. Obwohl er beim Erbschaftskauf also schutzwürdiger ist als beim Erbteilskauf, weil die gesamte Erbschaft seinem Zugriff entzogen ist, würde er weniger geschützt.

Gegen eine Heilung spricht insbesondere, daß den Wertungen, die den gesetzlichen Heilungsvorschriften zugrundeliegen, nicht zu entnehmen ist, daß das Fehlen einer Heilungsnorm bei § 2371 dem Plan des Gesetzes widerspricht. Selbst wenn man die Heilungsnormen auf den gemeinsamen abstrakten Nenner bringt, daß die Rückforderung einer Leistung im Falle der Formnichtigkeit aus bestimmten Gründen —insbesondere dem der Rechtssicherheit— ausgeschlossen werden kann, folgt daraus nicht, daß ein Erbteilskauf heilbar sein muß.

Bei den Heilungsvorschriften handelt es sich —mit Ausnahme des § 766 S. 2— um Rückforderungsausschlüsse aus Gründen der Rechtssicherheit. Bei § 2371 geht es den Befürwortern der Heilung nicht primär um einen Rückforderungsausschluß, sondern darum, den formnichtigen Vertrag zum Schutz Dritter —der Miterben und der Nachlaßgläubiger— wirksam werden zu lassen. Eine Stärkung ihrer Stellung muß bei den erbrechtlichen Vorschriften ansetzen. Eine Heilung des Kaufvertrages kann damit hingegen nicht gerechtfertigt werden.

Daher wird auch ein formnichtiger Erbteilskauf nicht durch die formgerechte Erbteilsabtretung geheilt.

(4) § 312 Abs. 2 BGB

Die Form soll hier die künftigen gesetzlichen Erben vor Übereilung schützen.[139] Unter § 312 Abs. 2 fallen z.B. Verpflichtungen zur Abtretung oder Belastung eines Erbteils, zur Abtretung eines Pflichtteilsanspruchs oder zum Verzicht auf einen solchen Anspruch.

Bei einer entgeltlichen Verpflichtung ist wiederum nur § 313 S. 2 verleichbar. Eine Analogie würde bedeuten, daß die formnichtige Verpflichtung durch Abtretung oder Belastung des Erbteils etc. wirksam würde. Jedoch stellt das Fehlen einer Heilungsnorm hier ebenfalls keine planwidrige Gesetzeslücke dar.

---

139 S.o. 2. Teil D. III. 2. b) bb).

Die Gründe, die den Gesetzgeber bei § 313 S. 2 zur Einführung einer Heilungsnorm bewegten, greifen bei § 312 nicht ein. Die Rückabwicklung ist bei § 312 nicht schwieriger als bei anderen Verträgen; Besonderheiten des Immobilienverkehrs, die für § 313 S. 2 ausschlaggebend waren, müssen hier nicht berücksichtigt werden. Auch sonst gibt es keine Gründe, die in besonderem Maße gegen eine Rückabwicklung wegen Formnichtigkeit sprechen. Das Fehlen einer Heilungsnorm paßt in den Plan des Gesetzes. Bei § 312 Abs. 2 tritt daher durch Erfüllung der Pflicht, die das Formbedürfnis begründet, keine Heilung ein.

bb) Unentgeltliche Verpflichtungen

Die in §§ 311, 312, 761 und 2371 i.V.m. § 2385 geregelten Verpflichtungen können auch unentgeltlich eingegangen werden. Dann liegt zugleich immer auch ein Schenkungsversprechen vor. Hier könnte gemäß § 518 Abs. 2 direkt oder analog die Erfüllung zur Heilung eines Formverstoßes führen. In Rechtsprechung und Literatur ist umstritten, ob § 518 Abs. 2 hier eingreift.[140] Zumeist wird die Heilung mit der Begründung abgelehnt, § 518 Abs. 2 heile nur den Formmangel aus § 518 Abs. 1.[141]

(1) Heilung gemäß § 518 Abs. 2 BGB

Die Leistungsbewirkung führt gemäß § 518 Abs. 2 zur Heilung, wenn § 518 die genannten Formvorschriften verdrängt. Das ist nicht der Fall, da diese strenger sind. §§ 311, 312, 2371 i.V.m. § 2385 verlangen die notarielle Beurkundung für den gesamten Vertrag, während nach § 518 Abs. 1 nur das Schenkungsversprechen selbst beurkundet werden muß. Nach § 761 ist zwar eine schwächere Form, die Schriftform, vorgeschrieben. In dieser Form muß auch nur das Versprechen zur Zahlung einer Leibrente erklärt werden. Aber § 761 ist, wie auch §§ 311, 312, 2371 i.V.m. § 2385, insofern strenger, als der Formmangel nicht heilbar ist. Demnach verdrängt § 518 diese Formvorschriften nicht. Da § 518 Abs. 2 nur den Formmangel aus § 518 Abs. 1 heilt, führt die

---

[140] *Gegen* eine Heilung: Staudinger/Wufka § 311 Rn. 21; Soergel/Wolf § 311 Rn. 12; Palandt/Heinrichs § 311 Rn. 7; Weldige-Cremer, S. 31; OLG Frankfurt a.M. OLGE 8 (1904), 35 f.; (zu § 311); Staudinger/Ferid/Cieslar § 2385 Rn. 28 (bei Schenkung einer Erbschaft); *für* eine Heilung: Staudinger/Ferid/Cieslar § 2385 Rn. 28 (bei Schenkung eines Erbteils); MK/Pecher § 761 Rn. 9; Soergel/Welter § 761 Rn. 5; Weldige-Cremer, S. 33; BAG NJW 1959, 1746 (zu § 761); *offenlassend*: OLG Marienwerder OLGE 17, 376 f. (zu § 311).

[141] S. die in der vorigen Fußnote genannten Gegner der Heilung.

Leistungsbewirkung nicht zur Heilung der Verstöße gegen die anderen Formvorschriften.

(2) Heilung analog § 518 Abs. 2 BGB

§ 518 Abs. 2 könnte in den genannten Fällen jedoch analog anwendbar sein. Das ist der Fall, wenn das Fehlen einer Heilungsnorm für unentgeltliche Verpflichtungen bei den genannten Formvorschriften eine planwidrige Gesetzeslücke darstellt und die Interessenlage derjenigen bei § 518 vergleichbar ist.

Mit § 518 Abs. 2 wollte der Gesetzgeber vermeiden, daß in einem Rückforderungsrechtsstreit zu klären ist, ob animo solvendi oder animo donandi geleistet wurde.[142] Die Rückforderung sollte unabhängig davon ausgeschlossen sein. Der Plan des Gesetzgebers ging also dahin, an die Leistung animo donandi und animo solvendi keine unterschiedlichen Rechtsfolgen zu knüpfen. Man differenzierte insofern nicht hinsichtlich der Art des Schenkungsgegenstandes.

Es fragt sich, ob bei der vollständigen oder teilweisen Erfüllung des formlosen Versprechens, das gesamte Vermögen, einen Erbteil oder Pflichtteil oder eine Erbschaft zu verschenken oder eine Leibrente schenkweise zu gewähren, ebenfalls die Frage relevant werden kann, ob die Leistung animo solvendi oder animo donandi erfolgt ist.

Kannten Leistender und Leistungsempfänger die Formnichtigkeit, so kann bei der Übertragung der formnichtig versprochenen Gegenstände eine neue Rechtsgrundabrede gemäß § 516 getroffen worden sein. Das ist der Fall, wenn beide Seiten sich darüber einig waren, daß der übertragene Gegenstand aufgrund einer Schenkung behalten werden soll. Eine solche Rechtsgrundabrede wäre auch wirksam. Sie setzt insbesondere nicht die Einhaltung der Form der §§ 311, 312 Abs. 2, 761, 2371 i.V.m. § 2385 voraus, da keine Verpflichtung im Sinne dieser Vorschriften eingegangen wird.

War dem Leistenden dagegen die Formnichtigkeit unbekannt, so kann bei der Erfüllung eine neue Rechtsgrundabrede nicht getroffen worden sein.

Demnach kann auch bei der Erfüllung schenkweise eingegangener Verpflichtungen gemäß §§ 311, 312 Abs. 2, 761, 2371 i.V.m. § 2385 die Frage relevant werden, ob animo donandi oder animo solvendi geleistet wurde. Nach dem mit § 518 Abs. 2 verfolgten Plan des Gesetzgebers müßte daher auch in diesen

---

[142] S.o. 2. Teil D. III. 2. a) bb).

Fällen aus Gründen der Rechtssicherheit die Rückforderung generell ausgeschlossen sein, um Streitigkeiten darüber zu vermeiden, ob animo donandi geleistet wurde, also insbesondere Streitigkeiten darüber, ob der Leistende die Formnichtigkeit kannte oder nicht.

Dafür sprechen bei § 311 auch die Materialien. Die 1. Kommission wollte bei der Erfüllung eines schenkweise erteilten Vermögensübertragungsversprechens —ebenso wie ursprünglich bei der Schenkung— danach unterscheiden, ob die erbrachten Leistungen animo solvendi oder animo donandi erfolgten. Im ersten Fall sollte die Rückforderung möglich sein, im zweiten Fall nicht.[143] Die 2. Kommission, die diese Differenzierung bei §§ 516 ff. als unpraktikabel verwarf, nahm zu § 311 keine Stellung, obwohl dort dieselben Probleme bei der Tatsachenermittlung auftauchen.

Andererseits hat sich der Gesetzgeber in §§ 311, 312 Abs. 2, 761, 2371 i.V.m. § 2385 dafür entschieden, daß erbrachte Leistungen unabhängig von der Entgeltlichkeit des formnichtigen Versprechens grundsätzlich zurückgefordert werden können. Er hat gerade nicht zu dem Zweck, die Frage nach der Kenntnis des Leistenden von der Formnichtigkeit überflüssig zu machen, eine Heilungsnorm eingeführt, sondern er hat der Erfüllung keine heilende Wirkung beigemessen.

Auch ist § 814, 1. Fall zu entnehmen, daß der Gesetzgeber nicht in allen Fällen die Unpraktikabilität, mit der die Feststellung der Kenntnis von der Nichtigkeit behaftet ist, für so schwerwiegend hielt, daß er keine Rechtsfolgen an sie knüpfen wollte.

Zudem würde eine analoge Anwendung des § 518 Abs. 2 zu einem Wertungswiderspruch führen: derjenige, der sich unentgeltlich verpflichtet hat, würde weniger geschützt als derjenige, der eine Gegenleistung erhält. Zwar ist dieser Wertungswiderspruch im Gesetz durch § 518 Abs. 2 angelegt; es ist dem Gesetz jedoch nicht zu entnehmen, daß dieser Wertungswiderspruch durch eine analoge Anwendung des § 518 Abs. 2 noch vertieft werden soll.

Demnach stellt das Fehlen einer Heilungsnorm für die schenkweise Eingehung von Verpflichtungen gemäß §§ 311, 312 Abs. 2, 761, 2371 i.V.m. § 2385 keine planwidrige Lücke dar.

---

[143] Mot. bei Mugdan II 104.

Es besteht hier auch kein Bedürfnis danach, die Grenzen der zulässigen Rechtsfortbildung weiter zu stecken. Zwar ist die Rechtsfortbildung kein in starren Grenzen verlaufender Prozeß, sondern eine Abwägung zwischen dem Bedürfnis für die Fortbildung des Rechts und der Eindeutigkeit des entgegenstehenden Gesetzes. Bei §§ 311, 312 Abs. 2, 761, 2371 i.V.m. § 2385 führt die Rückforderbarkeit unentgeltlich versprochener und erbrachter Leistungen jedoch nicht zu Ergebnissen, die ein besonderes Bedürfnis für eine Rechtsfortbildung begründen.

Zum einen sind Rückforderungsstreitigkeiten selten, zum anderen wird nicht in jedem Rückforderungsstreit behauptet, daß bei der Erfüllung eine neue Schenkungsabrede getroffen worden sei. In den verbleibenden Fällen ist die gerichtliche Klärung der Frage, ob der Leistende die Formnichtigkeit kannte und ein neues Schenkungsversprechen gemäß § 516 abgeben wollte, nicht schwieriger als die Klärung anderer subjektiver Tatsachen. Bei Unaufklärbarkeit bleibt die Möglichkeit einer Beweislastentscheidung.

Demnach werden unentgeltliche Verpflichtungen, die gemäß § 125 S. 1 i.V.m. §§ 311, 312 Abs. 2, 761, 2371 i.V.m. § 2385 formnichtig sind, nicht analog § 518 Abs. 2 durch Erfüllung geheilt.

Schluß

Die Heilungsvorschriften können mit anderen dogmatischen Strukturen im BGB —z.B. der Bestätigung oder dem Verbot des venire contra factum proprium— nicht einheitlich erklärt werden. Sie lassen sich auch nicht einheitlich darauf zurückführen, daß die Formzwecke durch Erfüllung erreicht sind. Auch gehen sie nicht auf ein einheitliches gesetzgeberisches Konzept zurück, wenn auch der Ausschluß von Bereicherungsansprüchen aus Gründen der Rechtssicherheit ein ihnen zum Teil gemeinsamer Sinn und Zweck ist. Auch erscheint die gesetzliche Anordnung der Heilung im einen, ihre Ablehnung im anderen Fall nicht immer stimmig.

De lege ferenda stellt sich die Frage, ob es sinnvoll ist, einen allgemeinen Heilungsgrundsatz zu normieren, wonach jeder formnichtige schuldrechtliche Vertrag mit seiner Erfüllung wirksam wird. Dagegen spricht, daß man hierdurch den Übereilungsschutz verringert sowie, bei den notariellen Formen, die bezweckte Beratung nur teilweise erreicht. Auf die Beweissicherung würde man ganz verzichten. Auch die generalpräventive Wirkung des § 125 S. 1 wäre geringer, da die Parteien mit der Unklagbarkeit, nicht aber mit der Rückforderbarkeit ihrer Leistungen rechnen müßten.

Für die Heilung läßt sich zum einen der Vergleich mit ausländischen Rechtsordnungen anführen, die die Heilung in weiterem Umfang zulassen. Auch wäre es durchaus vertretbar, den Schutz der Parteien auf die Unerzwingbarkeit ihrer Leistungen zu begrenzen. Im übrigen würde die umstrittene und unscharfe Einschränkung des § 125 S. 1 durch § 242 in manchen Fällen überflüssig. Auch die Frage nach der Analogiefähigkeit der Heilungsvorschriften würde sich erübrigen. Insofern könnte die Rechtssicherheit erhöht werden. Andererseits ist offensichtlich, daß ein allgemeiner Heilungsgrundsatz zu neuen Problemen führen würde; man denke nur an die zu erwartenden Streitigkeiten darüber, ob der Vertrag vollständig erfüllt wurde.

Angesichts dieser Vor- und Nachteile erscheint die gegenwärtige Rechtslage nicht so unbefriedigend, daß ein Handeln des Gesetzgebers erforderlich ist. Allerdings ist die Rechtssicherheit gerade im Bereich der Formvorschriften für die beratende Praxis von erheblicher Bedeutung. Wünschenswert ist daher eine einheitliche Linie bei der Anwendung der Heilungsvorschriften, die inbesondere Sinn und Zweck der einzelnen Norm berücksichtigt.

Literaturverzeichnis

Alternativkommentar zum Bürgerlichen Gesetzbuch
— Band 1, Allgemeiner Teil (§§ 1 - 240), Neuwied, Darmstadt 1987
— Band 2, Allgemeines Schuldrecht (§§ 241 - 432), Neuwied, Darmstadt 1980
— Band 3, Besonderes Schuldrecht (§§ 433 - 853), Neuwied, Darmstadt 1979 (zit.: AK/Bearbeiter)

Amtliche Ausgabe des Entwurfs eines bürgerlichen Gesetzbuchs für das deutsche Reich, Berlin, Leipzig 1888

Backhaus, Schwierige Grenzziehungen beim Formgebot des § 313 S. 1 BGB — BGH NJW 1984, 973 und 975, in: JuS 1985, 512 - 519

Bartholomeyczik, Die Kunst der Gesetzesauslegung, 2. Aufl., Frankfurt 1960

Bassenge, Der Eintritt der Bindung an die Auflassung, RPfleger 1977, 8 - 9

Baumbach/Hueck, GmbH-Gesetz, 15. Aufl., München 1988

Baur, Lehrbuch des Sachenrechts, 15. Aufl., München 1989

Bork, Schenkungsvollzug mit Hilfe einer Vollmacht, JZ 1988, 1059 - 1063

Bornemann, Systematische Darstellung des Preußischen Zivilrechts, 2. Band, 2. Aufl., Berlin 1842

Brambring, Anmerkung zu OLG Hamm, DNotZ 1991, 149 f., in: DNotZ 1991, 150 - 153

Brox, Allgemeiner Teil des Bürgerlichen Gesetzbuchs, 15. Aufl., Köln, Berlin, Bonn, München 1991 (zit.: Brox AT)
— Allgemeines Schuldrecht, 19. Aufl., München 1991 (zit.: Brox AS)
— Besonderes Schuldrecht, 17. Aufl., München 1991 (zit.: Brox BS)
— Erbrecht, 13. Aufl., Köln, Berlin, Bonn, München 1991 (zit.: Brox, Erbrecht)

Canaris, Die Feststellung von Lücken im Gesetz, 2. Aufl., Berlin 1983

Coing, Europäisches Privatrecht, Band I, München 1985

Conrad, Deutsche Rechtsgeschichte, Band I: Frühzeit und Mittelalter, 2. Aufl., Karlsruhe 1962

Dernburg, Lehrbuch des Preußischen Privatrechts und der Privatrechtsnormen des Reichs,
— 1. Band, 5. Aufl., Halle 1894;
— 2. Band, 5. Aufl., Halle 1897

Dilthey, Gesammelte Schriften, 12. Band, Zur Preußischen Geschichte, 2. Aufl., Stuttgart, Göttingen 1960

Dulckeit, Zur Lehre vom Rechtsgeschäft im klassischen römischen Recht, in: Festschrift für Schulz, 1. Band, Weimar 1951, S. 148 - 190

Eisenhard, Deutsche Rechtsgeschichte, München 1984

Elbogen, Die Heilung nichtiger Geschäfte des Privatrechts, Breslau 1921

Emmerich, Die Form wettbewerbsbeschränkender Verträge, NJW 1980, 1363 - 1368

Erman, Handkommentar zum Bürgerlichen Gesetzbuch, 8. Aufl.
— 1. Band (§§ 1 - 853), Münster 1989
— 2. Band (§§ 854 - 2385), Münster 1989

Esch, Heilung von Formmängeln, Emsdetten 1934

Esser, Schuldrecht, Band 1, Allgemeiner Teil, 4. Aufl., Karlsruhe 1970 (zit.: Esser, Schuldrecht AT)
— Schuldrecht, Allgemeiner und Besonderer Teil, 2. Aufl., Karlsruhe 1960 (zit.: Esser, Schuldrecht AT und BT)

Evelt, Das Preußische Civilrecht für das Studium und die Praxis, 3. Aufl., Paderborn 1869

Finger, Anmerkung zu BGH NJW 1974, 2319, in: NJW 1975, 535 - 536

Flume, Allgemeiner Teil des Bürgerlichen Rechts, 2. Band: Das Rechtsgeschäft, 3. Aufl., Berlin, Heidelberg, New York 1979 (zit.: Flume, AT 2)

Foerste, Grenzen der Durchsetzung von Verfügungsbeschränkung und Erwerbsverbot im Grund stücksrecht, Berlin 1986

Förster/Eccius, Preußisches Privatrecht, 1. Band, 7. Aufl., Berlin 1896

Fuchs-Wissemann, Zur Form der Auflassung nach § 925 Abs. 1 Sätze 1 und 2 BGB und der Einigung nach den §§ 20, 29 Abs. 1 GBO, RPfleger 1977, 9 - 12

Gernhuber, Formnichtigkeit und Treu und Glauben, in: Festschrift für Schmidt-Rimpler, Karlsruhe 1957, S. 151 -179

Gerold/Schmidt/v.Eicken/Madert, Bundesgebührenordnung für Rechtsanwälte, 11. Aufl., München 1991

Gmür, Grundriß der deutschen Rechtsgeschichte, 4. Aufl., Frankfurt a.M. 1987

Grotius, Vom Recht des Krieges und des Friedens, Paris 1625, übersetzt von Schätzel, Tübingen 1950

Haan, Voraussetzungen und Gründe für die Wirkungen des § 313 S. 2 BGB, Gera 1934

Habscheid, Richterliches Erwerbsverbot und Grundbuchrecht, in: Festschrift für Schiedermair, München 1976, S. 245 - 255
— Zur Heilung formnichtiger Erbteilskaufverträge, FamRZ 1968, 13 - 15

Hachenburg, GmbHG, Großkommentar, 8. Aufl., 2. Lieferung (§§ 15 - 28), Berlin, New York 1991
— Das Bürgerliche Gesetzbuch für das Deutsche Reich, Vorträge, gehalten in den Jahren 1896/97, 2. Aufl., Mannheim 1900

Haegele, Zur Formbedürftigkeit der Änderung eines Grundstückskaufvertrages, DNotZ 1958, 17 - 20

Häsemeyer, Die Bedeutung der Form im Privatrecht, JuS 1980, 1 - 9
— Die gesetzliche Form der Rechtsgeschäfte, Frankfurt a.M. 1971

Hagen, Aktuelle Probleme aus der höchstrichterlichen Rechtsprechung zum Grundstückskaufvertrag, 2. Aufl., Köln 1983 (zit.: Hagen, Aktuelle Probleme)

— Der Grundstückskauf und ähnliche Verträge in der neueren höchstrichterlichen Rechtsprechung, 4. Aufl., Köln 1988 (zit.: Hagen, Grundstückskauf)
— Die neuere Rechtsprechung des Bundesgerichtshofes zum Grundstückskauf,
WM 1989, Sonderbeilage 7, 1 - 18
WM 1986, Sonderbeilage 6, 3 - 23
WM 1983, 638 - 651
WM 1981, 422 - 437
— Entwicklungstendenzen zur Beurkundungspflicht bei Grundstücksverträgen, DNotZ 1984, 267 - 294

Harder, Zuwendungen unter Lebenden auf den Todesfall, Berlin 1968

Hattenhauer, Allgemeines Landrecht für die Preußischen Staaten von 1794, Textausgabe mit einer Einführung von Hans Hattenhauer, Frankfurt a.M., Berlin 1970

Heck, Gesetzesauslegung und Jurisprudenz, AcP 112 (1914), 1 - 318
— Grundriß des Sachenrechts, Tübingen 1930

Heile, Gesetzlicher Formzwang nach § 566 BGB für Mietvorverträge über Grundstücke und Räume, NJW 1991, 6 - 12

Heldrich, K., Die Form des Vertrages, AcP 147 (1941), 89 - 129

Henrich, Vorvertrag, Optionsvertrag und Vorrechtsvertrag, Tübingen, Berlin 1965

Herrmann, Der Vollzug von Schenkungen nach § 518 Abs. 2 BGB, Hamburg 1978
— Vollzug von Schenkungen nach § 518 Abs. 2 BGB — Zugleich ein Beitrag zu § 2301 Abs. 2 BGB, MDR 1980, 883 — 889

Hesse, Mit Kanonen gegen Spatzen — Bemerkungen zu § 34 GWB, GRUR 1984, 324 - 333

Heydemann, Einleitung in das System des Preußischen Civilrechts, 1. Band, 2. Aufl., Leipzig 1861

Hoffmann, von, Das Recht des Grundstückskaufs, Tübingen 1982

Holzhauer, Die eigenhändige Unterschrift, Frankfurt a.M. 1973

Honsell/Mayer-Maly/Selb, Römisches Recht, 4. Aufl., Berlin, Heidelberg, New York, Tokio, London, Paris 1987

Horber/Demharter, Grundbuchordnung, 19. Aufl., München 1991

Hübner, H., Allgemeiner Teil des Bürgerlichen Gesetzbuchs, Berlin, New York 1985 (zit.: Hübner AT)
— Zum Abbau von Nichtigkeitsvorschriften, in: Festschrift für Wieacker, Göttingen 1978, S. 399 - 410

Hübner, U., Personale Relativierung der Nichtigkeit nach dem Schutzzweck der Norm, in: Fest schrift für H. Hübner, Berlin, New York 1984, S. 487 - 503

Hueck, G., Gesellschaftsrecht, 19. Aufl., München 1991

Ihering, von, Geist des römischen Rechts auf den verschiedenen Stufen seiner Entwicklung, 2. Teil, 2. Abteilung, 5. Aufl., Leipzig 1898

Jacobi, Die fehlerhaften Rechtsgeschäfte — Ein Beitrag zur Begriffslehre des deutschen Bürgerlichen Rechts, AcP 86 (1896), 51 - 154

Jakobs/Schubert, Hrsg., Die Beratung des Bürgerlichen Gesetzbuchs,
— Allgemeiner Teil, 1. Teilband, Berlin, New York 1985
— Recht der Schuldverhältnisse 1, Berlin, New York 1978
— Recht der Schuldverhältnisse 2, Berlin, New York 1980
— Recht der Schuldverhältnisse 3, Berlin, New York 1983

Jauernig, Zivilprozeßrecht, 23. Aufl., München 1991

Kanzleiter, Ausschluß der Rückforderung von Leistungen auf nichtige Grundstücksgeschäfte, DNotZ 1986, 258 - 263
— Das Gesetz zur Änderung des § 313 BGB, DNotZ 1973, 519 - 526
— Anmerkung zu OLG Hamm DNotZ 1986, 745 ff., DNotZ 1986, 747 - 749
— Anmerkung zu BGH DNotZ 1985, 284 f., DNotZ 1985, 285 - 287

Kaser, Römisches Privatrecht, 16. Aufl., München 1992 (zit.: Kaser, Lehrbuch)
— Das Römische Privatrecht, 1. Abschnitt: Das altrömische, das vorklassische und das klassische Recht, 2. Aufl., München 1971 (zit.: Kaser, 1. Abschnitt)
— Das Römische Privatrecht, 2. Abschnitt: Die nachklassischen Entwicklungen, 2. Aufl., München 1975 (zit.: Kaser, 2. Abschnitt)
— „In bonis esse", SZ 78 (1961), 173 - 220

Kempermann, Die Formbedürftigkeit der Abtretung einer Beteiligung an einer GmbH & Co KG, NJW 1991, 684 - 685

Kipp, Über Doppelwirkungen im Recht, in: FS für von Martitz, Berlin 1911, S. 211 - 233

Kipp/Coing, Erbrecht, 14. Bearbeitung, Tübingen 1990

Klingmüller, Die Lehre von den natürlichen Verbindlichkeiten, Berlin 1905

Kloeppel, Der Entwurf eines bürgerlichen Gesetzbuchs für das deutsche Reich, GruchBeitr 32 (1888), 611 - 655

Koch, Allgemeines Landrecht für die Preußischen Staaten, 2. Band, 8. Aufl., Berlin, Leipzig 1886

Köbl, Die Bedeutung der Form im heutigen Recht, DNotZ 1983, 207 - 226
— Falsa demonstratio non nocet? Verstoß gegen den Formzwang? DNotZ 1983, 598 - 603

Köhler, BGB — Allgemeiner Teil, 21. Aufl., München 1991 (zit.: Köhler AT)

König, Ungerechtfertigte Bereicherung, in: Gutachten und Vorschläge zur Überarbeitung des Schuldrechts, Band II, Köln 1981, S. 1515 - 1592

Kollhosser, Anscheinsbeweis und freie richterliche Beweiswürdigung, AcP 165 (1965), 46 - 83

Korte, Handbuch der Beurkundung von Grundstücksgeschäften, München 1990

Kramer, Die Heilung formungültiger Grundstücksveräußerungsgeschäfte durch Auflassung und Eintragung als Bestätigung, Münster 1928

Krawielicki, Grundlagen des Bereicherungsanspruchs, Breslau 1936, Neudruck Aalen 1964

Kunkel, Römisches Privatrecht, 3. Aufl., Berlin, Göttingen, Heidelberg 1949

Lange, Die Eindämmung von Nichtigkeit und Anfechtbarkeit, AcP 144 (1938), 149 - 164

Larenz, Allgemeiner Teil des deutschen bürgerlichen Rechts, 7. Aufl., München 1989 (zit.: Larenz AT)

— Lehrbuch des Schuldrechts, Band I, Allgemeiner Teil, 14. Aufl., München 1987 (zit.: Larenz, Schuldrecht I)

— Lehrbuch des Schuldrechts, Band II, Besonderer Teil, 12. Aufl., München 1981 (zit.: Larenz, Schuldrecht II)

— Lehrbuch des Schuldrechts, Band II, Besonderer Teil, 1. Halbband, 13. Aufl., München 1986 (zit.: Larenz, Schuldrecht II/1)

— Methodenlehre der Rechtswissenschaft, 6. Aufl., Berlin, Heidelberg, New York, Tokio 1991 (zit.: Larenz, Methodenlehre)

Lehmann, Zur Aufhebung des Anwartschaftsrechts an einem Grundstück, DNotZ 1987, 142 -151

Lenel, Nachträge zum Edictum Perpetuum, SZ 20 (1899), S. 1 - 32

— Palingenesia iuris civilis, Band 1, Leipzig 1889

Löber, Kaufverträge über Spanien-Immobilien zwischen Ausländern, NJW 1980, 496 - 497

Lorenz, Bereicherungsrechtliche Drittbeziehungen, JuS 1968, 441 - 448

— Das Problem der Aufrechterhaltung formnichtiger Schuldverträge, AcP 156 (1957), 381 - 413

— Rechtsfolgen formnichtiger Schuldverträge — BGH NJW 1965, 812, in: JuS 1966, 429 - 436

Lüke, Auflassungsvormerkung und Heilung des formnichtigen Kaufvertrags — BGHZ 54, 56, in: JuS 1971, 341 - 343

Lütteken, Erörterungen über den Satz „Quod initio vitiosum est, non potest tractu temporis convalescere", Halle 1890

Lutter/Hommelhoff, GmbH-Gesetz, 13. Aufl., Köln 1991

Martin, Heilung formwidrig begründeter Verbindlichkeiten durch Erfüllung, Berlin 1935

Medicus, Allgemeiner Teil des BGB, 4. Aufl., Heidelberg 1990 (zit.: Medicus AT)

— Bürgerliches Recht, 15. Aufl., Köln, Berlin, Bonn, München 1991 (zit.: Medicus, Bürgerliches Recht)

Meikel, Grundbuchrecht, Band 2 (§§ 17 - 44), 7. Aufl., Frankfurt a.M., München 1988

Menge, So lebten sie alle Tage. Bericht aus dem alten Preußen, Berlin 1984

Merz, Auslegung, Lückenfüllung und Normberichtigung, AcP 163 (1964), 305 - 345

Mitteis, Römisches Privatrecht bis auf die Zeit Diokletians, 1. Band, Leipzig 1908

Motive zu dem Entwurfe eines Gesetzbuches für das Deutsche Reich, Berlin, Leipzig 1888

— Band I, Allgemeiner Teil

— Band III, Sachenrecht

Müller, M., Die Bestätigung nichtiger Rechtsgeschäfte nach § 141 BGB, Berlin 1989

Münchener Kommentar zum Bürgerlichen Gesetzbuch, 2. Aufl.,

— Band 1, Allgemeiner Teil (§§ 1 - 240), München 1984

— Band 2, Schuldrecht, Allgemeiner Teil (§§ 241 - 432), München 1984

— Band 3, Schuldrecht, Besonderer Teil, 1. Halbband (§§ 433 - 651), München 1988

— Band 3, Schuldrecht, Besonderer Teil, 2. Halbband (§§ 652 - 853), München 1986

— Band 4, Sachenrecht (§§ 854 - 1296), München 1986
— Band 5, Erbrecht (§§ 1922 - 2385), München 1989 (zit.: MK/Bearbeiter)

Münchener Rechtslexikon, Band 2 (G-Q), Redaktion: Tilch, München 1987

Mugdan, Die gesamten Materialien zum Bürgerlichen Gesetzbuch für das Deutsche Reich, Berlin 1899
— I. Band, Einführungsgesetz und Allgemeiner Teil
— II. Band, Recht der Schuldverhältnisse
— III. Band, Sachenrecht
— V. Band, Erbrecht

Nagel, Die Frage der Heilung formnichtiger Verträge beim Fehlen gesetzlicher Heilungsvorschrif ten, Münster 1957

Novum Corpus Costitutionum Prussico-Brandenburgensium praecipue Marchiarum
— Vierter Band, Berlin 1781
— Sechster Band, Berlin 1771
— Siebter Band, Berlin 1786

Olzen, Die vorweggenommene Erbfolge, Paderborn, München, Wien, Zürich 1984

Palandt, Bürgerliches Gesetzbuch, 51. Aufl., München 1992

Pawlowski, Rechtsgeschäftliche Folgen nichtiger Willenserklärungen, Göttingen 1966

Protokolle der Kommission für die Zweite Lesung des Entwurfs des Bürgerlichen Gesetzbuchs,
— I. Band, Allgemeiner Teil, Berlin 1897
— III. Band, Sachenrecht, Berlin 1899
— V. Band, Erbrecht, Berlin 1899

Pufendorf, von, Acht Bücher vom Natur- und Völker-Rechte; übersetzt von Hertius, Frankfurt a.M. 1711 (2 Bände)

Rabel, Grundzüge des römischen Privatrechts, 2. Aufl., Basel 1955

Regelsperger, Gesetz und Rechtsanwendung, IherJb 58 (1911), 146 - 174

Reichel, Zur Behandlung formnichtiger Verpflichtungsgeschäfte, AcP 104 (1909), 1 - 150

Reinhart, Anmerkung zu BGH JZ 1971, 459 ff., JZ 1971, 461 - 463
— Das Verhältnis von Formnichtigkeit und Heilung des Formmangels im bürgerlichen Recht, Heidelberg 1969
— Zur Formunwirksamkeit im Grundstücksrecht, BB 1979, 1378 - 1380

Reinicke, D., Anmerkung zu BGH NJW 1969, 1167 ff., NJW 1969, 1167 - 1169
— Die Bewirkung der schenkweise versprochenen Leistung, NJW 1970, 1447 - 1450
— Rechtsfolgen formwidrig abgeschlossener Verträge, Bad Homburg vor der Höhe, Berlin, Zürich 1969 (zit.: Reinicke, Rechtsfolgen)

Reinicke, D./Tiedtke, Heilung eines formnichtigen Vorvertrages und ihre Auswirkung auf die Vertragsstrafe, NJW 1982, 1430 - 1436

Reinicke, M., Bedarf die Vereinbarung eines unentgeltlichen schuldrechtlichen Wohnrechts auf Lebenszeit der Form des § 518 Abs. 1? JA 1982, 326 - 329

— Die unmittelbaren Schenkungen von Todes wegen, Münster 1979

Reuling, Zur Auslegung der §§ 156, 165 I 5 des preußischen Landrechts, in: GruchBeitr 40 (1896), S. 1 - 29

RGRK, Das Bürgerliche Gesetzbuch mit besonderer Berücksichtigung der Rechtsprechung des Reichsgerichts und des Bundesgerichtshofs, 12. Aufl., Berlin, New York,
— 1. Band, Allgemeiner Teil (§§ 1 - 240), 1982
— 2. Band, Teil 1, Recht der Schuldverhältnisse (§§ 241 - 433), 1976
— 2. Band, Teil 2, Recht der Schuldverhältnisse (§§ 414 - 610), 1978
— 2. Band, Teil 4, Recht der Schuldverhältnisse (§§ 631 - 811), 1978
— 5. Band, Teil 2, Erbrecht (§§ 2147 - 2385), 1975

Riedel/Sußbauer, Bundesgebührenordnung für Rechtsanwälte, 6. Aufl., München 1988

Ritzinger, Der Vorvertrag in der notariellen Praxis, NJW 1990, 1201 - 1208

Roth, GmbHG, 2. Aufl., München 1987

Rowedder, GmbHG, 2. Aufl., München 1990

Schellhammer, Zivilprozeß, 4. Aufl., Heidelberg 1989

Schlüter, Durchbrechung des Abstraktionsprinzips über § 139 und Heilung eines formnichtigen Erbteilskaufs durch Erfüllung — BGH NJW 1967, 1128, in: JuS 1969, 1 - 16
— Veräußerung und Abtretung von GmbH-Geschäftsanteilen als Formproblem, in: Festschrift für Bartholomeyczik, Berlin 1973, S. 364 - 375

Schmidt, Lehrbuch des preußischen Rechts und Prozesses, 1. Band, 6. Aufl., Breslau 1878

Schödermeier/Woopen, Die diskriminierte Einigung, JA 1985, 622 - 628

Scholz, Kommentar zum GmbH-Gesetz, Band 1 (§§ 1 - 40), 7. Aufl., Köln 1986

Schubert, Hrsg., Die Vorlagen der Redaktoren für die erste Kommission zur Ausarbeitung des Entwurfs eines Bürgerlichen Gesetzbuches,
— Allgemeiner Teil, Teil 2, Verfasser: Gebhard, Berlin, New York 1981
— Recht der Schuldverhältnisse, Teil 1, Verfasser: von Kübel, Berlin, New York 1980
— Recht der Schuldverhältnisse, Teil 2 und Teil 3, Verfasser: von Kübel u.a., Berlin, New York 1980

Schultze, Die Reichweite des Formerfordernisses bei der Veräußerung einer Beteiligung an einer GmbH & Co. KG, NJW 1991, 1936 - 1937

Seibert, Erfüllung und Konvaleszenz, JZ 1981, 380 - 384

Serozan, Die Überwindung der Rechtsfolgen des Formmangels nach deutschem, schweizerischem und türkischem Recht, Tübingen 1968

Seuffert, Zur Geschichte der obligatorischen Verträge, Nördlingen 1881

Siber, Die schuldrechtliche Vertragsfreiheit, IherJb 70 (1921), 223 - 299

Soergel, Bürgerliches Gesetzbuch,
— 12. Aufl., Stuttgart, Berlin, Köln
1. Band, Allgemeiner Teil (§§ 1 - 240), 1988
2. Band, Schuldrecht I (§§ 241 - 432), 1990
3. Band, Schuldrecht II (§§ 433 - 515), 1991
6. Band, Sachenrecht (§§ 854 - 1296), 1990
— 11. Aufl., Stuttgart, Berlin, Köln
3. Band, Schuldrecht II (§§ 516 - 704), 1980
4. Band, Schuldrecht III (§§ 705 - 863), 1985
7. Band, Erbrecht (§§ 1922 - 2385), 1982

Staub, Das Problem des § 313 Satz 2 BGB, Breslau 1913

Staudinger, Kommentar zum Bürgerlichen Gesetzbuch,
— 12. Aufl., Berlin,
Allgemeiner Teil (§§ 90 - 240), 1980
Recht der Schuldverhältnisse
(§§ 241, 242), 1983
(§§ 255 - 327), 1979
(§§ 336 - 386), 1985
(§§ 433 - 580 a), 1978
(§§ 741 - 822), 1986
Erbrecht (§§ 2229 - 2385), 1983
EGBGB (Einl. zu Art. 7 ff.; Art. 7, 8; § 12 VerschG, IntGesR, Art. 11), 1984
— 10./11. Auflage, Berlin,
Erbrecht (§§ 2197 - 2385), 1960

Steinwenter, Beiträge zum öffentlichen Urkundenwesen der Römer, Graz 1915

Sturm, Zur ursprünglichen Funktion der actio Publiciana, RIDA IX (1962), S. 357 - 416

Thöl, Das Handelsrecht, Erster Band, 6. Aufl., Leipzig 1879

Tiedau, Nochmals: Beurkundungspflicht und Heilungswirkung bei Gründung von Personengesellschaften und Unternehmensveräußerungen, NJW 1984, 1447 - 1448

Tiedtke, Formbedürftigkeit der Aufhebung eines Grundstückskaufvertrages und Heilung des Formmangels, DB 1991, 2273 - 2276

Turnau, Die Grundbuchordnung vom 5. Mai 1872, 1. Teil, 2. Aufl., Paderborn 1878

Turnau/Förster, Das Liegenschaftsrecht nach den Deutschen Reichsgesetzen und den Preussischen Ausführungsbestimmungen, 1. Band, 2. Aufl., Paderborn 1902

Wagner, Die Wissenschaft des gemeinen römischen Rechts und das Allgemeine Landrecht für die Preußischen Staaten, in: Studien zur Rechtswissenschaft des neunzehnten Jahrhunderts, Band 1: Wissenschaft und Kodifikation des Privatrechts im 19. Jahrhundert, S. 119 - 152

Wassermann, Grundfälle zum Recht der Haustürgeschäfte, 2. Teil, JuS 1990, 723 - 728

Weimar, Bedarf der Vorvertrag zu einem langfristigen Grundstücksmietvertrag der Schriftform? MDR 1961, 289 - 290
— Die Heilung der nichtigen Verpflichtung zur Grundstücksveräußerung, JR 1979, 446 - 447

Weldige-Cremer, Heilung von Formmängeln durch Erfüllung, Köln 1937

Westerhoff, Wie begründen wir Formnichtigkeit? AcP 184 (1984), S. 341 - 384

Westermann, Sachenrecht, Band 1, 6. Aufl., Heidelberg 1990

Wieacker, Privatrechtsgeschichte der Neuzeit, 2. Aufl., Göttingen 1967

Wieczorek, Zivilprozeßordnung, 4. Band (§§ 704 - 1048), 2. Aufl., Berlin, New York 1981

Wieling, Die Bedeutung der Regel „falsa demonstratio non nocet" im Vertragsrecht, AcP 172 (1972), 297 - 316

Wiesner, Beurkundungspflicht und Heilungswirkung bei Gründung von Personengesellschaften und Unternehmensveräußerungen, NJW 1984, 95 - 99

Winkler, Übertragung eines GmbH-Geschäftsanteils im Ausland, RPfleger 1978, 44 - 46

Wolfsteiner, Anmerkung zu BGH DNotZ 1982, 433 ff., DNotZ 1982, 436 - 438

Zepos, Zur Theorie der Ungültigkeit der Rechtsgeschäfte, in: Festschrift für Spiropoulos, Bonn 1957, S. 461 - 471

Quellen

Corpus Iuris Civilis

— Volumen I: Institutiones, Hrsg. Krüger, Paul; Digesta, Hrsg. Mommsen, Theodor u. Krüger, Paul, 21. Aufl., Dublin, Zürich 1970

— Volumen II: Codex Iustinianus, Hrsg. Krüger, Paul, 15. Aufl., Dublin, Zürich 1970

— Volumen III: Novellae, Hrsg. Schoell, Rudolf u. Kroll, Wilhelm, 10. Aufl., Dublin, Zürich 1972

Fontes iuris Romani anteiustiniani, Hrsg. Riccobono, Baviera, Ferini, Furlani, Arango-Ruiz, Band 2, Auctores, Hrsg. Johannes Baviera, Florenz 1968

Fragmenta Vaticana collatio, consultatio, scholia sinaitica, probus, Hrsg. u. Übersetzer J.E. Spruit u. K.E.M. Bongenaar, Zutphen 1987

Gai Institutiones, Hrsg. David, M.; Leiden 1964

Libri Theodosiani XVI Volumen I, Hrsg. Mommsen, Theodor, Berlin 1905

Rehbein/Reincke, Allgemeines Landrecht für die Preußischen Staaten mit Erläuterungen, 5. Aufl., Berlin 1894,

— 1. Band: Teil I, Titel 1-11

— 2. Band: Teil I, Titel 12-23

— 3. Band: Teil II, Titel 1-8 4

— 4. Band: Teil II, Titel 9-20

Kolibri 360 GmbH
Ferdinand-Jühlke-Straße 7
99095 Erfurt, Deutschland
produktsicherheit@kolibri360.de

Druck:
CPI Druckdienstleistungen GmbH
im Auftrag der
Kolibri 360 GmbH
Ferdinand-Jühlke-Str. 7
99095 Erfurt